国家社科基金项目
"美国传统主流媒体与中国西藏"（09BGJ005）成果

美国传统主流媒体与中国西藏

程早霞 ● 著

中国社会科学出版社

图书在版编目(CIP)数据

美国传统主流媒体与中国西藏／程早霞著. —北京：中国社会科学出版社，
2019.5
ISBN 978 - 7 - 5203 - 4204 - 9

Ⅰ.①美…　Ⅱ.①程…　Ⅲ.①中美关系—西藏问题—研究
Ⅳ.①D829.712

中国版本图书馆 CIP 数据核字(2019)第 047940 号

出　版　人　赵剑英
责任编辑　陈雅慧
责任校对　王　斐
责任印制　戴　宽

出　　　版　中国社会科学出版社
社　　　址　北京鼓楼西大街甲 158 号
邮　　　编　100720
网　　　址　http://www.csspw.cn
发　行　部　010 - 84083685
门　市　部　010 - 84029450
经　　　销　新华书店及其他书店

印　　　刷　北京明恒达印务有限公司
装　　　订　廊坊市广阳区广增装订厂
版　　　次　2019 年 5 月第 1 版
印　　　次　2019 年 5 月第 1 次印刷

开　　　本　710×1000　1/16
印　　　张　17
插　　　页　2
字　　　数　234 千字
定　　　价　78.00 元

谨以此书为伟大祖国 70 周年献礼！

目　　录

1

前　　言

在中美关系的"三 T"（Tibet，Taiwan，Trade）问题中，"西藏问题"由于其历史、宗教乃至民族等复杂因素的干扰，特别是美国的长期插手与干预，在可预见的未来将成为中美关系发展中一个较为棘手的问题，且难以回避，必须正确对待并加以解决。而美国媒体在中美关系与"西藏问题"的互动发展中起到了一个不可代替的媒介传播作用。有学者将媒体称为是除立法、行政、司法以外的"第四权力"，可见大众传媒对公众舆论及政府的决策影响之大。

自 19 世纪《纽约时报》创刊之日起，美国传统主流媒体就不时出现对中国西藏的报道，包括探险家的西藏探险、学者乃至政治人物的西藏旅行等。可以说，以《纽约时报》为代表的美国传统主流媒体见证了美国民众对中国西藏了解与认识的整个历史过程，同时也反映了美国政府不同时期对中国"西藏问题"的立场和观点，这在 1949 年新中国成立、1989 年前后国际政治局势动荡——东欧剧变、苏联解体等重要历史时期针对"西藏问题"的报道中有着鲜活的体现。应该说，传统的美国主流媒体——《纽约时报》《华盛顿邮报》《洛杉矶时报》《芝加哥论坛报》作为美国不同政治流派的代言人，在"西藏问题"的报道中具有一定的代表性。那么美国传统主流媒体对"西藏问题"报道的倾向性如何？这样的报道与历史本来的发展轨迹有何偏差？中美学界对此都有程度不同的研究成果问世。

美国学界对中国"西藏问题"进行长期而深入研究的学者并不是很多，代表性的人物主要有：凯斯西储大学的梅·戈尔斯坦

（M. Goldstein）教授、纽约州立大学帝州学院的谭·戈伦夫（T. Grunfeld）教授、哈佛大学的客座研究员克瑙斯（K. Knaus）博士，他们的代表作《喇嘛王国的覆灭》①《现代西藏的诞生》②《冷战孤儿》③ 等已经成为中外学界研究"西藏问题"的必读经典之作，基本能够反映国外学界对中美关系中"西藏问题"研究的前沿。而关于美国主流媒体与"西藏问题"的研究成果则相对分散，且不深入、不系统，笔者在美国学习期间，通过对上述诸位学者的调研采访，同时利用美国大学图书馆的世界联网搜索引擎 Worldcat 检索，找到相关的研究成果，代表性的有：凯瑟琳·巴罗（Catharine T. Barrow）的学士学位论文《比较分析政府在夺取土著人土地时如何利用大众传媒：对中国人进入西藏与美国政府占领土著人土地的比较分析》④、孙一笑（音译）的硕士学位论文《50 年代末与80 年代末〈纽约时报〉对中国西藏的报道》⑤、郑敏（音译）的硕士学位论文《2001 年 9·11 前后〈纽约时报〉对中国的报道内容分析》⑥、帕特尔（Aneesh N. Patel）的硕士学位论文《有争议的土地：〈纽约时报〉对西藏、克什米尔、东帝汶的报道》⑦。这些文章都从不同角度探究了美国传统主流媒体，尤其是《纽约时报》对中国西藏报道的倾向。

国内关于美国主流媒体对中国报道的研究成果相对较多，包括

---

① Melvyn C. Goldstein, *A History of Modern Tibet: The Demise of the Lamaist State*, Volume 1: *1913 – 1951*, University of California Press, 1989.

② A. Tom Grunfeld, *The Making of Modern Tibet*, M. E. Sharpe Inc. , 1996.

③ John Kenneth Knaus, *Orphans of the Cold War: American and the Tibetan Struggle for Survival*, New York: Public Affairs, 2000.

④ Catharine T. Barrow, *Government Use of Media and Masses to Overtake Native Lands: a Comparison of the Han Chinese Takeover of Tibet and the United States Takeover of Native American Lands*, Senior Thesis, Colorado College, 1999.

⑤ Yixiao Sun, *The New York Times Coverage of Tibet in the Late 1950s and the Late 1980s*, Master Thesis, Ohio University, 1998.

⑥ Min Zheng, *A Content Analysis of New York Times Coverage of China Before and After the September 11, 2001 Attacks*, Master Dissertation, Ohio University, 2005.

⑦ Aneesh N. Patel, *In Disputed Territory: New York Times Coverage of Tibet, Kashmir, and East Timor*, Senior Thesis, Harvard University, 1997.

专著、论文等。专著方面有：潘志高的《〈纽约时报〉上的中国形象——政治、历史及文化成因》①、郑曦原的《帝国的回忆——〈纽约时报〉晚清观察记》②，这些专著中有专门章节精辟分析了《纽约时报》对西藏报道的内容。此外，另有一部分专门研究"西藏问题"的学者如张植荣、范士明、郭永虎也曾研究过《纽约时报》的涉藏报道。③ 近年来，随着"西藏问题"国际化的不断升温，大批研究美国媒体及思想政治教育专业的学者也投入对美国主流媒体涉藏报道的研究领域并有学术论文公开发表，如庄曦、方晓红的《全球传播场域中的认同壁垒——从〈纽约时报〉西藏"3·14"报道透视西方媒体"他者化"新闻框架》④，韩源的《部分西方媒体歪曲报道西藏"3·14"事件剖析》⑤ 等。这些文章都从不同侧面分析了美国主流媒体对中国西藏报道的特点及其影响等，但相对来讲，每一个研究成果都只是对一段时间内（主要是当代）关于"西藏问题"报道的分析，基于资料搜集上的困难，国内学界缺乏对美国传统主流媒体《纽约时报》《华盛顿邮报》《洛杉矶时报》《芝加哥论坛报》关于中国西藏报道的系统性的历史分析成果，而且大部分学者因为不是研究"西藏问题"的专家，所以很难将美国媒体对"西藏问题"的报道放在国际政治与中美关系发展的大环境中进行深入的历史分析。在美国学习期间，笔者利用美国凯斯西储大学图书馆、马里兰大学图书馆和国会图书馆的报刊历史数据库：Historical the New York Times（1851 - 2005）、Historical the Washing-

---

① 潘志高：《〈纽约时报〉上的中国形象——政治、历史及文化成因》，河南大学出版社 2003 年版。

② 郑曦原：《帝国的回忆——〈纽约时报〉晚清观察记》，当代中国出版社 1999 年版。

③ 张植荣：《美国主流媒体〈纽约时报〉涉藏报道分析》，《对外大传播》2006 年第 12 期。范士明：《政治的新闻——美国媒体上的西藏和"西藏问题"》，《太平洋学报》2000 年第 4 期。郭永虎：《1949～1959 年美国〈纽约时报〉涉藏报道初探》，《当代中国史研究》2011 年第 2 期。

④ 庄曦、方晓红：《全球传播场域中的认同壁垒——从〈纽约时报〉西藏"3·14"报道透视西方媒体"他者化"新闻框架》，《新闻与传播研究》2008 年第 3 期。

⑤ 韩源：《部分西方媒体歪曲报道西藏"3·14"事件剖析》，《思想理论教育导刊》2008 年第 5 期。

ton Post（1877 – 1991）、Historical Los Angeles Times（1881 – 1987）、Historical Chicago Daily Tribune（1849 – 1988），系统下载（Citation & Abstract 选项）了美国传统主流媒体《纽约时报》《华盛顿邮报》《洛杉矶时报》《芝加哥论坛报》①自 19 世纪创刊以来对中国西藏报道的主要文章。利用这些数据库，笔者力图整理并分析美国传统主流媒体对中国西藏认识的历史脉络，分析美国媒体对中国西藏报道的政治倾向，以及媒体报道与历史真实之间的复杂关系等。

历史上，美国情报机构曾长期秘密插手中国西藏事务，美国国会自 20 世纪 80 年代起也不断通过有关"西藏问题"的决议，通过所谓的难民安置计划将部分"藏独"分裂势力的后代移民到美国各地，让他们成为在美宣传藏传佛教与"藏独"思想的生力军。但实际上，在美国，对大部分普通民众来说，主流媒体才是他们获得有关中国西藏信息的主要渠道。《纽约时报》《华盛顿邮报》《洛杉矶时报》《芝加哥论坛报》等历史悠久、代表美国不同政治趋向的报纸对中国西藏事务的报道，一方面让远在西半球的美国民众对中国西藏有了基本的了解，另一方面，通过媒体的传递，也将美国政府在不同时期对"西藏问题"的价值判断嵌入受众的思想深处。

众所周知，2008 年 3 月的"拉萨骚乱事件"引发了国内外媒体关于"西藏问题"的宣传战，众多西方媒体对拉萨事件的歪曲报道引起了国内外华人的强烈愤怒与抗议，部分西方媒体就此不实报道也作了道歉。实际上，这是长期以来西方媒体对"西藏问题"不实报道的一个侧面反映，也是至今部分西方民众对"西藏问题"认识存在误区的一个根源所在。这些媒体从西方的价值观出发，根据部分流亡海外的"藏独"分子包括旧西藏贵族的政治意图解读中国的"西藏问题"，歪曲中国新生政权解放西藏的行动是入侵，根据自身的利益需要宣传西藏在历史上是一个独立国家等，严重歪曲了历史

---

① 韩源：《部分西方媒体歪曲报道西藏"3·14"事件剖析》，《思想理论教育导刊》2008 年第 5 期。

真实的发展轨迹。所以认真研究西方主流媒体对中国西藏的报道，探究其报道"西藏问题"的政治立场，分析其对"西藏问题"在国际关系中话语权的影响，不但具有重要的学术价值，而且具有重要的现实意义。本书是将所下载的《纽约时报》（1851—2005）数据库中关于西藏报道的 2000 余份文件，《华盛顿邮报》（1877—1991）数据库中关于西藏报道的近千份文件，《洛杉矶时报》（1881—1987）数据库中关于西藏报道的约 600 份文件，《芝加哥论坛报》（1849—1988）中关于西藏报道的 500 余份文件按不同历史时段进行分类，剖析特定时期美国各传统主流媒体对中国西藏报道的主要内容，美国政府的西藏政策与媒体涉藏报道之间的关系，以及媒体报道对国际政治中"西藏问题"的影响等，力图厘清美国传统主流媒体对中国西藏报道的历史脉络，特别是在特定历史时期如中华人民共和国成立前后、西藏和平解放前后、1959 年达赖叛逃印度前后、1989 年国际国内政治风波前后美国主流媒体的反应模式，结合不同时期美国政府对华政策及对中国西藏政策的历史性变化，剖析美国主流媒体作为政府代言工具的政治倾向性。这些文章基本反映了美国社会对中国西藏认识的历史过程，一方面我们可以窥见美国媒体对中国西藏自然、历史、地理、文化的认识脉络，另一方面可以了解西方社会价值观对中国西藏的认识特点，便于我们找准对策，正确引导西方媒体深入了解东方历史与文化，加强中美之间的相互理解与沟通，以便中美关系能在一种健康与相互理解的文化气氛中良性互动。

本书对美国传统主流媒体《纽约时报》《华盛顿邮报》《洛杉矶时报》《芝加哥论坛报》关于中国西藏的报道作了系统的梳理，对重要历史时期的报道文章作了较为深入的分析和概括，并力求对每个时期的报道文章做出规律性的理论总结。这是目前中国学界乃至国际学界关于"西藏问题"研究领域里对美国媒体涉藏报道的一个较为系统的探究成果。

本书的研究严格遵守学术规范、尊重他人研究成果。所有引用资料来源清楚，并力求做到准确无误。

第一章　辛亥革命前后美国传统主流媒体对中国西藏的报道

19世纪中叶以后，美国的报纸媒体开始进入快速发展时期，1849年《芝加哥论坛报》创刊后，《纽约时报》《华盛顿邮报》《洛杉矶时报》相继出现，并持续发展至今。这些报纸的一个重要特点是对世界局势及热点问题给予充分关注，它们对中国西藏的报道从一个特定的历史视角反映了西方社会了解中国西藏的历程以及国际社会在"西藏问题"上的利益之争。本章选取1900—1913年这一时间段里美国传统主流媒体对中国西藏的报道，意在分析西方媒体所反映的辛亥革命前后西藏所面临的国内外局势，进而分析美国媒体所反映的西藏高原这片神秘的土地在这一时期演绎的丰富历史。

辛亥革命前后的1910—1913年，美国传统主流媒体《纽约时报》《华盛顿邮报》《洛杉矶时报》《芝加哥论坛报》等对中国西藏的报道文章有50余篇，这些报道反映了特定历史时期西方媒体视角中的中国西藏。美国民众通过早期西方探险家如斯文·赫定在西藏的探险，西方记者对达赖及西藏的报道，以及对早期进入西方的藏人的采访等了解遥远而未知的神秘西藏。

一　辛亥革命前后西藏所面临的国内外形势

辛亥革命前后西藏所面临的国内外形势极其复杂，西藏政局也发生剧烈变化。一方面在国际上，19世纪末、20世纪初，资本主义已走向垄断阶段，整个世界几乎被资本主义列强分割殆尽；另一方面中国在鸦片战争后遭遇帝国主义的瓜分狂潮，大清帝国日渐衰微，无力抵抗帝国主义对中国周边领土的野蛮蚕食。1895 年 8 月，十三世达赖喇嘛土登嘉措亲政之时，中国正处于列强的瓜分阴谋之下。1895 年甲午战争后日本侵占台湾，1901 年八国联军入侵中国并与清政府签订丧权辱国的《辛丑条约》，1904 年日俄为争夺在中国东北的权益爆发战争，清政府已走向崩溃没落的边缘。自张荫棠入藏，提出整顿藏政，到 1910 年十三世达赖逃印，不过几年的时间，西藏地方局势发生很大变化。英国人利用张荫棠、联豫等整顿藏政的失误，挑拨中国中央和地方之间、汉藏民族之间的关系，公开地要分裂中国，占领西藏，实现它所谓帮助西藏独立的阴谋。1903 年，英军在荣赫鹏（Young Husband）的率领下入侵西藏，1904 年 8 月进入拉萨并签订《拉萨条约》。十三世达赖在英军抵达拉萨的前夕，从布达拉宫出走，越过唐古拉山，进入青海，前往外蒙古。清朝政府"革除"达赖名号。1906 年（清光绪三十二年）4 月，十三世达赖由库伦启程返藏，9 月抵达青海塔尔寺。陕甘总督升允向十三世达赖转达了清朝政府的"奉旨款留，暂不回藏"的"上谕"。因此，十三世达赖就在塔尔寺等候"谕旨"。1907 年（清光绪三十三年），清朝政府命令十三世达赖先到山西五台山朝佛，然后"赴京陛见"。达赖土登嘉措即于是年 11 月离开塔尔寺，次年正月十八到五台山，在五台山停留了约半年。7 月 27 日，清朝政府特派军机大臣和山西巡抚前往五台山，敦请十三世达赖入京"陛见"。8 月 4 日，土登嘉措到达北京，住在五世达赖和六世班禅居住过的黄寺，清德宗在中南海紫光阁为十三世达赖土登嘉措设宴洗尘。不仅"开复"了"名号"，而且加封他为"诚顺赞化西天大善自在佛"。1907 年 11 月 28 日，经清朝政府批准，十三世达赖离京返藏。十三世达赖土登嘉措回藏后，与驻藏大臣联豫产生了尖锐的矛盾，而矛盾的焦点，则是川军入藏问题。土登嘉措未抵拉萨之前，联豫即奏请由四川调两千官军入藏，得到清朝政府的批准。川军进藏后，十三世达赖恐遭伤害，逃亡印度，清朝政府下令革去十三世达赖的名号，并要驻藏大臣另找灵童代替。此事不仅在西藏引起极大震动，也在内外蒙古、青海、四川、云南、甘肃等地蒙藏群众中引起了部分人的反感。

1911年辛亥革命成功，结束了中国数千年的封建帝制，1912年1月，孙中山任临时大总统，宣布："国家之本在于人民，合汉、满、蒙、回、藏诸地为一国，合汉、满、蒙、回、藏诸族为一人，是曰民族统一。"[①] 1912年，噶厦秉承此时身在印度、深受英国人影响的达赖旨意通告全藏官员喇嘛，驱赶各地的汉（川）军及汉人。同年5月，十三世达赖从大吉岭启程回藏，12月到达拉萨。此时国内政局已发生新的变化，孙中山先生辞去大总统之职，袁世凯当了大总统，民国元年（1912）7月19日，北洋政府设立了蒙藏事务局。民国元年10月28日，袁世凯发表了恢复十三世达赖名号的命令。为达到分裂中国西藏的目的，1913年，英国胁迫中国中央政府参加在印度的西姆拉举行的"中、英、藏三方会谈"，英国企图把西藏变为它的保护国；阴谋支持达赖所谓的独立；炮制出一个所谓的麦克马洪线，蓄意夺取中国大片领土，遭到中方代表陈贻范的反对。1914年7月3日，陈贻范在最后一次三方会议上宣布了中国政府的训示：拒绝在所谓的"西姆拉条约"上签字，并且发表声明："凡英国和西藏本日或他日所签订的条约或类似的文件，中国政府一概不能承认。"中国政府同时将此立场照会英国政府，会议谈判破裂。但在西姆拉会议上英国取得了对西藏的控制权，积极煽动十三世达赖以自治名义实现其大西藏国的梦想。由此可见，辛亥革命前后在西藏最具影响力并具分裂野心的国家当属英国，当时美国在中国西藏无任何实质利益，因而此时美国媒体对中国西藏的报道不具鲜明的政治倾向性。但实际上，这一时期已有美国学者及外交官员开始关注中国西藏，最具代表性的人物当属被西方学界称为"学者外交家"的美国驻华公使柔克义（W. W. Rockhill），他在19世纪末20

---

① 杨公素：《中国反对外国侵略干涉西藏地方斗争史》，中国藏学出版社2001年版，第171页。

世纪初两次入藏探险，并自北京出发，亲赴山西五台山与十三世达赖会晤。

二　拉萨——佛教徒的麦加？

美国是一个后起的帝国主义国家，1894年美西战争后美国作为一个主要军事力量迅速崛起，开始更多地参与世界事务。面对列强对中国领土瓜分殆尽的局面，美国提出了"门户开放，机会均等"的口号，在"保持中国的领土与行政完整""保护在中国各地美国人的生命财产"的招牌下参与对中国利益的瓜分。所以，虽然此时美国在中国西藏无任何直接利益可言，但对中国西藏的政治、社会形势却给予了一定的关注，我们从当时美国主流媒体对中国西藏的报道中可见一斑。

这一时期美国主流媒体对中国西藏的报道主要内容包括：关于西藏独特的自然环境与社会风俗的报道；关于西方探险家入藏探险收获的报道；关于十三世达赖喇嘛出逃的报道；关于中国中央政府反对英国分裂西藏的报道；关于中国中央政府与西藏地方关系的报道等。

1. 关于西藏独特的自然地理与社会风俗的报道。1910年4月10日《华盛顿邮报》发表文章《最为奇特的西藏》报道说："西藏位于罗马和开罗的纬度之间，由系列高原腹地组成，气候与北极相似，几乎不下雨。刺骨的寒风吹拂着尘埃和干雪，不停歇地涤荡着荒凉的高地。""首府拉萨就是佛教徒的麦加，虔诚的佛教徒通过朝圣祈福。""这个奇特的城市一直与外界隔绝的原因非常简单，中国人在1300—1720年完全征服了这个国家，向藏人灌输洋鬼子的不是。中国人有其自私的目的，他们想要藏人一直与他们做生意。若干年前西藏与尼泊尔之间发生了战争，西藏打败了尼泊尔，和平的一个前提条件是关闭通往印度的贸易路线。关闭这些商路给中国人带来的益处可以从这样的事实中看出，中国质量最差的茶叶，只有茶梗，以3先令1磅的价格卖到了拉萨。""西藏政府有双重性。中国人掌控政治层面，他们从西藏可怜的纳税人那里获得丰厚薪水，内政和宗教事务由达赖喇嘛和一个5人委员会——4僧1俗来管理。""中国人每年都要对整个国家进行巡察，沿途搜取酬金，每天达35英镑。有一次来到日喀则的时候，中国人突然提出要45英镑。愤怒的村民对这样的勒索很震惊，用石头打他，军队立刻赶到，可怜的牧民被抓起来，遭到毒打，被鞭笞400下。两位市长被割手肉。难怪藏人不喜欢汉人。""选择达赖喇嘛是世界上最奇怪的骗人方式之一，喇嘛教义中最主要的篇章是轮回。人们认为，一个喇嘛死后会借助另一个人的躯体转世，生者要决定哪一个小孩是其转世。会有一些物理征象，通常表现奇异，表明他是再生圣徒。这些孩子的名字会被写在纸上，卷起来放到一个金瓶里，第8天的时候，经过3次金瓶掣签决定孩子的名字。然后这个男孩被带到拉萨接受特定的测试，当然纯粹是骗人，欺骗民众。这个结果必须得到中国皇帝的批准，然后这个可怜的小男孩就被安置到了这个新的尊贵的位置上。""这个国家到处都是皈依者，有的地方竟然有4000人之多的僧侣，几乎所有的人都自称是转世。据说在这个国家每个家庭都至少有3名僧人。""西藏的刑法非常奇怪，谋杀的处罚是罚款，要根据被害人的重要性确定罚款数额。偷窃的罚款数目是被偷物品价值的7—100倍；罚款数目依被偷之人的重要性而确定；包庇偷窃者比窃贼本人的罪责更严重。和欧洲中世纪的习俗一样，仍然使用火刑和开水烫刑来证明嫌疑人无辜还是有罪。"①这篇文章向人们展示了百年前西藏的风俗及怪异而残忍的刑罚方式。

1910年6月，《洛杉矶时报》发表文章《西藏的排他性》报道："西藏从未像今天这样对白人封闭。在过去相当长的一段时间里有一批探险家在欧洲的赞助下深入这个国家，但今天他们的追随者面对的情势是，不但西藏政府驱赶他们，大英帝国也告诫他们远离这个国家。"文章说，"这片土地不再神秘，在英国人进军拉萨

---

① "In Strangest Tibet ," *The Washington Post* , Apr 10 , 1910 , pg. MS2.

的时候，人们还不知道这里有两条又宽又长的河流，其中一条河发源于中央湖区的西北角，另一条河发源于西藏西南、流往噶达克。这两个地区的神秘面纱已被饶灵（Rawling）和斯文·赫定（Sven Hedin）的探险揭开"。①

1913 年 10 月 19 日，《华盛顿邮报》刊载了第一位访美藏人对神秘西藏的解读文章：《女权社会妇女随心所欲》。文章说，"来自亚洲西藏的奈克·克米斯黑文（Naik Komisheva）夫人讲述西藏妇女在 600 多年的时间里如何统治男人。（在那里）一切都由妇女主导，当女人厌倦自己的丈夫时，就把这些男人送到寺庙去"。"在西藏，人们认为日落之后如果男人还在街上或者公园里闲逛就是不道德的，就要受到女警官的严厉处罚。"文章说，"几个世纪以来，西藏一直对外部世界关闭着大门，今天，第一位访美的土著藏人奈克·克米斯黑文夫人向您讲述令人着迷的有关西藏的故事"。她说，"在近 700 年的时间里，西藏妇女享有其在政治、社会上的优越地位。一妻多夫只是她们统治社会的令人惊奇的结果之一，奈克·克米斯黑文夫人因为无法适应一妻多夫的婚姻制度逃到了美国，成为一名活跃的反妇权分子。她说，在西藏如果不是女人在性方面控制男人的话，会更好"。"她说，'由于意识到一夫一妻制属于非法婚姻状态的严重性，我决定出逃。我听说在西藏之外有一些国家是一夫一妻制，女人与一个男人结婚是合法的，这对我很有吸引力，我把这个想法告诉了我的丈夫，因为他爱我，同意与我共同应对命运的挑战。一个夜晚，我们离开了女人国（State Nu Kuo），经过数周的艰难跋涉，我们到达了波斯。我们发现那里是一夫多妻制，他们那里的男人的地位和西藏女人的地位是相同的，对这样的风俗我们感觉很震惊，很粗俗，所以我们离开波斯去了俄罗斯。俄罗斯一夫一妻制的风俗吸引了我们，所以我们留在了圣彼得堡学习音乐'。"② 这些早期对西藏的报道应该是西方世界了解西藏的第一扇窗口。

---

① "Exclusiveness of Tibet," *Los Angeles Times*, Jun 6, 1910, pg. II5.

② "Where Suffragettes have Everything Their Hearts Desire," *The Washington Post*, Oct 19, 1913, pg. MS5.

2. 关于西方探险家入藏探险成果的报道。1910 年 3 月 6 日，《纽约时报》文章《亨利·S. 兰德尔在此》讲述被废黜的达赖喇嘛曾在拉萨对他动刑。文章说，"亨利·S. 兰德尔是第一个进入西藏圣城拉萨的白人，他昨天从伦敦来，要在这里停留数月"。"兰德尔向拜访他的人讲述最近刚刚从拉萨逃往印度、被废黜的西藏政府首脑达赖喇嘛，曾经在几年前他入藏时抓住他，对他施以刑罚。""他说，'在我出发来纽约之前听说，达赖喇嘛作为一个邪恶的暴君已被废黜'。""虽然我第一次去西藏旅行时他对我很恶毒，但我对他也没有什么怨恨。我是一个入侵者，他只是要阻止我进入圣城拉萨的管辖区域。""我认为他可能会寻求英国的保护。西藏最终将被分割，英国占有一半，俄国占有另一半。这片土地没有什么价值，除非用作军事据点。"兰德尔说，他是第一个进入雅鲁藏布江源头的白人，也是第一个认定这条河北部的喜马拉雅山脉有世界上最高山峰的人。①

1911 年 7 月 23 日的《纽约时报》文章《神秘而充满杀气的西藏》，通过第三者费古森（W. N. Fergusson）的著作，讲述了探险者进入荒漠高原并有 1 人丧生的冒险经历。著作的名称是"西藏草原的冒险、体育与旅行"（*Adventure, Sport and Travel on the Tibetan Steppes*）。此书讲述了年轻的英国探险家约翰·布鲁克（John Weston Brooke）和他的翻译 1908 年 12 月在楼兰（Lola Land）被谋杀的经历。文章说，"布鲁克先生最早在 1906 年尝试自印度入藏，但由于英俄条约而遭到英国政府的阻止，于是他试图从中国进入这片神秘的土地，但中国人将他拒之门外。讲述者说，布鲁克两次尝试失败后，又第三次入藏。布鲁克本人的笔记相对而言价值不是很大，同行的另外一位探险家米尔斯（C. H. Mears）和作为向导的随队医生费古森根据自身的经历补充了很多细节。其中对中国西部人民的描述对民族学家来说具有很大的价值。布鲁克先生到过的一些地方从前没有白人访问过，他很有可能是第一位采访达赖喇嘛的英

---

① "Henry Savage Landor Here," *The New York Times*, Mar 6, 1910, pg. 16.

国人。采访的地点是在西宁附近的一家寺院，在传教士瑞德里（Ridley）的陪同下，穿着中国的长袍，这位旅行者被引荐给神秘的达赖喇嘛。布鲁克这样写道："（达赖喇嘛的）房间有30英尺长、15英尺宽，墙上悬挂着手工刺绣（即唐卡——作者注），代表佛和神。房间温暖，神秘的香气弥漫在空气中。达赖喇嘛坐在我们的前面，盘着腿，坐在大约4英尺高的桌子（table）的丝绸垫子上。这样在我们谈话的时候，我们的脸部和他的腿部高度是一样的。他脸部没有任何表情，身体微微前倾向我们打招呼。在整个谈话过程中达赖脸上没有出现过任何微笑的表情"。"斯文·赫定博士说他从来没有见过像扎西喇嘛这样温柔、愉悦的表情；我说，我从来没有见过像达赖喇嘛这样僵硬的面部表情（Hard expressionless face）。""这本书的最后一章讲述了布鲁克在野蛮的西藏如何勇敢地完成了人生的终结篇。作者的目的很明确，就是要纪念这位遇害的勇敢的年轻人，他被背信弃义的人所杀害。"①

《纽约时报》1913年7月6日的文章《探险西藏》报道了著名的瑞典探险家斯文·赫定博士西藏探险结束后撰写的著作《穿越喜马拉雅——西藏发现与冒险》。这是由美国麦克米伦公司（Macmillan & Co.）出品的3卷本著述，共配有156幅插图，4幅地图。文章说，"斯文·赫定博士《穿越喜马拉雅——西藏发现与冒险》第3卷的出版，标志着这位地理、地质、人类学探险家几年前探险西藏的著述的出版已全部完成"。"在赫定西藏探险之前，西藏的大部分地方对于外界来说都是未知土地。1905年赫定博士在《中亚旅行的科学成果（1899—1902）》一书中总结评论道，虽然曾经有人到过西藏的最南端探险，但那里更广大的区域以及我4年前走过的通往拉达克的线路并不被外界所知。""他补充说，我决心亲自去这个国家探险，用我自己的眼睛来观察。只有地图上的这些空白之地都被填补上或是河流，或是湖泊，或是山脉，我们才有可能绘出一幅准确的西藏高地地图。""他实现了自己的计划。自西藏归

---

① "Mysterious and Murderous Tibet," *The New York Times*, Jul 23, 1911, pg. BR457.

来，带着有关这个非常有趣的国家全面而独特的知识。无疑，他掌握的有关这个高原的信息比其他任何人都更为丰富。不夸张地说，在广阔的西藏，没有一个土著藏人对西藏的了解比赫定这3卷本的著述更为丰富。"①

3. 关于十三世达赖喇嘛出逃的报道。《纽约时报》1910年2月27日的文章《被废黜的达赖喇嘛》报道说："关于西藏名义上的领袖，被废黜的达赖喇嘛自西藏首府拉萨出逃的情况是这样的：达赖喇嘛12月份到达拉萨，北京授权他从临时管理者手中接过政府管理权。1904年荣赫鹏入侵圣城拉萨时曾任命一位临时管理者，当时英国为保护其在西藏的贸易与外交利益出兵拉萨。达赖喇嘛被安置到其宫殿布达拉宫，这位统治者又获得了内政权，成为喇嘛阶层的首领。他赦免了所有帮助过荣赫鹏的西藏人，一个月以来一切顺利。""继之，达赖喇嘛向负责军事事务的中国按班（amban）提出了抗议，因为在四川边界中国军队行为过分：他们抢劫寺庙、杀害僧侣。""这个抗议引出了关于西藏地位的系列问题。按班宣称西藏是中国的一个省，并且将处理叛乱问题。同时引发了其他一些有关权力的问题，最终按班命令驻扎在拉萨郊区的2500人的中国部队开进拉萨。"文章说，由此又引起了汉藏的流血冲突，达赖喇嘛再一次出逃。②

1910年3月27日，《纽约时报》发表文章《达赖喇嘛寻求避难》说："据来自伦敦的消息称，佛教的教皇达赖喇嘛离开禁城拉萨，达赖不想让进军拉萨的荣赫鹏等白人看到自己而（使自己）受到污染。他带着庞大的随从队伍在中国边境游荡。""他最终到了北京，与慈禧皇帝见了面。皇帝向他保证承认他的佛教教皇精神领袖的地位，以及他在西藏这个僧侣国家的世俗权力。""这些承诺并未能兑现。中国军队入侵他的国家，他再一次离开拉萨，寻求印度总督的保护。中国一纸诏书剥夺了达赖喇嘛所有的头衔。""达

① "Exploring Tibet," *The New York Times*, Jul 6, 1913, pg. BR386.
② "No Title（Deposed Dalai Lama），" *The New York Times*, Feb 27, 1910, pg. C4.

赖喇嘛自拉萨出逃正好发生在藏历新年之后,这是每一年中喇嘛王国最盛大的节日,在 2 月的第一周,庆祝佛教对 6 种异端邪说的胜利,也是真正的宗教对无神论的胜利。"①

1911 年 5 月 17 日,《纽约时报》文章《西藏活佛终于接受了采访》报道达赖喇嘛第一次接受西方记者采访的历史。文章说:"达赖喇嘛迄今为止从未接受过采访,也很少有白人看到过他。数百的信徒奉他为神,终于他接受了报纸的采访。""采访者是美国人,名叫威廉·爱丽丝(William T. Ellis)。""爱丽丝在大吉岭的小村庄见到了喇嘛,这里可以看到喜马拉雅山上的雪。达赖的全名是阿旺洛桑土登嘉措(Ngag - Wang Lobsang Thubden Gya - Tsho)。""美国采访人感到,保卫达赖喇嘛的英国官员比这位杰出的统治者难对付。""他说,达赖的随从给了他一条长的白色的中国丝绸围巾(即哈达——作者注),围巾披到他的双臂上,他手指竖起,走到达赖身边。达赖坐在一个现代的沙发上,他被允许走到距离达赖4 码远的地方。"采访者说达赖并没给他留下太深的印象,"他写道,他的脸上长满了麻子。他的耳朵很大,上耳突出,这是他容貌最特别的地方。""他用金碗吃饭,用金杯喝水,睡在洁白的绸缎床单上。"他说,采访中,达赖表达了西藏要对外开放商业、向美国派遣留学生接受西方教育的想法。"达赖喇嘛还说,他们两人之间这种面对面的交流实际上就是东、西方两种文明之间的交流。"②

4. 关于中国中央政府反对英国分裂西藏的报道。在近代西藏历史的发展中,英国是西方大国中插手中国西藏事务、促动西藏独立最重要的外在因素,中国政府对此进行了斗争。对于中国西藏的政治地位以及中国政府为此而进行的斗争,美国媒体非常关注。1912 年 2 月 26 日,《芝加哥论坛报》发表文章《大中华民国》。文章说:"新中国已经决定随后正式起名称作'大中华民国'(The Great Republic of China),这里的大(Great)意在包括西藏、土耳

① "Dalai Lama Finds Refuge," *The New York Times*, Mar 27, 1910, pg. C2.

② "Tibet's Living Deity Interviewed at Last," *The New York Times*, May 17, 1911, pg. 8.

其斯坦、蒙古和满洲里。"①

1912 年 8 月 30 日《纽约时报》文章《英国说，中国不能拥有西藏》报道："拟议中的中华民国将西藏合并为中华民国的一个省遭到英国的强烈反对。英国政府认为应该允许西藏在没有中国干涉的情况下管理自己的事务。英国公使朱尔典今天向政府提交了一份备忘录，回顾了西藏的形势。备忘录说，中国政府可以在拉萨派驻代表，就外交政策向藏人提供咨询建议。由中国军队提供保护。""英国政府反对中国人在西藏边境探险及在西藏驻留数目庞大的军队。""备忘录提议签署一项新的英中协议，明确英国承认中华民国的条件。"② 这反映了"一战"前、辛亥革命后英国政府干涉中国西藏事务的深度。

1912 年 9 月 2 日，《纽约时报》文章《中国将保持对西藏的主权》从另一个侧面反映了中华民国新政府对西藏政治地位的态度。文章说："英国《每日电讯报》（*Daily Telegraph*）记者说，中国政府照会英国使团，驳斥其关于反对中国政府合并西藏为中华民国的一个省的要求。""这位记者还说，中华民国临时大总统孙中山在接受采访时否认了他将立刻出发去欧美筹集铁路贷款的消息。"③同日《华盛顿邮报》发表文章也对这一事件进行了报道，题目是"（中国）驳斥英国的要求"，称中国政府将合并西藏为中华民国的一个省，并对英国的反对进行驳斥。④ 9 月 3 日《洛杉矶时报》文章《中国坚持在西藏问题上的立场》，阐述"中国政府愤怒驳斥英国提出的中国边疆省份自治的提议"。⑤

12 月 25 日《华盛顿邮报》发表文章《中国在西藏问题上态度坚决》，说"中国回绝了英国谈判签署新约的要求"。照会的"语调是礼貌的，但很坚决地回绝了英国关于谈判签署新条约的要求"。

---

① "China 'The Great Republic'," *Chicago Tribune*, Feb 26, 1912, pg. 7.

② "China Cannot Have Tibet, Says Britain," *The New York Times*, Aug 30, 1912, pg. 4.

③ "China Will Keep Tibet," *The New York Times*, Sep 2, 1912, pg. 4.

④ "Rejects England's Demands," *The Washington Post*, Sep 2, 1912, pg. 4.

⑤ "China Holds on to Tibet," *Los Angeles Times*, Sep 3, 1912, pg. II3.

"照会援引 1908 年的英藏协议说，英国承诺不干涉西藏行政事务、不兼并西藏的领土，中国保证阻止其他国家这样做。照会还说协议明确中国负责保护西藏贸易与通讯安全。""照会坚持说，中国承担起了它应该承担的义务。中国认为有必要派遣一支大规模的部队入藏维持治安。但中国政府认为英国没有必要从印度向西藏派驻部队。照会说维持西藏地位现状符合中国和英国双方的利益。"① 这些报道表明，此时美国媒体的基本立场是反对英国插手中国西藏事务。

三 西藏对于西方来说是一方遥远的处女地

综观这一时期美国媒体对中国西藏的报道，可以看到：

在 20 世纪初期，西藏对于西方来说还是一个遥远的未被认识的处女地，西方探险家们面对封闭的西藏克服重重困难进入这块被称作"世界屋脊"的高地，并通过自己对探险经历的记述给西方社会留下了一笔宝贵的对西藏自然、地理、社会风俗认识的财富。

通过媒体的报道我们可知，在 20 世纪初期东西方的文化交流中，一些特定历史人物占有特殊地位，如探险家斯文·赫定，他的 3 卷本著述《穿越喜马拉雅——西藏发现与冒险》对西方社会了解西藏的未知领域做出了独特的贡献。而这一时期第一位采访达赖喇嘛的美国记者、第一位访问美国的西藏妇女等通过媒体的支持，都向西方社会传递了关于神秘西藏的最原始的第一印象资料。

在 20 世纪初帝国主义瓜分中国的狂潮中，英国在中国西藏占有绝对的优势地位，1904 年荣赫鹏入侵拉萨虽然导致达赖出逃，英国在西藏的影响大大增强，但西方列强特别是美国并没有提出特别的异议，1912 年 9 月 1 日的《纽约时报》文章《西藏争论不关我们的事》说："美国将不反对英国政府向中国政府发出照会要求

---

① "China Firm as to Tibet," *The Washington Post*, Dec 25, 1912, pg. 6.

其考虑在西藏采取行动时与英国协商。"① 表明美国政府接受英国在西藏拥有势力范围的现实，这与美国在华实行门户开放政策的历史选择是一致的。

1912 年建立的中华民国虽然面对积弱的中国历史现实无力开展实力外交，但在西藏问题上仍然立场明确，将西藏与蒙古等边疆地区列为中华民国的省。面对英国政府对西藏的渗透威胁，中国政府在英国提出无理要求，反对中国合并西藏为中华民国一个省的时候表达了坚定的立场，并在英国以承认中华民国为条件进行政治讹诈时予以坚决回击。

---

① "Tibet Dispute Not Our Affair," *The New York Times*, Sep 1, 1912, pg. C4.

第二章 "二战"前后美国传统主流 媒体对中国西藏的报道

20 世纪上半叶是国际政治发生剧烈变动的历史时期,两次世界大战牵动了世界三分之二以上的人口,中美两国作为亚洲、美洲的重要大国都成为这一时期历史的主角。作为盟友并肩战斗在反法西斯战场上的中美两国此时在"西藏问题"上几乎无任何政治分歧与经济利益纠葛,这在美国媒体的涉藏报道上也有体现。传统观点认为,第二次世界大战始于 1939 年 9 月 1 日德军进攻波兰,结束于 1945 年 9 月 2 日日本投降,本章资料主要选取自 1939 年 1 月 1 日,终至 1947 年 12 月 30 日。

"二战"前后国际政治的关注点主要在欧洲与亚洲,由于美国参战较晚,而且战火并没有烧到美国本土,所以美国的主流媒体在报道欧亚战事的同时也有文章关注遥远的中国西藏。其关注点一是西藏独特的达赖喇嘛、班禅喇嘛转世制度及其内部重要的政治动态;二是对西方人西藏之旅及其相关研究成果。此外也有对西藏艺术及美国藏学研究的相关报道。

一 中国政府为达赖转世连续工作数月

1939 年西藏地方政府在中央政府的配合下寻找转世灵童达赖喇嘛的工作顺利完成,这是西藏政治社会发展中的一个重大事件,也是西藏独特政治制度的一个重要表现形式,美国媒体对此给予了特别的关注。《纽约时报》1939 年 9 月 15 日刊发文章《农民的儿子，5 岁，被认定为西藏的达赖喇嘛》说，"拉萨的秘密会议已经决定接受这个在汉人村庄找到的 5 岁男孩为西藏的达赖喇嘛"。"按照古老的西藏传统，这个年幼的前世达赖继任者是在全国范围内经过广泛寻找最后确定下来的。这期间，众多高僧及重要人物要对这个孩子出生时及其后的不同寻常的表现进行仔细考察，看其是否具有超自然的力量。"① 5 岁的拉木登珠被确认为十三世达赖喇嘛的转世之后，在青海省政府主席、回族军阀马步芳军队的护送下踏上去拉萨的行程。1940 年 2 月 22 日，十四世达赖喇嘛在拉萨坐床，对此，美国媒体《纽约时报》《华盛顿邮报》于 2 月 22 日、23 日、24 日连续发表文章报道达赖喇嘛的坐床大典并作相关分析。

《纽约时报》22 日文章《达赖喇嘛今日坐床，选择他是汉人的胜利》报道，"根据 2 月 21 日来自重庆的消息，这一天，蒋介石率领众官员给即将坐床的 6 岁十四世达赖喇嘛发了贺电"。文章评论说："这个选择是汉人的胜利，加强了中国所主张的对西藏的主权——没有通过抽签选择的规则就确定了这个 6 岁的男孩为转世灵童。""据说他出生的时间正好是十三世达赖喇嘛去世的时间：1933 年 12 月 17 日。""一些乐观的汉人甚至已经预想藏人参加反日战争、增加双方贸易，甚而开发其矿产资源的可能性。""另据来自拉萨的报道说，在小达赖喇嘛即将坐床的这个神圣日子的清晨，热切的情感席卷了整个拉萨。""除金瓶掣签工作外，中国政府已经为此连续工作几个月。但是今天，西藏摄政以东方真正的文雅方式请求重庆政府授权放弃传统抽签程序，并得到许可。他以电报方式向蒋介石及其他中国政府领导人表示了热切的谢意。"② 同日《华盛顿邮报》也发布了来自拉萨和新德里的消息，描述达赖坐床前一日拉萨的热烈气氛、相关的准备工作及关于达赖转世的一些基本常识。文章特别提及了英国与西藏的特殊关系，指出："英国

① "Peasant Boy, 5, Named Dalai Lama of Tibet," *The New York Times*, Sep 15, 1939, pg. 21.

② "Dalai Lama to be Enthroned Today, His Choice is a Victory for Chinese," *The New York Times*, Feb 22, 1940, pg. 11.

15

对西藏的兴趣可追溯至1904年，当时的荣赫鹏率领一支探险队进入西藏①，由此建立了双边关系。"② 23日，《纽约时报》和《华盛顿邮报》分别在第15版和第3版报道了达赖坐床的相关细节。《纽约时报》文章《达赖喇嘛坐床》一文描述说："西藏摄政呼图克图和中国政府代表吴忠信共同主持了达赖喇嘛坐床仪式。""连续3天，整个拉萨都处于节日的气氛之中。108位僧人组织了特别的祷告与献礼活动，汉人带来了200多骡车的丝绸、银锭及其他礼物送给这个出生在青海山区汉人村落的达赖喇嘛。"③

　　达赖喇嘛转世是西藏政治生活中的一件大事，它对中国政治乃至国际政治的影响也是美国媒体关注的话题。1940年1月27日，《纽约时报》发表评论文章《中国看到抓住西藏主权的新机遇》。文章说："重庆方面接到了西藏摄政给林森主席的一封信，这被认为是西藏承认中国主权的重要佐证。""摄政在信中表示他非常高兴地接受重庆任命，让他做主持新达赖喇嘛坐床仪式的专员，这个消息由重庆政府特使吴忠信传到拉萨。他将与摄政共同主持达赖坐床仪式。"④ 2月4日，《纽约时报》文章《英国密切关注达赖喇嘛》说，"这对印度安全至关重要"。"西藏位于富有侵略性的帝国主义国家俄、日之间，守卫着通往印度东北的门户，处于这样一个隐蔽的位置，如果它被反英势力所控制，就可能成为大英帝国的威胁。""去年秋季当英国要进行战争的时候，藏人终止了为时6年的对新的神王的搜寻，这个6岁的小神王将生活在其前任的亲英氛围下，这对英国有利。"⑤

　　20世纪40年代是西藏世俗与精神领袖达赖喇嘛、班禅喇嘛转

---

　　① 指荣赫鹏入侵中国西藏。

　　② "No Title（Boy Lama will be Throned），" The Associated Press, *The Washington Post*, Feb 22, 1940, pg. 4.

　　③ "Dalai Lama Placed on Throne of Tibet," *The New York Times*, Feb 23, 1940, pg. 15.

　　④ "China Sees New Grip on Tibet Sovereignty," *The New York Times*, Jan 27, 1940, pg. 5.

　　⑤ James B. Reston, "British Keep Eye on the Dalai Lama," *The New York Times*, Feb 4, 1940, pg. 66.

世的重要时期。十三世达赖喇嘛1933年12月17日去世，青海男童拉木登珠即日降生转世，并于1939年被发现，1940年进入拉萨坐床成为十四世达赖喇嘛丹增嘉措。九世班禅额尔德尼·曲吉尼玛1937年12月1日在青海圆寂，十世班禅额尔德尼·确吉坚赞于3岁时在青海玉树循化被找到，1949年8月10日坐床。①有趣的是，《纽约时报》和《华盛顿邮报》1944年曾误报说班禅已坐床。《纽约时报》报道说，"据2月17日来自重庆的消息，在青海循化发现的西藏7岁宗教精神领袖班禅喇嘛于2月8日在青海塔尔寺完成坐床"。"国民党中央政府的官员主持了坐床仪式，有10万人参加了坐床典礼。"文章说："新喇嘛是其前任的转世，是与西藏世俗领袖达赖喇嘛同样的方式，通过各种迹象、征兆和其他各类神秘方式而找到的。"②《华盛顿邮报》除了对班禅坐床作了简短报道外，还特别解释道："达赖是伟大菩萨的转世，班禅是菩萨的化身。"③

除对西藏达赖喇嘛、班禅喇嘛转世这些重大政治事件关注外，美国媒体对西藏内部政治斗争也给予了充分关注。1947年7月13日，《纽约时报》发表文章《西藏前摄政被处死》说："据来自上海的消息，今天独立报纸《大公报》说，亲汉的前西藏摄政由于阴谋推翻现任西藏摄政而被弄瞎，然后被毒死。""对西藏拥有松散的名义上的统治权的中国政府一位发言人6月12日说，西藏在发生了喇嘛反汉与世俗权力亲汉的骚乱后已恢复了正常秩序。""而《大公报》的消息则正好相反，报道说，4月份前摄政即被逮捕，对其指控是：前摄政阴谋推翻现摄政。""报道说，尽管南京政府呼吁西藏当局保证前摄政的安全，但在5月初他就被挖掉了双眼，几天前又被毒死。"④

---

① 牙含章：《班禅额尔德尼传》，华文出版社1999年版，第293—295页。

② "7 - Year - Old Boy Becomes Spiritual Head of Tibet," *The New York Times*, Feb 18, 1944, pg. 5.

③ "100, 000 Witness Enthronement of 10th Panchen Lama," *The Washington Post*, Feb 18, 1944, pg. 2.

④ "Tibetan Ex - Regent Reported Executed, " *The New York Times*, Jul 13, 1947, pg. 20.

与此同时，美国媒体对英国在藏特权的存废也给予了关注。1948 年 7 月 6 日，《纽约时报》发表文章《西藏将终结英国特权》说，"据来自南京的消息称，今天，蒙藏委员会请求中国外交部终结英国在西藏的特权。委员会的发言人说，印度已自英国独立，已无任何理由保留英国在西藏的特权。""他说英国仍然保留着在春丕河谷和江孜的驻军。"①

在阅读《芝加哥论坛报》有关西藏的报道时，笔者看到了一篇特别有趣的文章——《有报道说德国特务林肯生活在西藏》，文章"援引来自锡兰科伦坡的消息说，日本人曾宣布英国前国会议员、自称在一战期间是德国间谍的林肯（Ignaz Trebitsch－Lincoln）于 1943 年在上海去世，但锡兰《时报》的报道说他还活着"。"一位当地记者称收到了一封林肯发来的盖着大吉岭邮戳的信，信中称他还活着。""这位记者认为林肯现生活在西藏的一座寺庙里，法号是照空。"② 而实际上，林肯此时并不是在西藏，他已于 1943 年在上海去世，但当时在西藏确实有一位德国的纳粹分子，那就是"二战"期间自印度战俘营出逃到拉萨的哈里尔，他摇身一变成了十四世达赖喇嘛的私人教师，后成为美国的间谍，为中情局工作，在中国人民解放军进军西藏前逃往印度。③

二　美国早期最为知名的西藏探险家：伯纳德？柔克义？

早期入藏的美国人多数都是探险家、藏传佛教崇尚者。由于西藏交通不便，特别是西藏的地理环境与宗教信仰特征使其与外部世

---

① "Tibet Would End British Rights," *The New York Times*, Jul 6, 1948, pg. 10.

② "Report Lincoln, Germany Spy, is Alive in Tibet," *Chicago Tribune*, May 3, 1947, pg. 18.

③ 参阅程早霞《"十七条协议"签订前后美国秘密策动达赖出逃历史探析》，《中共党史研究》2007 年第 2 期。"Hitler and the Dalai Lama: The Secret Truth about the Dalai Lama," www. newspiritualbible. com/index2, 2011 年 8 月 25 日下载。

界几乎处于隔绝的状态，外部世界对西藏的了解非常少，因而民众与媒体对遥远的西藏都存有一种强烈的探求意识。这一时期有几位美国人先后入藏，对美国普通民众了解、研究西藏起到了特别重要的作用。

一位是探险家、学者兼藏传佛教的践行者伯纳德（Theos Bernard，1908—1947），他是当时西藏的第一位白人喇嘛，也是美国第一个藏传佛教研究所的始创者。[①] 伯纳德1931年在美国亚利桑那大学获得法学学士学位（LLB），1934年获得文学学士学位（BA），1936年伯纳德又在哥伦比亚大学获得硕士学位。1937年伯纳德应邀访问拉萨，并在拉萨正式成为一名藏传佛教徒。回到美国后他再一次进入哥伦比亚大学进行瑜伽研究，并于1943年获得博士学位。1947年伯纳德携其第三任妻子再次来到印度，去藏西的途中在印度境内遭遇印度教徒与穆斯林之间的冲突而丧生。伯纳德之前入藏时带着照相机与摄影机，用镜头记录了他在拉萨的大部分活动，回到美国时带回了数百卷的藏经和大量的关于西藏宗教、唐卡等艺术的照片与胶片。根据罗斯福总统图书馆的档案记录，伯纳德1938年自拉萨归来时还曾携有达赖喇嘛给罗斯福总统的信件，[②] 但笔者在罗斯福总统图书馆没找到信件的原档。

依据对印度瑜伽、藏传佛教的研究及其亲身的实践经历，伯纳德在欧美各地进行了很多关于藏传佛教以及西藏的演讲，并撰写了相关的文章与著作。代表性的著作包括：《千佛之地》[③]《与天堂同在》[④]《瑜伽》[⑤]《印度哲学基础》[⑥] 等。对此，美国主流媒体都进

[①] "Theos Casimir Bernard," http：//en. wikipedia. org/wiki/Theos_ Bernard, 2008年5月22日下载。

[②] Memorandum For the President from M. A. Lehand. Franklin D. Roosevelt Library, Papers as President, Official File, File 3287.

[③] Theos Bernard, *Land of a Thousand Buddhas*：*a Pilgrimage into the Heart of Tibet and the Sacred City of Lhasa*, London：Rider & Co. , 1952.

[④] Theos Bernard, *Heaven Lies within Us*, New York：C. Scribner's Sons, Ltd. , 1939.

[⑤] Theos Bernard, *Hatha Yoga*：*the Report of a Personal Experience*, New York：S. Weiser, 1970.

[⑥] Theos Bernard, *Philosophical Foundations of India*, London：Rider and Company, 1945.

行了及时的报道。《纽约时报》1939年4月2日发表文章《拉萨寺庙里的美国人》①,《洛杉矶时报》1939年4月9日刊载文章《亚利桑那学者揭开西藏神秘的面纱》②,报道了伯纳德依据其在拉萨寺庙的僧侣生活而撰写的著述《上帝的宫殿》③。伯纳德在拉萨滞留了16个月,成为寺庙的一名白人喇嘛,也是当时世界上唯一的一位白人喇嘛,在藏期间他获准拍摄了反映西藏社会僧侣生活的录像,回到美国后曾在美国太平洋地理学会(Pacific Geography Society)的资助下为美国民众放映。④

　　另一位在美国主流媒体中对中国西藏有较多关注,也是在美国藏学研究中占有独特地位的人物是柔克义(W. W. Rockhill)。柔克义被美国学者称作学者外交家,实际上他还是一位探险家、藏学家。柔克义是第一位到达中国西藏的美国官员,也是第一位与达赖喇嘛(十三世)会晤的美国外交官,他精通英、法、汉、藏等多种语言,曾担任达赖喇嘛的顾问。柔克义对中国西藏的认识对当时的美国政界了解中国西藏及日后美国在“西藏问题”上所采取的立场都产生了重要影响。在柔克义之前,美国人将西藏误读为Thibet,是柔克义更正了美国人对中国西藏的称谓,即称作今天的Tibet。哈佛大学的霍顿(Houghton)图书馆存有柔克义遗留下来的一些手稿,美国国会图书馆存有大量的柔克义自西藏带回美国的藏学著述及器物。美国国家博物馆(National Museum)接收了柔克义自西藏带回的很多稀世珍品,包括用人的头盖骨制成的大碗,带有银镀金的碗盖儿,上面雕有西藏宗教图谱。⑤柔克义本人不仅在理论上对中国特别是西藏进行了深入的考察与研究,著述颇丰,而且在实践上对美国制定对华政策产生了重要影响,他曾担任美国驻华使团二秘、一秘及公使。人们评价道:“他是他所生活的年代西方世界里

---

① "An American in Lhasa's Shrines," *The New York Times*, April 2, 1939, pg. 97.

② "Arizona Scholar Lifts Veil of Tibet Mystery," *Los Angeles Times*, Apr 9, 1939, pg. C6.

③ Theos Bernard, *Penthouse of Gods*, New York: Charles Scribner Sons, 1939.

④ "White Lama to Show Color Films of Tibet," *Los Angeles Times*, Mar 1, 1940, pg. 10.

⑤ "Into the Lama's Land," *The Washington Post*, Nov 16, 1902, pg. 15.

对中国政治历史研究最具权威的人士。"①

19 世纪末期柔克义在美国史密森学会（Smithsonian Institute）的资助下两次去西藏探险，并将探险经历进行总结出版，《喇嘛王国》（*The Land of Lamas*）、《蒙藏旅行日记》（*Diary of a Journey Through Mongolia and Tibet*）就是他的代表作。柔克义去世后，他的妻子于 1943 年将他生前的著述及西藏收藏品都捐给了美国国会图书馆。《纽约时报》1943 年 3 月 7 日的文章《（柔克义夫人）将有关西藏的书籍捐献给国会图书馆》报道说，"作为礼物，柔克义的夫人将柔克义生前的著述、书稿、西藏艺术品全部捐献给了国会图书馆"。"其中包括一幅达赖喇嘛赠送给柔克义的油画，画面是同为西藏精神领袖的达赖喇嘛和扎西喇嘛。""柔克义捐给图书馆的礼品还包括超过 6000 册的中文图书。"②《华盛顿邮报》也在 3 月 8 日发表文章《柔克义的西藏收藏品捐给图书馆》作了报道。文章说，柔克义所捐的物品中有一幅画像是达赖喇嘛在五台山时赠送给他的，当时他作为美国驻华公使前去与达赖喇嘛会晤。③ 在今日美国国会图书馆专有一位图书馆员负责管理和维护柔克义捐赠的西藏藏品与著作。

除了对伯纳德、柔克义这样在西方影响较大的探险家、学者的关注能了解中国西藏外，还可以在美国的主流报纸上读到另外一些美国人进入西藏的事件，如《纽约时报》1939 年 8 月 7 日的文章《美国人看到了新转世的小达赖喇嘛》。文章根据来自重庆的消息称：美国基督教青年会（YMCA）的一位名叫乔治·费奇（George Fitch）的驻华总管在青海省见到了小达赖喇嘛。文章援引费奇的话说，他在达赖喇嘛出发去拉萨的半个小时前到达了他的所在地，但是由于过度激动竟然上错了胶卷，所以非常遗憾没能拍下照片。

---

① Paul A. Varg, *Open Door Diplomat*: *The Life of W. W. Rockhill*, The University of Illinois Press, Urbana, 1952.

② "Gives Books on Tibet to Congress Library," *The New York Times*, Mar 7, 1943, pg. 7.

③ "Rockhill Tibetan Collection Given to Library," *The Washington Post*, Mar 8, 1943, pg. 11.

"他是第一位在达赖喇嘛去拉萨登基前见到这位西藏世俗与精神领袖的美国人。"①

此外，美国的媒体也对欧洲其他国家的西藏探险及研究成果给予了关注。斯文·赫定、荣赫鹏、查尔斯·贝尔都是西方社会中赫赫有名的西藏通，《纽约时报》也都在不同时期分别对他们进行了报道。1941 年 7 月 18 日，《纽约时报》的文章《书籍与作者》介绍了即将出版的著名探险家斯文·赫定的著述《征服西藏》；②1942 年 8 月 2 日的文章《探险家荣赫鹏去世，享年 79 岁》总结了荣赫鹏一生的探险经历，并评价道："荣赫鹏是一位出色的作家、科学家、英国皇家地理学会主席。""荣赫鹏曾经做出过不懈努力意欲征服珠穆朗玛峰，他认为山不会再长高，而人的意志却在不断地增强。""他一生中最吸引人的探险经历就是 1904 年作为英国驻西藏官员成功进入拉萨。"③ 文章重点阐述了荣赫鹏入侵西藏、胁迫藏人在布达拉宫签署城下之盟的历史过程。④《纽约时报》1945 年 3 月 11 日的文章《外交家、作家查尔斯·贝尔先生去世，享年 74 岁》，给予了主张西藏独立的英国人查尔斯·贝尔⑤高度评价，称"查尔斯·贝尔是唯一一位和达赖喇嘛获得同等荣誉的外国人"。⑥

三　西藏艺术美国展

对西藏艺术品的关注也是这一时期美国媒体西藏报道的重要话

---

① "New Boy Dalai Lama is Seen by American," *The New York Times*, Aug 7, 1939, pg. 13.

② "Books—Authors（A Conquest of Tibet by Sven Hedin），" *The New York Times*, Jul 18, 1941, pg. 17.

③ 指 1904 年荣赫鹏率领英军入侵西藏。

④ "Younghusband, 79, Explorer, is Dead," *The New York Times*, Aug 2, 1942, pg. 39.

⑤ 前英国驻锡金官员，西姆拉会议后被派进西藏。

⑥ "Sir Charles Bell Dies, Diplomat, Author, 74," *The New York Times*, Mar 11, 1945, pg. 39. 原文为 The only foreigner to whom the honor of being seated on a level with the Dalai Lama of Tibet was ever accorded。

题。《纽约时报》1941 年 4 月 6 日的文章《来自西藏的艺术品展览》报道说,4 月份纽约将举办"西藏珍宝"展览,展品包括班禅喇嘛的个人物品,其中最引人注目的一件是班禅喇嘛宗教仪式上使用过的由西藏银匠制造的银器。[1] 1945 年 7 月 30 日的《纽约时报》文章《西藏艺术品在博物馆展出》报道了雷蒙德小镇(Richmond)建立西藏图书馆与博物馆的消息。报道说,博物馆的展品全部是雅克·马歇(Jacques Marchais)夫妇亲自从西藏带回美国的,包括西藏的艺术品、书籍、照片等。[2] 1948 年 3 月 4 日的《纽约时报》文章《今日西藏艺术品预展》报道了美国亚洲学会(Asia Institute)将于 3 月 5 日至 4 月 17 日在纽约曼哈顿东 70 街举办西藏艺术品展览,展品来自私人珍藏、全美各地博物馆馆藏,包括佛教绘画、宗教器物、铜器、西藏刺绣及照片等。[3]

四 藏学研究进入美国大学课堂

伴随着 20 世纪 40 年代美国社会对中国西藏关注度的日益提高及"西藏问题"在"二战"结束后国际事务中的凸显,藏学研究开始进入美国大学课堂。《纽约时报》1947 年 10 月 4 日发表文章《耶鲁大学开设西藏课程》报道,"据来自纽黑文的消息,耶鲁大学人类学系主任昂斯古德(Cornelius Osgood)今天宣布,耶鲁大学将在这个学期首开美国大学藏学课程"。"这个课程名称是'西藏文化',将由中国学者李安宅(音译,Li An–che)教授讲授,重点讲授西藏人民的世俗与宗教生活,特别是有关喇嘛教制度在社会、宗教、经济、教育及政府管理方面的内容。""李教授还将在中国与世界层面讨论西藏的文化前景。"[4] 耶鲁大学的藏学研究开启了 20 世纪美国藏学研究的先河,达赖喇嘛 1959 年出逃印度后曾

---

① "Art from Tibet to be Seen," *The New York Times*, Apr 6, 1941, pg. 48.
② "Museum is Dedicated to the Arts of Tibet," *The New York Times*, Jul 30, 1945, pg. 17.
③ "Tibetan Art Show in Preview Today," *The New York Times*, Mar 4, 1948, pg. 23.
④ "Yale Has Course on Tibet," *The New York Times*, Oct 4, 1947, pg. 9.

向美国的耶鲁大学捐赠部分珍贵藏学典籍。自此，美国的许多大学
如西雅图华盛顿大学、哈佛大学、哥伦比亚大学先后引入藏学研
究，开拓了 20 世纪美国藏学研究的繁荣之路。如今的美国已经成
为在中国本土之外最具前沿性的藏学研究沃土。

五　比珠穆朗玛峰更高的山峰？

从"二战"前后美国媒体对中国西藏的报道中可以看到，1948
年之前，意识形态因素在中美关系中还不占有重要地位，美国媒体
对中国西藏的报道不具有明显的政治倾向性，如《纽约时报》
1939 年 4 月 2 日的文章《拉萨寺庙里的美国人》①、1940 年 2 月 23
日的文章《达赖喇嘛坐床》②，《洛杉矶时报》1939 年 11 月 12 日的
文章《科学家描述西藏神秘土地》③、1947 年 10 月 31 日的文章
《寻访西藏的人在旁遮普袭击中失踪》④ 等都是对西藏社会政治等
进行客观报道，内容或是对西藏自然环境的探究，或是对西藏政治
走向的追踪，或是对美国人在西藏行动的报道等，基本上都是对事
实本身的客观阐述，很少渗透政府的政治意图。一些有关西藏自然
景观、人文艺术的文章读起来轻松优美，给人以宁静、愉悦的感
受，如《洛杉矶时报》的文章《西藏神秘的山峰》⑤《可以放到桌
子上观赏的树》⑥《开满鲜花的山谷与高山蔚为壮观》⑦ 等，这与这
一时期美国在中国西藏无政治诉求的历史是相呼应的。

媒体是人类历史的记录，它反映人类社会在某一特定时期思

---

① "An American in Lhasa's Shrines," *The New York Times*, Apr 2, 1939, pg. 97.

② "Dalai Lama Placed on Throne of Tibet," *The New York Times*, Feb 23, 1940, pg. 15.

③ "Mysterious Land of Tibet Described by Scientist," *Los Angeles Times*, Nov 12, 1939,
pg. C6.

④ "Seeker of Tibet Lore Missing in Punjab Raid," *Los Angeles Times*, Oct 31, 1947,
pg. 6.

⑤ "Tibet's Mystery Mountain," *Los Angeles Times*, Sep 22, 1946, pg. F4.

⑥ John Noah, "A Tree for Your Table Top," *Los Angeles Times*, Jun 26, 1949, pg. H31.

⑦ "Flower Valley and Peaks of Tibet Glorified," *Los Angeles Times*, Jun 19, 1949,
pg. D8.

想、政治变迁的轨迹，也反映人类认识自然的能力与水平以及当时的兴趣偏好等。阅读这一时期美国媒体对西藏自然环境描述的文章可以看到，当时人类社会对自然的认识与今天还是存在很大差距的。《华盛顿邮报》1947年4月20日的文章《"X山"挑战世界最高峰桂冠》报道说，当时大家都认为珠穆朗玛峰是世界最高峰，但飞越驼峰的几位飞行员们认为，在西藏东部有一个比珠穆朗玛峰至少高出1000英尺的山峰。他们确信不远的将来，珠穆朗玛峰将会变成世界第二高峰。[①] 这反映了当时西方社会对自然认识的局限。

---

① Hugh Crumpler, " ' Mt. X' Seen Upsetting World's Highest Title," *The Washington Post*, Apr 20, 1947, pg. B2.

第三章　1949 年前后美国传统主流媒体对中国西藏的报道

　　20 世纪中叶国际政治形势发生了巨大变化，"二战"结束之后不久世界即进入冷战。中美关系在此期间发生了翻天覆地的历史性变化，"一战"、"二战"期间都曾是亲密盟友的中美两国伴随着司徒雷登离开中国的飞机马达声，亦开始由友好国家发展成相互敌视的对手。与中美关系的历史发展脉络相呼应，美国的西藏政策在这个历史过程中经历了重大的转变。媒体就像是一面镜子，将这一历史变化幻作影像投射到现实社会中，从而影响并塑造了人们对特定历史时期重大问题的立场与观点。1945 年"二战"结束后中国陷入内战，至淮海战役后，中国政局发展态势已日趋明朗，国民党的失败已无可挽回，中国大陆建立共产党领导的人民民主政权已成定势，在此形势下，美国媒体对中国政局变动给予了更多的关注，在"西藏问题"的报道上也随着美国西藏政策的变化表现出了明显的政治倾向性。

　　1949 年前后，美国传统主流媒体《纽约时报》《华盛顿邮报》《洛杉矶时报》《芝加哥论坛报》关于中国西藏的报道和文章涉及的内容主要有：对西藏内部政治动态的报道；对西藏商务代表团访美的报道；对美国新闻评论员托马斯西藏之旅的报道；对中国共产党解放西藏动向的报道；对印度在"西藏问题"上的政策与动向的报道等。

一　"驱汉事件"与班禅欢迎解放军入藏

对西藏内部政治动态的关注是新中国成立前后美国主流媒体对中国西藏报道的重点，主要内容包括关于拉萨"驱汉事件"的报道，关于西藏上层不同政治势力对解放军入藏态度的报道等。

1. "驱汉事件"

1949年7月，西藏噶厦在印度驻拉萨代表黎吉生的精心策划下，发动了"驱汉事件"。7月8日，噶厦"召见"国民党政府蒙藏委员会驻藏办事处代理处长陈锡璋，通知其全部人员及眷属限期撤出西藏。这是在新中国成立前西藏分裂势力乘国共内战无暇西顾之际在西藏独立道路上走得最远的一步。对此，美国主流媒体《纽约时报》《华盛顿邮报》《洛杉矶时报》《芝加哥论坛报》都给予了关注。1949年7月23日，《纽约时报》发表文章《有报道说西藏发生反汉骚乱》称："来自西藏的消息说，拉萨发生了反对国民政府的叛乱，国民政府声称对西藏有管辖权。""西藏委员会专员关吉玉博士今天也承认说西藏发生了政治变动。他说没有消息表明是共产党策动了这个事件。""关博士说，国民党政府驻拉萨的分支机构已接到通知让他们马上离开拉萨。"① 25日，《纽约时报》文章《解释西藏叛乱》说："中国驻印度大使罗家伦今天报告说，他已得到消息，西藏统治者已驱逐国民政府驻拉萨官员，因为西藏担心汉人中有共产党。""数年来中国一直在拉萨派驻一个很小规模的使团，象征着对西藏的主权，但从来没有真正行使过（主权）。西藏是一个以达赖的名义、由僧侣统治的国家，达赖现在还是个少年。"② 24日，《华盛顿邮报》文章《西藏统治者驱逐中国官员》分析说，"这可能是国民党政权在与共产党的内战中力量削弱导致

---

① "Revolt Against China is Reported in Tibet," *The New York Times*, Jul 23, 1949, pg. 1,

② "Tibet 'Revolt' Explained," *The New York Times*, Jul 25, 1949, pg. 5.

的西藏行动，但绝不是由共产党直接策动的。人们认为眼下的反国民党运动很大程度上是机会主义的，部分原因是国民党已计划派一位官方代表参加班禅喇嘛坐床"。"消息灵通人士透露，汉人很快离开拉萨去了印度，他们暗示可能是英国人的影响导致西藏'驱汉事件'。长期以来英国一直在与中国争夺对这个国家的最高控制权。"① 24 日的《芝加哥论坛报》文章《西藏喇嘛驱走自称其统治者的汉人》分析说，拉萨的"驱汉事件"是英国驱动所致。文章说，达赖喇嘛反共，而班禅喇嘛如同其前任一样亲汉。两个喇嘛互为对手，自 1924 年以来班禅喇嘛一直在中国西北部避难，是西藏900 万佛教徒的精神领袖。②

"驱汉事件"发生后，印度迅速作出反应。7 月 24 日，《纽约时报》发表文章《印度甄别西藏谣言》说："据来自印度新德里的消息，印度外交部发言人今天说，印度将派一名特使去调查西藏局势。"③ 这些报道反映了"驱汉事件"发生前后西藏所面临的复杂政治形势。

2. 班禅欢迎解放军解放西藏

西藏上层不同政治势力对共产党的态度也是美国媒体关注的重要话题。《芝加哥论坛报》1948 年 8 月 2 日发表文章《西藏的达赖喇嘛发起了对共产主义的宗教战争》说："据来自南京的消息，中国中央新闻社今天报道说，西藏的喇嘛已发起了一场反共宗教战。""在喜马拉雅高原的首府拉萨，喇嘛带领 100 名活佛，3000 名佛教徒进行为期 3 天的反共祷告大会。""在大昭寺 1000 盏（油）灯照射的金色屋顶下，他们吟唱最强音的圣歌祈求国民政府胜利。"④ 《华盛顿邮

---

① Spencer Moosa, "Tibet Rulers Kick Chinese Officials Out," *The Washington Post*, Jul 24, 1949, pg. M4.

② "Tibetan Lamas Oust Chinese Who Claim Rule," *Chicago Tribune*, Jul 24, 1949, pg. 2.

③ "India to Sift Tibet Rumor," *The New York Times*, Jul 24, 1949, pg. 24.

④ "Dalai Lama of Tibet Launches Religious War on Communism," *Chicago Tribune*, Aug 2, 1948, pg. 10.

报》同日也援引国民党中央通讯社的消息对此作了报道。[①]

1949年10月1日中华人民共和国成立，中国人民解放军解放西藏的步伐加快。对此，西藏各派政治势力反应不一，美国媒体对此也有充分关注。《纽约时报》1949年8月12日文章《西藏统治者寻求回到西藏》报道："今天中国中央新闻社说，西藏两位精神领袖之一班禅喇嘛在流亡25年后想要回到西藏。他希望国民党军队能够护送他回去。新闻社说这个消息来源于班禅在青海西宁所发表的声明。"[②] 11月7日，《华盛顿邮报》发表文章《中共承诺护送西藏领导人回到西藏》说："据中国报纸报道，中共已向西藏第二号精神领袖班禅喇嘛许诺护送其回到他的山地国家。""根据报道，班禅喇嘛现居住在四川省北部青海的一个寺庙内，这个地区最近已被中共军队占领。""报道说时下15岁的达赖喇嘛越来越反共。""来自伦敦的电报说，（达赖）担心中共占领青海后控制住班禅，然后利用班禅赢得西藏。""来自成都的消息说，中共已经在距离西藏边境250英里的范围内，他们已经进入新疆省，将西藏夹在两省之间。"[③] 11月25日，《华盛顿邮报》发表文章《中共说西藏小喇嘛请求解放军解放西藏》称："据来自香港的消息，中共今晚号召西藏人民起义。他们说，西藏12岁的精神领袖班禅喇嘛已请求共产党军队解放他们的山地国家。""报道说，共产党在9月份占领西北地区的时候抓住了小班禅。""北平广播以中共政府主席、国家元首毛泽东的名义号召西藏人民起义。""报道说，班禅喇嘛已给彭德怀将军发出一封信，请求共产党军队解放西藏，消灭卖国贼，拯救西藏人民。""达赖喇嘛和班禅喇嘛都被尊称为西藏活佛。班禅更为圣洁，因为他是纯粹的精神领袖，而达赖喇嘛还掌有世俗权力。"[④]

---

① "Drive on Reds Begun by Tibet's Dalai Lama," *The Washington Post*, Aug 2, 1948, pg. B3.

② "Tibet Ruler Seeks to Return," *The New York Times*, Aug 12, 1949, pg. 9.

③ "Tibet Leader Gets Red Promise of Escort," *The Washington Post*, Nov 7, 1949, pg. 1.

④ "Reds Say Boy Lama of Tibet Asks for Army of Liberation," *The Washington Post*, Nov 25, 1949, pg. 1.

　　与班禅喇嘛欢迎中国人民解放军入藏的情况不同，达赖喇嘛对解放军入藏表现出了极大的恐慌。1949 年 11 月 5 日，《华盛顿邮报》发表文章《西藏恐惧中共军队，请求援助》说："位于遥远的亚洲喜马拉雅山脉世界屋脊西藏的摄政恐惧中共军队解放他的国家，今天发出电报请求援助。他希望所有的国家都能帮助他们。中共 9 月 10 日的广播说，人民军队即将解放西藏。西藏是中国领土，不能容忍外来势力的分裂。""拉萨方面的回复是，西藏是一个独立国家，有自己的世俗与精神管理机构，全体西藏人民都过宗教生活。他们希望获得所有国家的援助。"① 1950 年 2 月 3 日，《华盛顿邮报》发表文章《西藏广播誓言为自由而战》说："来自拉萨微弱的广播声音坚持说西藏不是中国的一部分，西藏人民有彻底独立的权利。""西藏人民将坚决保护他们的达赖喇嘛、他们的宗教、他们的国家、他们的生命。"②

　　与达赖集团反对解放军进入西藏一脉相承，达赖集团主张西藏独立乃至所谓"反对中共入侵"的声音也被美国媒体大肆渲染。《纽约时报》1950 年 6 月 15 日文章《西藏代表誓言独立》说："拉萨政府已任命 3 位代表就他们国家的地位问题与中共代表在香港与中国边境进行谈判。由于英国签证问题，他们现在滞留在印度。但他们今天表示，一旦与中共代表会面，他们将无条件提出西藏独立。""但是英国方面负责组织西藏代表去香港谈判的官员表示，他们担心西藏代表与中共谈判的结果是无条件地将西藏置于共产主义的银盘里。"③ 11 月 2 日，《华盛顿邮报》发表文章《西藏内阁就抵抗问题发生分歧》报道："据来自印度新德里的消息称，西藏内阁就抵抗中共军队入侵问题发生了分歧，年轻的达赖喇嘛调动军

---

① Harold Guard, "Tibet Asks Aid from Threat of China Reds," *The Washington Post*, Nov 5, 1949, pg. 3.

② "Tibet Broadcasts Vow to Fight for Freedom," *The Washington Post*, Feb 3, 1950, pg. 19.

③ Robert Trumbull, "Tibet Delegates Vow Independence," *The New York Times*, Jun 15, 1950, pg. 18.

队的计划受阻。""据报道，入侵者距离拉萨有 150 英里。""同时担任印度外交大臣的尼赫鲁总理已经向北京中共政府发出第二封照会，抗议北京对西藏的入侵。"①

11 月 4 日，《华盛顿邮报》发表文章《在中共军队到来之前西藏统治者出逃》，报道了达赖喇嘛逃离西藏首府拉萨的消息，称"在共产党军队到来之前，少年达赖喇嘛带着 50 名忠实的随从逃离了首府拉萨，将政府中亲共的官员留了下来"。"共产党的先锋部队几乎是毫无阻挡地沿着白雪覆盖的喜马拉雅山脉雪道挺进到距离拉萨 50 英里的地方。""由于事先已得到保证可以到印度避难，这个宗教国家的少年统治者希望能在印度的一个边境城市建立其总部。"② 12 月 30 日，《纽约时报》文章《达赖计划在边境附近建立西藏新都》报道了达赖喇嘛计划在亚东建立新都。文章说："西藏世俗与精神领袖达赖喇嘛一周前离开了受共产党威胁的拉萨，现在希望能在跨越喜马拉雅山脉的春丕河谷重镇亚东建立新政府，这里靠近印度的保护国锡金。""在亚东，年轻活佛和他的顾问可以观察共产党军队对拉萨的行动，也可以观察他的主要竞争对手——12 岁的班禅喇嘛家乡日喀则的情况，班禅目前在共产党的控制之下。""在亚东，一旦遇到危险，只需 1 天的路程，穿过乃堆拉山口（Natu Pass）就可以到达锡金，进入安全的地方。""报道说这个 15 岁的神王带着 30 位高级官员，1000 头骡子与牦牛的车队，600 个士兵于昨天抵达江孜，正向帕里宗（Phari Dzong）行进。"③

从这些文章可以看到，这一时期美国媒体对西藏不同派别政治取向的报道，重点分明。媒体关注的主要是达赖离心势力的行动与主张，而对坚决拥护中国人民解放军解放西藏的班禅喇嘛的政治主张的报道，以及达赖集团内部反对达赖外逃势力的政治主张的报道则数量不多。

---

① "Tibet Cabinet Splits Over Resistance," *The Washington Post*, Nov 2, 1950, pg. 10.

② "Tibet Ruler Flees Before Red Advance," *The Washington Post*, Nov 4, 1950, pg. 1.

③ "DaLai Lama Reported Planning to Set Up New Tibetan Capital Close to the Border," *The New York Times*, Dec 30, 1950, pg. 3.

二 西藏商务代表团访美

1947 年，西藏派出一支 4 人商务代表团访美，由所谓的西藏财长夏格巴带队，1948 年 7 月到达美国。出访的公开目的是促进西藏与美国的贸易，商务代表团领队夏格巴在 1947 年 6 月 14 日给美国驻印大使的信中说，商务代表团将研究促进西藏与美国、英国进出口贸易的可能性。① 1948 年 8 月 6 日，夏格巴在与美国国务卿马歇尔会面时也说此行的主要目的是"促进西藏与美国的贸易"。② 但夏格巴在他之后出版的《西藏政治史》一书中却写道，商务代表团的出使目的是要表明西藏的独立主权国家地位。③ 其突出的表现是商务代表团拒绝使用中国护照，藏人使用的是"西藏护照"。而且，在美访问期间，商务代表团拒绝由中国大使陪同会见美国总统。④ 可以看到，西藏商务代表团访美的政治意图十分明显。为此，中国外交部、驻美使馆就西藏商务代表团访问美国事宜多次与美国交涉，并且给美国国务卿呈送了有关中国立场的备忘录，明确宣示，"西藏是中华民国领土的一部分，西藏没有与外国政府谈判的权利。它的对外交往要服从于中国中央政府的领导"。⑤ 但美国国务卿依然在没有中国大使参加的情况下会见了西藏商务代表团。这一规格的会见意义是深远的。在此之前，美国国务院中国科的一位官员就曾说过，商务代表团与美国高官的首次会面会引起媒体的高度

---

① "The Leader of the Tibetan Trade Mission（Shakabpa）to the American Ambassador in India（Grady），" Lhasa, 14 June 1947, *FRUS*, 1947. Vol. VII, Tibet, Washington D. C. : GPO, 1972, p. 596.

② "Memorandum of Conversation, by the Secretary of State," *FRUS*, 1948, Vol. VII, Tibet, Washington D. C. : GPO, 1973, p. 775.

③ Tsepon Shakabpa, *Tibet, A Political History*, New Haven and London: Yale University Press, 1967, p. 295.

④ "Memorandum of Conversation, by the Assistant Chief of the Divisionof Chinese Affairs （Freeman），" *FRUS*, 1948, Vol. VII, Tibet, Washington D. C. : GPO, 1973, p. 770.

⑤ "The Chinese Embassy to the Department of State," *FRUS*, 1948, Vol. VII, Tibet, Washington D. C. : GPO, 1973, p. 761.

关注，应该有中国使馆的官员参加。在西藏商务代表团离开美国之前，美国国务院中国科主管助理伯宁霍夫（Benninghoff）应邀与西藏商务代表团最后一次会晤。在这次会晤中，伯宁霍夫向夏格巴提出：如果美国政府要求派一名美国领事入藏，西藏政府会是什么态度？很明显，问题本身已超出了经济范畴，涉及政治与外交，背离了传统的"西藏是中国一部分"的立场。这与当时中国政治变动息息相关。1948 年的中国，内战局势渐趋明朗，在中国大陆建立共产党政权不符合美国的远东战略规划。

西藏商务代表团访美期间，中美之间就西藏商务代表团访美签证使用的护照问题也发生了争执。1948 年 8 月 1 日《华盛顿邮报》文章《中国人想知道西藏代表团是如何拿到的护照》说："5 位西藏官员来到这里销售他们偏远国家生产的羊毛、毛皮、牦牛尾，这让中国的官员如坐针毡。他们想知道这些藏人如何得以成行。""昨天，中国外交部的一位发言人说，南京没有给这些藏人发放护照。""他说，我们的政府似乎忘记了这样的事实，西藏还是处在中国的宗主权之下，西藏是半自治的，但政治上是对中国负责的。""美国承认西藏是中国的一部分。""贸易团的领队夏格巴在早前的采访中明确表示西藏只是在宗教上与中国有关系。他昨天说过，他们一行 5 人使用的是西藏护照。"① 同日，《芝加哥论坛报》发表文章《在美牦牛尾商人激怒了中国人》说："最好看一下这些正在华盛顿哥伦比亚特区兜售其产品的西藏牦牛尾商人，在他们的后面有中国政府的监察院。""监察院想知道谁允许他们来美国做生意。"②

11 月 23 日，《华盛顿邮报》发表文章《美国缓解中国对牦牛尾（买卖）阴谋的担忧》说："据联合通讯社报道，美国刚刚让中国人满意，使其清楚，去年夏天（指 1947—1948 年西藏商务代表团访美——作者注）5 位西藏绅士来这里销售（牦牛尾）假胡须的

---

① "Chinese Want to Know How Tibet Mission Got Passports," *The Washington Post*, Aug 1, 1948, pg. M17.

② "Yak Tail Salesmen from Tibet in U. S. Stir Chinese Anger," *Chicago Tribune*, Aug 1, 1948, pg. 39.

背后不存在其他的事情。""虽然事实上南京政府几乎不或很少对西藏实施统治权，但中国一直坚持对西藏拥有主权的虚构幻想；尽管其他国家特别是英国直接与西藏首府拉萨进行联络，美国却一直都认同中国这站不住脚的立场。""中国政府担心西藏商务代表团是在寻求美国正式承认西藏自治。""昨天一位高级官员承认，藏人在华盛顿活动时，他们确实是做了一些细致的工作才保持局势平稳。""这些西藏人在纽约待了一段时间以后于上个月离开美国去了欧洲。"①

但不管这支商务代表团的真正目的何在，他们确实与美国方面进行了商贸接触。1948 年 7 月 19 日，《芝加哥论坛报》发表文章《西藏商务代表团说需要机械设备》说："战争爆发以来农业机械就成了很多国家的主要需求品，西藏商务代表团的代表昨天说他们也急需。在芝加哥的 4 天，他们住在尼克伯克旅馆（Knickbocker Hotel），参观了机械工厂，然后离开芝加哥去了华盛顿哥伦比亚特区。"② 8 月 12 日《纽约时报》发表文章《5 名西藏来宾畅谈贸易》说："5 位西藏人今天在帝国大厦 16 层接受了 14 位纽约记者的采访，采访未能消除这个遥远国度的神秘感。""5 位尊贵的西藏来宾都穿着美国男人最时尚的夏装，他们是来自西藏的第一批商务代表，聚集于商务部的纽约办公室，描述未来与美国建立直接商贸关系的计划。"③ 9 月 11 日《纽约时报》文章《西藏将用羊毛换美元》报道说："西藏正在与印度政府交涉以获得美元而非卢比，用于向美国出口羊毛及其他产品，这一消息是在昨天世纪俱乐部（Century Club）举办的欢迎西藏商务代表团来美的午餐会上披露的。""代表团已来美 3 个星期，是第一个来美的西藏代表团。他们调查美国增加羊毛、麝香、毛皮进口的形势，他们还对西藏可以进

① "U. S. Allays China's Fears of Yak Tail Intrigue Over Tibet," *The Washington Post*, Nov 23, 1948, pg. C2.

② "Need For Machinery Told by Tibet Trade Mission," *Chicago Tribune*, Jul 19, 1948, pg. 16.

③ "5 From Tibet Here to Drum up Trade," *The New York Times*, Aug 12, 1948, pg. 43.

口美国何种产品感兴趣。到现在为止还没有进行任何实质交易，但夏格巴说他特别关注西藏进口美国农业生产机械与织布机器的可能性。"①

三　美国著名新闻评论员托马斯入藏

中华人民共和国成立前后有两拨美国人入藏，他们名义上都不是代表美国政府，但都明显有政府背景，其中一支入藏队是由美国驻迪化领事馆副领事马克南率领的自中国新疆入藏的旅行队，数十年后美国政府承认马克南是美国中情局的间谍。同行的美国谍员白智仁秘密入藏后与达赖喇嘛及西藏政府要员多次会晤，并带出了达赖喇嘛、西藏噶厦给美国总统的所谓求援信。另一支队伍是自印度进入中国西藏的美国著名新闻评论员劳威尔·托马斯（Lowell Thomas）父子。托马斯父子以新闻记者与探险家的名义入藏，在拉萨期间也曾与达赖喇嘛会晤，并且带出了达赖喇嘛给美国总统的信件。对此，美国媒体有较多的报道。

《纽约时报》1949 年 10 月 17 日发表文章《托马斯自西藏归来》报道说："托马斯，记者、评论员，昨天自西藏探险归来，回到纽约。他说，西藏的统治者想知道，如果中共要统治他们的山地国家，美国是否会提供援助。""上个月在西藏，他从马背上摔下来把股骨摔断了。""他带回了 15 岁的达赖喇嘛及其摄政写在羊皮纸上给杜鲁门总统和艾奇逊国务卿的信，主要内容是关于美国援助的可能性问题。""这位 57 岁的新闻主播说，西藏非常关注中共关于很快解放西藏的声明，西藏长期以来是中国的属地。""托马斯说西藏反对西方的东西，但为了不失去自己的国家，他们将做出改变。美国可以给他们提供更多的武器，建议他们进行游击战。这样会使中共军队向北方的推进更加困难。""托马斯说，历史上出现了第一次这样的机会，美国可以在西藏设立使团，而迄今为止只有

---

① "Tibet Would Sell Wool for Dollars," *The New York Times*, Sep 11, 1948, pg. 19.

少数国家可以做到这一点。""托马斯出了这次事故（在西藏回国途中自马背上摔下来）后掉了 15 磅的体重，他的儿子照顾他也掉了 20 磅。摔伤后他一直躺在担架上，经过 16 天的时间到达西藏的一个小镇江孜，然后从那里坐飞机飞往加尔各答。他说，如果没有儿子的帮助他是挺不过来的。"①

对于托马斯受伤，美国媒体一直都有跟踪报道。9 月 24 日《芝加哥论坛报》文章《劳威尔·托马斯在西藏受伤严重》说："劳威尔·托马斯在喜马拉雅山区从马上摔下来，伤势严重。他的办公室说已请求美国空军派飞机对 57 岁的新闻主播、作家实施营救。托马斯随身带着达赖喇嘛写给杜鲁门总统的信。""托马斯发回的电报说，事故发生在 17000 英尺的喜马拉雅山口，当时他和他 25 岁的儿子小劳威尔离开被称作禁城的西藏首府拉萨 3 天。""托马斯的电报说，他坐在担架上，走了 6 天，经过峡谷和河流，最后到达偏僻的江孜镇。在那里一位印度医生给他看病，但没有 X 光设备，不能做全面诊断。"②

9 月 26 日《纽约时报》文章《劳威尔·托马斯坐上了担架》报道："据哥伦比亚广播公司昨天收到的消息，托马斯将躺在担架上从偏僻的西藏小镇江孜出发，走 16 天的路程到达印度边境。消息说，新闻主播在穿越 17000 英尺的喜马拉雅山口时，摔伤，股骨骨折。""哥伦比亚广播公司说，托马斯的儿子小劳威尔在电报中报告说，他们从西藏的一座寺庙买了一副担架椅，今天从那里出发。广播公司还说，美国空军已经表示将尽快派一架飞机，只要托马斯一到达印度边境，就可以把他接走。""西藏禁止飞机飞行。"③
10 月 1 日，《芝加哥论坛报》援引来自加尔各答 9 月 30 日的消息《美国飞机将在西藏边界接回托马斯》说，"美国驻印度使馆的飞

① "Lowell Thomas Back from Tibet," *The New York Times*, Oct 17, 1949, pg. 25.
② "Lowell Thomas Seriously Hurt in Tibet Mishap," *Chicago Tribune*, Sep 24, 1949, pg. 1.
③ "Lowell Thomas on Litter," *The New York Times*, Sep 26, 1949, pg. 27.

机今日将从加尔各答起飞前往锡金—西藏边界营救托马斯"。①

10 月 11 日《纽约时报》文章《劳威尔·托马斯说藏人恐惧》报道："据来自印度加尔各答的消息，托马斯上个月在西藏的一个山口从半野生的小马上摔下来腿部受伤，走路一瘸一拐，他向我们讲述了在中共军队逼近西藏边境时，这个佛陀王国日增的恐惧。""在新德里美国使馆派到西里古里营救托马斯的飞机上，这位 57 岁的作家兼新闻主播接受了采访。他说，西藏的宗教统治者们生活在恐惧之中，担心如果共产党军队南进来到喜马拉雅地区，他们的宗教制度与习俗会遭到破坏，悠久的独立地位会被撼动。他说，西藏是世界上最反共的国家。""在西藏，托马斯与被看作佛陀化身的 15 岁的达赖喇嘛及包括现摄政在内的西藏贵族会晤后，得出这样的印象：西藏希望得到西方国家的援助以对抗共产党。""但是，他补充说，援助的形式以及如何将援助送达西藏是个问题，因为这个国家禁止飞机飞行。""托马斯在进入西藏的途中遇到了一支从西藏出来的 80 人的汉人队伍，他们被以友好方式驱逐出来，有铜管乐队和军队送他们出拉萨。""托马斯说，这些名义上代表国民党政府的官员遭到驱逐，原因之一是，喇嘛们怀疑他们中有共党分子；二是考虑到日后拒绝接受共产党的使团会少一些尴尬；三是要表明西藏政治上是独立的。""托马斯宣称西藏所有的人都认为他们这个偏远的国家是完全独立的，与中国是分开的，尽管中国宣称对其拥有宗主权。""他说西藏人急于与美国进行直接贸易。""托马斯在西藏旅行的主要交通工具是骡马，因为喜马拉雅山山路非常危险，只适合步行。旅途中还坐过牦牛皮船，受伤后又坐 8—12 个苦力抬的担架。他的行程不是用英里来计算，而是用几天行程这样的语言来表述。1 天能走 10—20 英里，从一个地方到另一个地方，挑战人的体能极限。""牦牛是西藏的劳作动物，也成为他生活的一部分。牦牛驮着他的设备，他吃牦牛奶油以及用牦牛粪烤熟的牦

---

① "U. S. Plane Will Pickup Thomas at Tibet Border," *Chicago Tribune*, Oct 1, 1949, pg. 11.

牛肉。""作者回忆说，他在拉萨逗留期间，每天都有重要活动。他估算这个国家的人口有 300 万—400 万，由 400 个男人统治着。每一个官职都配一僧一俗，僧人的地位要略高一些。即使是在军队，也是一僧一俗共同指挥。""托马斯是由一位编着发、头上装饰着绿松石的牧师介绍给活佛达赖喇嘛的。托马斯先生将礼物交给了这个年轻的活佛，他 3 年后 18 岁就将成为西藏的真正统治者（absolute ruler）。托马斯带给他的礼物是：一个镶有金、银的暹罗虎头骨架，一个美国雨披，一个折叠式时钟。""他们使用西藏的电报电话线向新德里美国使馆报告了情况，使馆临时代办多诺万（Howard Donovan）立刻派出空军 C - 47 飞机、副领事百思比（Royal D. Bisbee Jr.）、使馆护士白特曼（Emily Bateman）到西里古里迎接，他们在印度军队外科医生帕尔上尉（Capt. B. C. Pal）的陪同下进入西藏迎接托马斯。""托马斯被接到加尔各答后，在本周乘飞机前往纽约之前，将接受 X 光检查。"① 同日，《芝加哥论坛报》也发表文章《托马斯说西藏是最反共的国家》报道："昨晚（10 月 10 日）托马斯乘坐美国空军的飞机抵达加尔各答。""这位新闻主播说西藏是世界上最反共的国家。"②

　　托马斯回到美国后分别与美国总统杜鲁门、国务卿艾奇逊会面，报告他拉萨之行的情况，③ 并通过接受媒体采访、作报告等方式向美国民众传达他西藏之行的收获。1949 年 12 月 18 日，《华盛顿邮报》发表文章《西藏没人使用有轮的车》，讲述了托马斯在西藏的一些生活见闻和受伤的经过。④ 1950 年 1 月 7 日，《华盛顿邮报》发表文章《托马斯关于西藏之旅的报告》说："尽管托马斯西藏之行腿部受伤，他仍然将于 1 月 23 日在市政厅作关于西藏旅行

---

① Robert Trumbull, "Tibet Fears Told by Lowell Thomas," *The New York Times*, Oct 11, 1949, pg. 21.

② "Tibet Most Anti - Red Country, Says Thomas," *Chicago Tribune*, Oct 11, 1949, pg. A6.

③ Tibet, Acheson Papers, Secretary of State File, Memoranda of Conversation File, Box66, College Park, MD, NARA.

④ "Tibetans Have No Use for the Wheel," *The Washington Post*, Dec 18, 1949, pg. L1.

的报告。时间是晚 8 点，地点在宪政厅。""托马斯和他的儿子还将为大家放映西藏旅行的录像。"① 2 月 18 日，《华盛顿邮报》发表文章《托马斯说西藏力求避开中国的纷争》说："广播主播、世界旅行家托马斯昨晚宣称，西藏决心摆脱与中国的关系，不管是国民党，还是共产党。""托马斯对宪政厅里满堂的观众说，他去年夏天去西藏时，遇到了被从西藏首府拉萨驱逐出来的国民党使团。""这位新闻主播说，西藏是世界上最后一个宗教制国家，它抓住了中国内战的机会，以解除对东部邻国的效忠。""托马斯拄着拐杖为全国地理学会的成员做了演讲。"②

　　对于托马斯西藏之行，国际社会是有多重反应的。1949 年 12 月 2 日《纽约时报》文章《苏联将托马斯的西藏之旅看成一个阴谋》报道："据来自莫斯科的消息称，今天《新时代》杂志指责美英合伙进行肮脏的冒险，想把西藏从中国分离出来，从而把西藏建成一个反对中国新生政权的殖民地与军事基地。""《新时代》杂志描述说，这个所谓的美国广播评论员劳威尔·托马斯的奇怪使团就是美国蛮横插手中国西藏事务的一部分。""《新时代》杂志宣称，这个广播评论员使团与美国政府密切相关的一个重要表现是，托马斯先生从拉萨归来时，不仅有美国使馆的飞机来接，还有美国的副领事相伴一直到加尔各答。""《新时代》杂志说，据报道，托马斯先生给西藏官员带去了特别珍贵的礼物，还带回了达赖喇嘛给杜鲁门总统的信：誓言西藏将阻止共产主义的扩散，并表示希望得到外部的援助。""广播评论员、探险家劳威尔·托马斯昨晚说，苏联的指责是莫斯科谎言的又一例证。托马斯先生说，他和他的儿子去年 7 月份（原文如此。实际上托马斯入藏是在 1949 年夏天。——作者注）去西藏的旅行只是因为拉萨是一个旅行者的目的地而

---

　　① "Lowell Thomas to Give Lecture on Tibet Tour," *The Washington Post*, Jan 7, 1950, pg. B11.

　　② "Tibet Seeking to Stay Clear of China Strife, Thomas Says," *The Washington Post*, Feb 18, 1950, pg. 13.

已。"① 由此可见，对托马斯的拉萨之行各家说法大相径庭。不过从日后的解密档案来看，托马斯的西藏旅行实际上是为美国政府工作，这一点托马斯在 1977 年曾经亲口承认过。

四 中国共产党解放西藏新动向

20 世纪 40 年代末，伴随着中国的解放战争进入尾声，解放位于中国西南边疆的西藏，被提上了日程，对此，美国传统主流媒体也有跟踪报道。

1. 对中国共产党准备解放西藏的报道

1949 年 9 月 3 日，《纽约时报》发表文章《中共誓言解放西藏》说："中共今天誓言要解放西藏。""就西藏的僧侣统治者们于 7 月 9 日驱逐中国国民党使团一事，共产党的广播指责说，这是英美帝国主义及其走狗印度政府唆使的。""中共坚持说西藏是中国的一部分，他们计划解放中国所有的领土，包括西藏、新疆、海南岛、台湾。不允许一寸领土丢失。"②

《华盛顿邮报》11 月 26 日文章《中共入侵西藏在即》报道："英国的专家今晚说，中共正在中国西北部训练藏人军团，很明显是要入侵西藏。""这些专家认为，伴随着北京广播宣告西藏活佛小班禅喇嘛请求解放军解放他的国家，人们一直以来担心的共产党入侵西藏在即。""据发往伦敦的报告称，中共在边境地区征募了 40 万藏人，正在进行训练。""英国当局说，与香港相比，他们更担心西藏的形势。他们担心位于西藏南部的印度会受到共产党占领这个山地国家的影响。"③ 1950 年 1 月 8 日，《纽约时报》文章《共产党计划解放西藏》说："中共广播今天报道说将尽快解放西藏。"

---

① "Soviet Sees a Plot in Thomas Tibet Trip," *The New York Times*, Dec 2, 1949, pg. 16.

② "Chinese Reds Promise The 'Liberation' of Tibet," *The New York Times*, Sep 3, 1949, pg. 5.

③ "Red Invasion of Tibet Held as Certain," *The Washington Post*, Nov 26, 1949, pg. 7.

"共产党的高级将领刘伯承将军强调中共军队将入侵西藏。""刘将军宣布，西南战役已彻底结束，现在军事领域的工作就是解放我们的西藏同胞。"①

1950 年 1 月 12 日，《华盛顿邮报》发表文章《中共报道说正在为夺取西藏进行训练》。文章说："今天对于西藏来说征兆愈显不祥。西藏是由少年达赖喇嘛统治的云绕之地，占星家警示他要抵抗外国人。""来自不丹的报告说，邻省青海已经建立了一个共产党傀儡政府。""不丹的报告说这个傀儡政府正在训练藏人部队，并且签订了条约要支持共产党解放西藏，由共产党负责外交事务，并独享矿产开采权，包括铀矿。""与此同时，北平的广播重申了对西藏的入侵威胁，说在大陆的战争，除了西藏都即将结束。""去年 9 月北平的广播第一次宣布解放西藏的目标，上周日，莫斯科的报纸《消息报》和《真理报》又重复了这个威胁。""这个有300 万僧侣和农民的原始国家之所以非常重要是因为它与印度、有争议的克什米尔及中国最大的省新疆毗邻。""它没有机动车公路，没有电，没有工业。""两年前，也是 1913 年以来的第一支藏人代表团来过我们国家，寻求出卖可以用来做假发和圣诞老人胡须的羊毛、牦牛尾。"②《纽约时报》3 月 29 日文章《中共为入藏扫清了道路》说："据来自台北的消息，中共已粉碎了最西部省份新疆的国民党的抵抗，为进入西藏扫清了道路。"③ 5 月 23 日《纽约时报》文章《中共提出要西藏自治》报道："据来自香港的消息，中共向达赖喇嘛和西藏人民发表讲话，承诺西藏地区实施自治，并呼吁其效忠北平，以避免不必要的损失。""一支据称是与中共谈判的西藏官员代表团刚刚乘飞机抵达加尔各答。但据报道，他们的目标是寻求两国之间更好的理解。他们愿意在除中国之外的任何地方与北平代表会晤——可能是在香港地区、缅甸或者泰国。""青海省副主

① "Communists Plan to 'Liberate' Tibet," *The New York Times*, Jan 8, 1950, pg. 3.

② "Reds Reported Training Men in China to Take Over Tibet," *The Washington Post*, Jan 12, 1950, pg. 3.

③ "China's Reds Clear Approach to Tibet," *The New York Times*, Mar 29, 1950, pg. 3.

席、被称作爱国藏人的喜饶嘉措最近通过中国的广播，在青海省府西宁发表讲话，号召达赖喇嘛和西藏人民和平解放西藏。"①

1950 年 7 月 23 日《纽约时报》发表文章《毛即将入侵西藏》报道："虽然印度方面否认了所说的中共向名不符实的香格里拉进攻的消息，但从中国西部发来的报告显示，中共已经加紧了在政治、经济、军事各方面吞并西藏的准备。""中共训练了一批年轻的西藏政工干部，收集了茶砖——把茶压缩成砖，分发给西藏人。又定制了大批的饼干，供中共部队在世界屋脊食用。"② 8 月 9 日《芝加哥论坛报》文章《中共部队向西藏挺进》说："据路透社来自香港的消息，今天中国方面报道说，中共部队已开始通过两条线路向西藏边境挺进。""他们的目标是结古多。""结古多是进入西藏的门户，距圣城拉萨 400 英里。中共去年占领青海后在结古多建立了总部。""报道说，新疆一路的军队有 2 万人，他们应该是在刘伯承的指挥下，上周刘在重庆宣布中共很快就将向西藏进军。这支队伍里有很多西藏人。第二支部队据说有 4 万人，是在第一野战军彭德怀的指挥下。据说他们要走青海西北路的山区。""西藏政府的特使正试图经由新德里去北平，寻求中国政府的保护（指西藏地方政府派出与中央谈判的代表——作者注）。他们已经在新德里耽搁了几周，英国政府还没给他们发放去香港的签证。""西藏与印度北部有 200 英里的边界线，与中国也有交界。西藏这个教权政府知道他们不能指望得到西方的帮助，所以相信他们已决定放弃抵抗中共军队。""这对印度来说，形势严峻。因为中共部队占领西藏就意味着这个一流的共产党政权来到了印度北部边界。""中共在流亡的小班禅喇嘛处建立了西藏人民政府。班禅是西藏现统治者达赖喇嘛的对手。据说这个政府正在训练一支小规模的由边境地区居民组成的藏人部队。"③

---

① "China's Reds Offer Autonomy to Tibet," *The New York Times*, May 23, 1950, pg. 1.

② Henry R. Lieberman, "Invasion of Tibet by Mao Held Near," *The New York Times*, Jul 23, 1950, pg. 14.

③ "Chinese Reds Advance on Tibet," *Chicago Tribune*, Aug 9 1950, pg. 12.

8 月 13 日《纽约时报》文章《80 万中共军队待命解放西藏》报道："据害怕中共报复、不愿透露姓名的消息人士称，一旦北京发出命令，80 万在新疆边境待命的中共部队即可入藏。""待命期间，部队的政委每天都要对他们进行政治灌输，强调他们的任务不仅仅是解放西藏，还有印度。印度总理尼赫鲁是英美帝国主义的工具。士兵们还被灌输说他们最终将解放美国和英国。""准备用来入侵西藏的部队来源于三部分，30 万人来自刘伯承的第二野战军，30 万人来自彭德怀的第一野战军，20 万人来自云南陈赓的部队。早前中共透露过将由刘将军直接指挥。""共产党在新疆的藏人中加大了宣传力度，承诺将他们从喇嘛控制的政治、经济、社会生活中解放出来，给予他们宗教自由。""但是藏人还是不买账。共产党在新疆赋税过重已引起了很大不满。消息人士说，如果共产党统治西藏，藏人知道会有什么结果。""与此同时，共产党在边境暂住区实施了严格的安全措施，两位外国人，一位澳大利亚人、一位英国人以间谍罪被逮捕，他们的命运不得而知。邮件的检查也加强了。""目前还没发现苏联人参与入侵西藏的准备工作。"① 可以看到，美国媒体在报道中国人民解放军解放西藏这个事件时，一个突出的特点是渲染"中国威胁论"：中国共产党解放西藏将对印度、英美构成威胁。

8 月 31 日《华盛顿邮报》发表文章《中共已做好准备就西藏问题进行谈判》报道："据来自新德里的可靠消息说，中共政府已经通知印度，表示愿意通过在新德里的和平谈判解决西藏问题。""消息人士称，北平已经就本月早些时候印度的非正式吁请做出了回复，将就位于印、中之间的喜马拉雅地区的喇嘛王国的地位问题通过和平谈判来解决，由此攻破了最近关于中共已经或者是正在计划入侵西藏的谣言。"② 《华盛顿邮报》10 月 9 日文章《北平说中

---

① "800, 000 Reds Seen Set for Tibet Blow," *The New York Times*, Aug 13, 1950, pg. 2.

② "Red Chinese Ready for Talk on Tibet Issue," *The Washington Post*, Aug 31, 1950, pg. 3.

共在建设通往西藏的公路》说:"据来自香港的消息,北平的广播今天宣布,中共西北军司令彭德怀透露,他的部队正在修建从青海省到西藏北部的高速公路。""彭德怀说,他的士兵在海拔 2500 米以上异常艰苦的条件下勇敢地工作。但是他没说这条公路的起点和终点的位置,也没说工程兵是否已经进入西藏。""彭说中俄正在联合勘探甘肃省的玉门油田。其他的一些油田也在考虑之中。"① 10 月 25 日,《华盛顿邮报》文章《中共新闻社说入侵西藏在即》报道:"中共新闻社今晚的消息:中共军队已接到命令向失去的地平线西藏进军,并指出入侵的准备工作正在进行中。"② 同日,《纽约时报》发表文章《北平已下令向西藏进军》报道:"来自东京的消息称,中共部队正在向西藏挺进。""政治动员令已经发布,人民军队已接到命令向西藏进军,解放受帝国主义压迫的 300 万西藏人民,加强西部边境的国防。"③ 10 月 30 日《华盛顿邮报》文章《中共部队将通过三路进入拉萨》报道:"印度报纸《政治家》驻噶伦堡记者今天说,中共已于周二发起了对拉萨的进攻,目前正在向这个山地国家推进,预计其目标是经由三路进入西藏首府拉萨。"④

2. 对苏联媒体有关中国解放西藏的报道的评析

1950 年 9 月 9 日,《华盛顿邮报》《芝加哥论坛报》和《洛杉矶时报》都对苏联报纸有关中国人民解放军解放西藏的报道作了解读。《芝加哥论坛报》文章《莫斯科的报纸说中共将占领西藏》报道:"俄国最大的报纸今天说,西藏即将被共产。""苏共党报《真理报》说,如同白昼一样清晰,中共已下定决心解放西藏、台湾和

---

① "Reds Building Road to Tibet, Peiping Says," *The Washington Post*, Oct 9, 1950, pg. 3.

② "Invasion of Tibet Under Way, Red Agencies Indicate," *The Washington Post*, Oct 25, 1950, pg. B13.

③ "Advance on Tibet Ordered by Peiping," *The New York Times*, Oct 25, 1950, pg. 6.

④ "Red Force Expected to Launch, 3 - Pronged Drive to Take Lhasa," *The Washington Post*, Oct 30, 1950, pg. 1.

海南岛。毫无疑问这个任务一定能够完成。"①《洛杉矶时报》文章
《喇嘛统治的西藏面临中共威胁》除转发苏联报纸的报道外，还对
西藏的背景资料作了介绍，"西藏有人口约300万，面积要比德克
萨斯、俄克拉荷马、新墨西哥加在一起大一点点。近日，广播评论
员托马斯描述它是世界上最反共的国家"。"西藏与中国、俄国、
印度及有争议的克什米尔公国相连，在小说《失去的地平线》中是
一个神秘的香格里拉乌托邦。""这个由僧侣，或者叫喇嘛统治的
国家位于多风的喜马拉雅高地，由于崎岖的地形及气候等原因，与
外部世界相对隔绝，因而没能进入现代社会生活状态，只有少数几
个人最近几年访问过这个国家。""其最高僧侣是一个喇嘛。一个
15岁的汉人，人们认为他是佛陀转世的第十四世，1940年坐床。"
"第二号喇嘛是班禅，是个12岁的男孩，被称作十世班禅。显然他
已在去年9月中共军队进入中国西北部的青海省，接管塔尔寺时，
落到了中共手里，当时他在那里流亡。""去年11月24日，北平共
产党广播说，班禅喇嘛已经请求中共军队解放西藏，消灭一切卖国
贼。""达赖喇嘛早在1948年8月就曾组织祈祷大会反对共产党，
保护他的国家。去年7月他又驱逐了首府拉萨的所有中国政府官
员，现在尚不明了他这样做是因为担心中国变成共产党政权后被共
产主义影响，还是奉行机会主义的民主主义路线。""自17世纪始，
中国宣称对西藏拥有宗主权，但实际上这个国家一直是自我统治。
1912年满清王朝覆灭后，英国很大程度上取代了中国在那里的影
响。""但是在战争期间，这个国家允许美国飞机飞越它的领空，
这就是著名的穿越喜马拉雅山脉的驼峰航线。1948年，一支西藏
'商务代表团'访问美国，销售他们的羊毛和牦牛尾。""去年10
月托马斯访问了这个国家，回到美国后他说，这个国家还处于非常
原始的状态，在那里他没有看到过带轮子的车。这个国家有一支1
万人的军队，装备着一战时用的来复枪。但是如果能得到西方的援

---

① "Chinese Communists Will Seize Tibet, Say Moscow Papers," *Chicago Tribune*, Jan 9, 1950, pg. 17.

助抵抗共产主义，他们将非常高兴。苏联的《新闻周刊》指责托马斯是美国特务。"①

从这些报道中我们看到，美国媒体对中国人民解放军解放西藏的报道内容广泛。与解放西藏的历史事件相关联，美国媒体对西藏的自然状况、西藏与美国的关系、中国人民解放军入藏的具体准备工作以及近邻印度的反应都做了较为详细的介绍，而最为明确的政治立场则是称中国人民解放军解放西藏为入侵，从而在美国民众西藏观形成的历史轨迹中书写了一个严重的错误符号。

五　印度在"西藏问题"上的政策与动作

印度 1948 年独立后在对外关系中表现了两重性，一方面制定并力求执行一条对东西方不偏不倚的外交政策，与周边国家和平相处；另一方面亦承载了英帝国主义的殖民统治遗风，在处理与中国外交中的"西藏问题"上力图保留英印殖民政府在西藏的特权，进而干涉中国政府解放西藏的内政。对此，美国媒体给予了关注，美国政府通过媒体表达了其煽动印中分离，力图使印度转向西方，从而服务于美国在亚洲的总体安全战略的意图。

《纽约时报》1949 年 7 月 24 日发表文章《印度甄别西藏谣言》说："据来自印度新德里的消息，印度外交部发言人今天说，印度将派一名特使去调查西藏局势。""香港的中文报纸上周报道说，在西藏爆发了共产党促动的叛乱，宣称对西藏拥有主权的国民党政府正在采取应对措施。"② 7 月 28 日，《纽约时报》文章《尼赫鲁计划访问西藏》报道："据路透社报道，锡金前总理扎西次仁（Tashi Tsering）今天与尼赫鲁会晤后表示，尼赫鲁总理计划在不远的将来访问西藏。"③ 1949 年 8 月 9 日，《纽约时报》文章《印度、不丹签订永久条约，喜马拉雅王国得到补贴》报道："印度和独立不丹王国

---

① "Lama – Ruled Tibet Faces Red Peril," *Los Angeles Times*, Jan 9, 1950, pg. 17.

② "India to Sift Tibet Rumor," *The New York Times*, Jul 24, 1949, pg. 24.

③ "Nehru Plans to Visit Tibet," *The New York Times*, Jul 28, 1949, pg. 4.

今天签订了一项条约，表明处于世界屋脊的两个山地国家的国际关系有所调整。不丹是处于西藏和印度阿萨姆邦之间的一个喜马拉雅缓冲国。""这项条约将永久有效，它将不丹的外交事务交予印度，印度每年给不丹 50 万卢比（相当于 15 万美元），并且将 1864 年英不战争中失去的阿萨姆省达旺地区的 32 平方英里的领土归还给不丹。""外交部在声明中把领土让渡描述为一种友善的行为。""今天在大吉岭签订的这个条约明确地保证了不丹的主权完整。不丹是与印度接壤的 3 个喜马拉雅王国之一，最小的锡金最近刚刚被印度兼并，第 3 个喜马拉雅王国尼泊尔是一个主权国家，正在申请成为联合国成员。""大吉岭条约的谈判是由印度驻锡金政治官负责的，他不久将访问西藏。据此有人猜测印度和西藏会签订一个条约，西藏是一个与不丹、尼泊尔和锡金在种族、宗教上有密切关系的国家。""据报告说，西藏政府在 3 天前命令中国使团离开他们的国家，理由是使团中可能有共产党人。这清楚地表明西藏不想和中共政府有任何关系。""这之后，（西藏政府）宣布印度特使将访问西藏，那么在中国人离开拉萨之后，印度就成了世界上唯一与这个奇特的喜马拉雅首府拉萨有外交接触的国家。"①

1950 年 8 月 18 日，《华盛顿邮报》发表文章《当中共军队威胁到西藏时印度介入》报道："今天印度外交部的消息说，印度已经向中共提出建议保持西藏的政治地位。"② 同日的《洛杉矶时报》也发表文章《印度请中共尊重西藏独立》说："印度已向中共明确表示要通过谈判解决西藏地位问题。如果通过谈判保持西藏现有地位，即在中国统治下实施自治，印度将非常高兴。印度承认毛泽东政府为中国的合法政府。"③

---

① Robert Trumbull, "India, Bhutan Sign Perpetual Pact, Himalayan Kingdom Gets Subsidy," *The New York Times*, Aug 9, 1949, pg. 3.

② "India Intercedes as China Reds Menace Tibet," *The Washington Post*, Aug 18, 1950, pg. 8.

③ "India Asks Red Respect for Tibet Independence," *Los Angeles Times*, Aug 18, 1950, pg. 25.

1950 年 10 月 28 日，《纽约时报》发表文章《尼赫鲁抗议北平西藏行动》报道："中共部队进军西藏的声明还没得到正式确认，印度政府只能根据表面现象作出判断。""基于此，印度政府正式表达了对毛政府西藏行动不赞同。一位官方发言人说，一旦这个消息得到确认，印度将采取进一步的行动。""官方证实，尼赫鲁对最近形势的发展非常不安，不仅是出于对西藏的关切，还因为北平政府向他保证过通过与西藏谈判和平解决西藏问题。""是因为相信北平的善意，尼赫鲁为西藏代表与驻印中国使馆之间的对话提供方便，没有阻拦藏人本周去北平谈判。""尼赫鲁及时通过（印度驻华大使）潘尼嘉和中国驻印使馆表达了他的不悦。相同的照会同时发给了潘尼嘉和中国驻印使馆。但是由于希望北平能够予以澄清，所以直到今天下午印度政府才公开这个声明。中国大使袁忠信当时在阿格拉参观泰姬陵，临时代办遂被召见到外交部。下午，外交部发布了如下公告：印度政府非常关切中共部队发出的向西藏进军的报道，他们请北平大使向中国政府转达了他们对事态发展的惊讶和遗憾，他们还和新德里的中国使馆交流了看法。""（印度的）报纸表达了他们对西藏地位的关切。认为，一旦西藏被吞并，其在中国宗主权名义下的自治消失，那么它处于东方 3 大国俄、中、印之间的缓冲国地位就会立刻消失。"①

同日《华盛顿邮报》发布来自成功湖②的消息《有报道说印度就西藏问题向北平发出警告》，说："印度已经发出照会，如果中共入侵西藏的消息得到证实，它将停止支持中华人民共和国加入联合国。""印度的警告在这里引起了猜测，即中华人民共和国联合国席位问题的推进将受阻。"③ 同日《洛杉矶时报》文章《印度召集内阁会议讨论西藏遭到侵略的问题》称："尼赫鲁今天召开内阁成员紧急会议，讨论所报道的中共入侵西藏问题及可能的行动。会议发表声明，对所报道的侵略问题表示强烈关注，对事态的发展向

① "Nehru Protests to Peiping on Tibet," *The New York Times*, Oct 28, 1950, pg. 4.
② 成功湖位于纽约长岛，是当时联合国的临时驻地。
③ "India Warning to Peiping on Tibet Reported," *The Washington Post*, Oct 28, 1950, pg. 1.

北平政府表示惊讶和遗憾。"① 10月29日，《华盛顿邮报》发表文章《印度对入侵西藏的命令不安》说："文章援引来自新德里的消息称，今晚印度高官对中共入侵西藏的命令以及由此对尼赫鲁东西方事务的中间路线政策产生的影响表示了极度关切。"② 同日，《洛杉矶时报》也发表文章《中共在西藏的行为动摇了印度总理的政策》，对印度对华政策给予了相同的解读。③

在此后大约一周的时间里，中印之间就中国人民解放军解放西藏的问题进行了公开的外交辩论，美国媒体进行了报道。1950年11月1日，《纽约时报》发表文章《中共拒绝印度干涉西藏解放》报道："中共拒绝了印度提出的不能继续使用军事征服方式解决西藏这个喜马拉雅王国政治地位的要求。""上周当（中共）宣布它入侵西藏时，印度向北平发出了照会，表达了对毛政府西藏行动的惊讶和遗憾，今天收到了北平的回复，据外交部的消息称，中共语调坚定。""宣称解放西藏是中国内政。""北平的照会说，不能容忍外部对西藏事务的干涉。这个行动完全是出于加强中国边疆安全的考虑。"④ 同日，《洛杉矶时报》也发表文章报道了中国政府对印度干涉中国解放西藏内政的回复，文章题目是"中共告诉印度不要干涉西藏事务"，"中共直截了当地回绝了印度关于不要使用武力解决喜马拉雅自治国西藏政治地位的要求"。⑤

次日，《纽约时报》又发表文章《印度发给毛的关于西藏问题的严词回复》说："给北平的第二份照会表达了尼赫鲁对中国态度的失望。"⑥ 3日，《纽约时报》在第1版发表文章《印度抨击北平入侵西藏》，说："据2日新德里消息，印度政府使用了严厉的词语

① "India Summons Cabinet Over Tibet Invasion," *Los Angeles Times*, Oct 28, 1950, pg. 1.

② "India Irked By Order to Invade Tibet," *The Washington Post*, Oct 29, 1950, pg. M3.

③ "Red Tibet Action Jolts India Chiefs," *Los Angeles Times*, Oct 29, 1950, pg. 1.

④ "Red China Rebuffs India Bid on Tibet," *The New York Times*, Nov 1, 1950, pg. 10.

⑤ "Stay Out of Tibet Affair, Chinese Reds Tell India," *Los Angeles Times*, Nov 1, 1950, pg. 4.

⑥ Robert Trumbull, "Sharp India Reply Sent Mao on Tibet," *The New York Times*, Nov 2, 1950, pg. 9.

向中共发出照会，称毛政府无任何理由入侵西藏。""印度影射北平政府破坏了中、印之间的友好关系，对世界和平造成了不利影响。"①《纽约时报》还发布了来自莫斯科的消息，称"苏联媒体表示对中国的西藏行动完全支持和同情，认为这是完成国家统一的合法举措，巩固了和平与安全"。②同日，《纽约时报》第6版全文刊发了中印之间关于"西藏问题"的全部往复照会文件，题目是"中、印关于中共入侵西藏的照会文本"，包括印度10月26日给中国的照会，中国30日的回复，印度31日的长篇照会。③《华盛顿邮报》11月3日的文章《印度寻求西藏问题的解决办法》称："印度今天披露，它已告知中共入侵西藏是不合法的。同时它提议，通过谈判的方式解决中藏之间的分歧是可能的。"④

《华盛顿邮报》1950年11月6日的文章《在藏的印度代表》报道："驻藏的印度代表今天通过电报向印度政府报告说，16岁的达赖喇嘛面对中共对他国家的入侵，仍然留在首府拉萨。他说，自从中共部队向西藏进军解放世界高地始，这位年轻的统治者领导的宗教政府就一直在开会。""印度外交官辛哈（Dr. S. Sinha）打破了一周的沉默说，虽然遥远的首府处于相当的混乱之中，但西藏还是处于300万藏人的精神与世俗领袖及其摄政的统治中。"⑤ 11月7日，《纽约时报》发表文章《北平请印度结束西藏驻军》称："据报道，中共侵略部队和亲共藏人部队距离拉萨有60英里，72小时的路程，北平政府已经命令印度撤走其驻扎在西藏保护贸易、确保通讯联系的部队。"⑥ 11月15日《纽约时报》的文章《印度总统抨击对西藏的进攻》说："拉金德拉·普拉萨德（Rajendra Prasad）

---

① Robert Trumbull, "India Hits Peiping on Tibet Invasion," *The New York Times*, Nov 3, 1950, pg. 1.

② Ibid. .

③ "Text of Indian and Red China Notes on Tibet Invasion," *The New York Times*, Nov 3, 1950, pg. 6.

④ "India Seeks Solution of Tibet Issue," *The Washington Post*, Nov 3, 1950, pg. 5.

⑤ "India's Representative in Tibet," *The Washington Post*, Nov 6, 1950, pg. 2.

⑥ "Peiping Asks India to End Tibet Guard," *The New York Times*, Nov 7, 1950, pg. 1.

先生今天在印度国会的讲话中说，中共在和平解决喜马拉雅王国未来地位的道路还通畅时就采取了军事行动，印度对此表示深切的遗憾。"尼赫鲁写给总统的讲话稿中还说，印度不仅与西藏是近邻，而且在过去几个世纪都与之有着文化及多方面的密切联系。这个讲话得到了内阁的赞同。因此，印度必须对西藏所发生的事情给予关切，希望保持西藏的自治。"[1] 11 月 18 日，《纽约时报》报道，印度交通部长表示，印度准备支持西藏在联合国的行动。[2] 21 日，《纽约时报》发表文章《尼赫鲁重新确认与西藏的边界》报道："尼赫鲁今天在国会的讲话中明确表示印度政府接受其东北部边境与西藏接壤的麦克马洪线。"但文章也提到，"麦克马洪线是 1914 年西姆拉会议上英国殖民主义者炮制的一个非法外交条约规定的，而且中国政府从未承认其合法性。"[3] 12 月 10 日，《纽约时报》文章《印度迅速转向西方》报道："印度国会议员的言论表明他们已急剧摆向西方。"[4] 这与美国拉拢印度倒向西方的南亚战略目标是一致的。

除上述报道外，这一时期美国媒体对中国西藏的报道还包括对西藏自然环境[5]、社会风俗[6]以及对美国政府西藏政策的解读[7]等方面的内容。

---

[1]　"India's President Hits Tibet Attack," *The New York Times*, Nov 15, 1950, pg. 5.

[2]　"India to Back Tibet in U. N. on Invasion," *The Washington Post*, Nov 18, 1950, pg. 5.

[3]　"Nehru Reaffirms Border With Tibet," *The New York Times*, Nov 21, 1950, pg. 8.

[4]　Robert Trumbull, "India Now Swings Sharply to West," *The New York Times*, Dec 10, 1950, pg. 1.

[5]　"Tibet's Mystery Mountain," *Los Angeles Times*, Sep 22, 1946, pg. F4; "Flower Valley and Peaks of Tibet Glorified," *Los Angeles Times*, Jun 19., 1949, pg. D8.

[6]　Howard W. Blakeslee, "Male Harems, A Custom in Lofty Tibet," *The Washington Post*, May 3, 1948, pg. B2.

[7]　Jay Walz, "U. S. May Grant Tibet Recognition in View of Current Asian Situation," *The New York Times*, Oct 25, 1949, pg. 5.

六 "中国威胁"?

分析这一时期美国媒体对中国西藏的报道可以看到:

中国内战局势渐趋明朗后,美国媒体对中国西藏的报道表现出了明显的政治倾向,他们称中国人民解放军解放西藏为入侵,甚至非常明确地提出如何打击中国共产党。1950 年 10 月 25 日,《华盛顿邮报》文章报道:"共产党的新闻社今晚说,中共军队已经接到命令向'失去的地平线'(Lost Horizon)西藏进军。这表明入侵西藏已经开始。""成功湖的联合国总部和美国政府的官员还没有收到有关入侵的正式报告。"①《纽约时报》11 月 3 日的文章题目简单明了就是"入侵西藏"。文章称:"面对中共的入侵,达赖喇嘛和他年老的摄政逃离西藏首府拉萨。"②《洛杉矶时报》11 月 5 日的文章更是鲜明地表达了美国政府的政治意图,题目是"如何打击中共",文章说,在过去的几年里美国在中国犯下了严重的错误,现在,"一位了解中国人的美国科学家提出了一个好的建议一定能激发起热议"。他的计划是"在中国建立一个第五纵队,使用美元与共产主义进行战斗"。③《纽约时报》甚至说,"伴随着共产主义在中国的胜利,国务院要采取行动,可能要承认西藏为独立国家"。但同时也申明,"历史上美国一直坚持西藏为中国一部分的立场"。④ 可以看到,此时美国媒体的政治倾向与冷战时期美国的国家战略是一致的。

美国媒体将"西藏问题"置于国际社会的大战略中加以考量,以两大阵营划分势力分野,在亚洲地区制造恐慌,推动南亚国家倒

---

① "Invasion of Tibet Under Way, Red Agencies Indicate," *The Washington Post*, Oct 25, 1950, pg. B13.

② "Invasion of Tibet," *The New York Times*, Nov 3, 1950, pg. 26.

③ Roy Chapman Andrews, "How to Beat the Reds in China," *Los Angeles Times*, Nov 5, 1950, pg. H12.

④ Jay Walz, "U. S. May Grant Tibet Recognition in View of Current Asian Situation," *The New York Times*, Oct 25, 1949, pg. 5.

向西方，力图在中国周边制造孤立中国的国际环境。《洛杉矶时报》1950 年 11 月 5 日的《如何打败中共》①一文配有一幅中国地图，在这幅并不准确的中国地图上明确绘出 6 支箭头分别指向朝鲜半岛、日本、印度等周边国家和地区，并配以图示解释：箭头所指为亚洲受到威胁的国家。此外，《洛杉矶时报》文章《中共让印度和巴基斯坦不安》②，《纽约时报》文章《苏联绘制对印度构成潜在威胁的西藏空军基地地图》③《通往印度北部的红色之路已经铺就》④《中共在克什米尔、尼泊尔的战略目标》⑤《印度迅速转向西方》⑥，《芝加哥论坛报》文章《西藏能阻止亚洲的共产主义么？》⑦等都是以西藏解放作为案例，在字里行间表达了对中国共产党新生政权所谓的扩张的恐惧，塑造"中国威胁"的形象，从而使中国共产党和中央政府处于国际政治的道义失衡位置，其最终目标实质上就是要丑化、孤立中国，将南亚诸国拉入美国的反共同盟圈。

此外，这些报道也反映了中华人民共和国成立之初印度对中国政府解放西藏的强力干预及对华政策的摇摆性。1950 年 10 月 29 日，《纽约时报》发表文章《印度重新考虑其北平政策》说："外交部今晚说，印度政府已经得到印度驻北平大使潘尼嘉的正式确认，中共军队已经发布命令进军西藏。驻西藏首府的唯一外国代表——印度驻拉萨特使通过电报告之新德里：达赖喇嘛政府已经得到北平进军西藏的消息。""消息人士持有一个无可指责的观

---

① Roy Chapman Andrews, "How to Beat the Reds in China," *Los Angeles Times*, Nov 5, 1950, pg. H12.

② "China Reds Stir India and Pakistan," *Los Angeles Times*, Dec 18, 1950, pg. 16.

③ Robert Trumbull, "Soviet Maps Tibet Air Bases in Potential Threat to India," *The New York Times*, Nov 22, 1950, pg. 1.

④ Robert Trumbull, "Red Road to India on North Outlined," *The New York Times*, Nov 23, 1950, pg. 6.

⑤ Robert Trumbull, "Red Strategy Aims at Kashmir, Nepal," *The New York Times*, Nov 24, 1950, pg. 6.

⑥ Robert Trumbull, "India Now Swings Sharply to West," *The New York Times*, Dec 10, 1950, pg. 1.

⑦ Wilton M. Krogman, "Will Tibet Stop Asia's Red Hordes?" *Chicago Tribune*, Apr 30, 1950, pg. B3.

点：毫无疑问，中国的行动对我们的政策是一个打击，我们感到这挫败了我们承认中国在联合国地位的努力。"[1] 11 月 5 日，《纽约时报》发表评论文章《现在尼赫鲁以不同视角看中国》称："中共入侵西藏使印度对其庞大邻国的幻想破灭，印度在联合国一直积极支持中国。印度仍然期望与毛政府建立深厚友谊，不太可能因为西藏问题突然转变其对华政策。但蜜月期已经结束。"[2] 这个结果应该与美国拉拢印度倒向西方的南亚战略目标是一致的。实际上，由于印度对中国解放西藏强力干预，特别是印度将承认中华人民共和国在联合国中的合法地位与"西藏问题"相关联，这一时期中印之间的外交关系日趋紧张，印度外交摇摆倒向西方应该不是历史的偶然。

对于美国新闻评论员托马斯的西藏之行，美国政府和媒体将其定义为个人行为，是一次私人的探险活动，但事情应该不像美国方面公开定性的那么简单。托马斯西藏之行发生在中国政治大变动时期，国民党在大陆的失败已无可挽回，美国在亚洲即将面临一个新生的社会主义政权。这时以新闻记者、探险家名义入藏的托马斯不但与西藏最高世俗与精神领袖达赖喇嘛及其他政要进行了密切接触，而且回到美国后托马斯向美国总统杜鲁门、国务卿艾奇逊汇报了西藏之行的情况，[3] 表明托马斯此时实际上承担了政治特使的角色。1959 年达赖喇嘛外逃，美国方面也是由托马斯担任主席建立了所谓的"美国紧急援助西藏难民委员会"（American Emergency Committee for Tibetan Refugees），对流亡藏人进行直接援助。所以不难理解包括中国、苏联在内的一些国家将托马斯的西藏之旅看成美国的一次间谍活动。中华人民共和国外交部的档案就有记载说，西

---

① Robert Trumbull, "India Reconsiders Her Peiping Policy," *The New York Times*, Oct 29, 1950, pg. 8.

② Robert Trumbull, "Nehru Now Sees China in a Different Light," *The New York Times*, Nov 5, 1950, pg. 147.

③ Memorandum of Conversations on Tibet, Feb 17, 1950, Folder Feb 1950, Box 66, Dean G. Acheson Papers, Presidential Truman Library.

藏和平解放前后有多国特务在西藏边境活动，包括"美特汤姆斯父子（Lowell Thomas）一九四九年八月入藏"。关于托马斯 1949 年西藏旅行，以及他与美国政府的关系，笔者将在不久后出版的著作《揭秘冷战时期美国谬误西藏话语达芬奇密码——1949 年劳威尔·托马斯西藏之旅与美国的西藏话语研究》（暂定名称）中作进一步阐述。

第四章 美国传统主流媒体对中情局特工马克南入藏事件的报道

在美国中央情报局位于弗吉尼亚州兰利总部大厅的北侧,有一面黑色大理石墙,截至2010年,上面已刻有90颗星星,以纪念90位在工作中为美国献身的中情局特工,道格拉斯·S. 马克南(Douglas Seymour Mackiernan, 1913—1950)是已公开姓名的55位中的一位,也是第一位在工作中殉职的中情局官员。但是60年前,在1949年中华人民共和国成立前夕,马克南的中情局特工身份并不被外界所知,身为美国驻中国迪化(今乌鲁木齐)领事馆副领事的马克南,虽然在中国新疆从事的一系列秘密情报活动被当地群众所洞察,中国中央政府也曾多次提出强烈抗议,但美国方面一直矢口否认。直至近50年后的1997年9月7日,美国《华盛顿邮报》发表了一篇文章《星侦探》①,世人才首次真正了解到马克南的真实身份。2010年,美国中央情报局的官方网站公开了有关中国学者都很熟悉的美国中情局特工马克南谍报生涯的文章,题目是"怀念中情局英雄——道格拉斯·马克南"。② 这应该是中情局作为官方机构正式承认马克南中情局特工身份的一个标志性动作。那么,

---

① "Star Agents," *The Washington Post*, September 7, 1997, pg. W6.

② Remembering CIA's Heroes: Douglas S. Mackiernan, https://www.cia.gov/news-information/featured-story-archive/2010-featured-story-archive/douglas-s.-mackiernan.html. 2010年8月11日下载。截至2017年7月底,中情局兰利总部黑色大理石墙上已有125颗星星,其中91颗星星有人名,34颗星星尚无名字。

马克南作为美国情报机构的官员，他在中国从事了哪些情报活动？美国传统主流媒体又是如何对马克南及其相关事件进行报道的呢？如今当历史真相告白于世人，我们又如何认识 60 年前美国媒体对这一事件的报道呢？

马克南是 20 世纪 40 年代以美国驻中国迪化领事馆副领事身份为掩护的中情局间谍，他在中国新疆的主要任务是监视和搜集苏联制造原子弹的情报。在 1949 年中国形势发生巨大变化、解放军即将解放新疆、美国驻迪化领事馆工作人员全部撤出中国新疆之时，马克南留下来处理后续事宜。1949 年 9 月 27 日，马克南率领中情局另一位谍员白智仁和为领事馆工作的 3 个白俄罗斯人离开新疆迪化开始了穿越藏北无人区进入西藏的艰难旅程。马克南一路与地方分裂势力头目加强联系，搜集相关情报，并通过无线电与美国方面保持联系。但当 1950 年 4 月 29 日马克南一行来到一藏民聚居区时，一支全副武装的六人藏卫兵队伍骑马也来到这里，与马克南等人不期而遇并发生冲突，马克南与另外两名白俄罗斯人被打死，其余两人成了俘虏并成功进入拉萨，与当时西藏当局的各级官员取得了联系，最后经由印度回到美国。但在当时，包括马克南妻子在内的大部分世人并不清楚马克南是在执行中情局的任务。直至 90 年代末期，美国《华盛顿邮报》的资深记者泰德·戈普（Ted Gup）在采访了数百名中情局官员后发表相关文章，并出版著作《光荣榜》①，才将马克南以美国驻迪化领事馆副领事身份为掩护在中国边疆地区进行情报搜集与分裂活动的历史事实正式公之于众。

梳理美国传统主流媒体对马克南入藏事件的报道文章，主要内容包括：马克南自新疆陆路入藏事件本身；马克南在藏北被藏卫兵杀害的经过；与马克南同行的白智仁一行顺利抵达印度；中国政府以及苏联媒体对西方媒体关于马克南特务行动报道的态度与反应以及对马克南家人的关注等。

---

① Ted Gup, *The Book of Honor*: *Covert Lives & Classified Deaths at the CIA*, New York: Doubleday, 2000.

一 美国驻中国迪化副领事穿越藏北无人区

《华盛顿邮报》1950 年 1 月 31 日的文章《相信美国副领事正在穿越喜马拉雅山脉逃离中国》①，是所有关于马克南的文章中唯一一篇直叙马克南自中国新疆陆路入藏事件本身的。这篇来自美联社的文章说："根据国务院昨日披露的消息，美国副领事马克南正在穿越白雪覆盖的喜马拉雅山脉，自共产党中国出逃，旅途非常危险。这位 36 岁的官员是去年 9 月 27 日自中国迪化出发的，经由印度边境的克什米尔线路出逃，此后就一直没有得到他的消息。""国务院指出，这样的旅程需要一个骆驼旅行队走 3 个月或者更长的时间。马克南的危险之旅是在共产党的广播指责其为美国'特务'，在中国煽动武装叛乱之后为世人所知的。""迪化是中国北方地区新疆省的首府，国务院曾经指责俄罗斯正在向这一地区渗透。""国务院新闻发言人迈克尔·麦克德蒙特（Michael J. Mcdermott）说，通常，如果天气好的话，这样的旅程需要 60—85 天的时间。由于冬天的喜马拉雅山口堆满了风刮来的雪，因而很难估算需用多长的时间。"

在 4 月 29 日马克南遇难前，除 2 月 1 日《纽约时报》发表文章《美国领事通过无线电告之他在亚洲是安全的》，《芝加哥论坛报》发表文章《（马克南夫人）听说丈夫在是中国安全的》外，再无其他有关马克南的文章发表。《纽约时报》2 月 1 日的文章说，"国务院宣布，已收到马克南的来电，他很好，很安全，正在经历艰难的喜马拉雅山脉之旅，从共产党中国去印度"。"国务院说，马克南带着便携式发报机。""消息是昨晚转发至国务院的。""国务院说他们还把消息转发给了身在加利福尼亚费尔法克斯的马克南夫人，她很担心丈夫的安全。"同日的《芝加哥论坛报》上的文章

---

① "Vice Consul Believed Crossing Himalayas in China Flight," *The Washington Post*, Jan 31, 1950, pg. 3.

报道："今日国务院通知了马克南的夫人佩戈（Pegg），告诉她马克南正在经由喜马拉雅山脉逃离中国。"文章还说，"马克南自9月27日出发后就一直没有了消息"。"给马克南夫人打电话的国务院发言人说，外交官（指马克南——作者注）打回的电话声音微弱，'我安全，很好，希望春天的时候回来'。"这篇文章同时还配有马克南夫人与一对双胞胎儿女玛丽（Mary）和麦克（Michael）在加利福尼亚费尔法克斯家中的合影。

　　但在1950年4月29日，当马克南一行经历常人难以想象的艰难走出藏北无人区，见到第一批藏人时，[①] 遇到的是一支藏人武装巡逻队，藏人士兵开枪，5人中马克南及另外2个白俄罗斯人死亡，1个俄罗斯人即瓦西里受重伤，只有白智仁1人没有受到伤害。造成这个悲剧的原因，美国媒体的解释是，"华盛顿没能及时向西藏政府通报马克南的行程"[②]，而新德里美国使馆的解释是："共产党千方百计不想这些人活着出去。"[③] 对于马克南葬身中国藏北，美国政府采取了封闭消息的做法。1950年6月14日，美国国务院中国科主任弗里曼（Freeman）电话通知了马克南的妻子和父亲，确认了马克南的死亡，并强调必须保密。[④]

二　马克南是美国特务？

　　1950年1月30日，《纽约时报》和《芝加哥论坛报》在同一天分别发表文章报道中国谴责马克南在中国从事特务活动。《纽约

---

　　① 根据白智仁的记录，从乌鲁木齐到达当时的西藏边界是500英里。Frank Bessac, "These Tibetans Killed an American and Get the Lash for it," *Life*, November 13, 1950, p. 133.

　　② "Delay Costs Life of American Envoy; Tibetan is Arrested," *Chicago Tribune*, Aug 24, 1950, pg. 22.

　　③ "The Communists Would Go to Great Lengths," NARA RG59, 793B. 00/7-1350. Cited from Thomas Laird, *Into Tibet: The CIA's First Atomic Spy and His Secret Expedition to Lhasa*, New York: Grove Press, 2002.

　　④ Memorandum of Conversation, Subject: The Mackiernan Party, June 14, 1950, NARA, RG59, Decimal File 1950-54, Box1209, 293B. 113, Mackiernan, Douglas S/6-1450.

时报》的文章《北平指责美国助理是特务——称副领事出钱给新疆部落首领对抗共产主义》援引美联社报道说："华盛顿的国务院官员称，共产党的指责是一种惯常的胡编乱造。这些官员说，是华盛顿命令马克南离开他的职位。国务院收到的来自马克南的最后报告说，他正在努力经由印度线路逃离中国。""共产党说这些消息来源于3位曾经跟随马克南，之后投靠共产党的俄罗斯人。共产党还援引这些俄罗斯人的话说，在马克南之前离开迪化的美国前领事包懋勋（J. Hall Paxton）也在1949年的早些时候造访过这些土匪。""根据新闻局的报道，来自弗吉尼亚丹维尔（Danville Va.）的包懋勋是去年8月接到命令离开他的职位的，留下马克南处理领事馆的财产清偿事宜，包懋勋夫妇和来自于密苏里州圣路易斯的罗伯特·德勒森（Robert Dreessen）副领事经过艰难的喜马拉雅山脉穿越之旅——或步行，或骑马，已于去年10月抵达印度。"①

《芝加哥论坛报》文章《北平指责美国帮助建立特务网》1950年1月30日援引美联社的消息说，"中共的宣传机器攻击美国外交官，说来自马萨诸塞斯托顿的马克南已暴露其情报间谍的身份"。文章介绍说，"新疆省的面积是德克萨斯州的两倍，有人口500万，长期以来是俄罗斯的势力范围，与苏联和（由苏联控制的）外蒙古接壤，国务卿艾奇逊说这是中国的一部分，但俄罗斯一直想将之分离出去"。对于中方有关马克南特务活动的报道"华盛顿予以否认"。"华盛顿称这些红色报道是荒谬的，他们（指国务院——作者注）说马克南是在华盛顿的命令下，在解放军到来之前离开迪化的。"② 同月31日，《纽约时报》又发表文章《华盛顿不担心缺少中共指责美国外交官的新闻》③，文章援引国务院发言人迈克尔·

---

① Tillman Durdin, "U. S. Aide Accused as Spy by Peiping: Vice Consul Said to Have Paid Three Sinkiang Tribal Chiefs to Resist Communists," *The New York Times*, Jan 30, 1950, pg. 1.

② Tillman Durdin, "U. S. Aid Formed China Spy Ring, Peiping Charges," *Chicago Tribune*, Jan 30, 1950, pg. 1.

③ "Washington Not Worried at Lack of News of U. S. Diplomat Accused by China Reds," *The New York Times*, Jan 31, 1950, pg. 3.

麦克德蒙特（Michael J. Mcdermott）的话说："共产党对马克南的指责是惯常的狂想。"①

由此我们看到，中国媒体在 1950 年 1 月底揭露马克南在中国从事秘密分裂活动，② 美国的三大传统主流媒体《纽约时报》《华盛顿邮报》《芝加哥论坛报》都有反应，但其他一些报纸如《基督教科学箴言报》，甚至影响也较大的报纸《洛杉矶时报》都没有相关报道。

之后，《纽约时报》于 1950 年 6 月 5 日发表文章《中共说已粉碎了哈萨克武装》③。文章说："中共今天（6 月 4 日）宣布已经击败、打散了新疆省博格达（Bogda Ula）山区乌斯满组织的由哈萨克人与俄罗斯人组成的骑兵队。""根据来自乌鲁木齐中国官方新闻社的消息，在 5 月 17 日至 23 日，有超过 14000 名的哈萨克人被打死、俘虏或者投降，自此，在中国西北地区，抵抗共产主义的最坚强核心已被粉碎。""但驻新疆省首府乌鲁木齐的美国前副领事的下落还是一个谜，北平声称马克南在组织乌斯满武装的行动中扮演了主要角色。"《芝加哥论坛报》7 月 14 日发表文章《〈真理报〉坚持说美国外交官是土匪头目》④ 称，"《真理报》今天重复了过去对美国副领事马克南的指责，说马克南还在中国西部的新疆省领导反共土匪。""报纸（指《真理报》——作者注）还指责美国国务院隐瞒了马克南的行踪。""国务院认为这样的指责是荒谬的，马克南很有可能是在穿越大雪覆盖的喜马拉雅山脉去印度的途中。"

实际情况是，马克南遇难后不久，拉萨的信使就很快抵达边境。于是，马克南旅行队中还活着的白智仁、瓦西里就在藏卫兵的

① 原文是：The Department Officials Considered the Communist Charges against Mr. Mackiernan, whose home is in Stoughton, Mass., as "the usual fantastic yarn, the same tripe".

② 《前美国驻迪化副领事马克南勾结股匪从事间谍活动，阴谋破坏人民政府罪行已揭露》，《人民日报》1950 年 1 月 30 日。

③ Walter Sullivan, "Kazakhs Crushed, Chinese Reds Say," *The New York Times*, Jun 5, 1950, pg. 10.

④ "Pravda Insists U. S. Diplomat is Bandit Leader," *Chicago Tribune*, Jul 14, 1950, pg. 4.

保护下，于 1950 年 6 月 12 日抵达拉萨。进入拉萨的当天，白智仁就应邀到"英国领事（印度使团）处喝咖啡"。几天后，白智仁又一次来到印度驻拉萨办事处，请求黎吉生（Richardson）① 给美国发电报，美国政府接到电报后立即回复，对马克南遇害事件表示了哀悼。② 应该说，美国国务院此时已经非常清楚在马克南身上所发生的一切，但美国政府却采取了掩人耳目、散布虚假消息的做法，以此转移人们的视线。白智仁在拉萨滞留了 6 个星期，然后启程前往印度。8 月 19 日，白智仁和瓦西里穿越边境进入锡金，又过了一周经由锡金进入印度。8 月 29 日，白智仁在加尔各答领事馆与以副领事身份为掩护的中情局谍员拉特莱斯会晤。8 月 30 日，白智仁和瓦西里抵达新德里的美国使馆。③

三 马克南在中国藏北遇害

这期间，国际媒体开始关注马克南、白智仁的西藏之旅，并有印度报纸进行了先行报道。在事实无法继续隐瞒的情况下，美国国务院于 1950 年 7 月 29 日公布了马克南遇害的消息。

7 月 30 日，美国媒体《纽约时报》《华盛顿邮报》《芝加哥论坛报》在同一天对马克南事件进行了全面报道。《纽约时报》的文章《美国领事在逃离中国时被防卫土匪的藏人杀害》④ 说："去年 9 月，马克南被迫离开了位于中国西北乌鲁木齐的美国领事馆职位。他在逃离共产党中国的途中，在西藏边界被藏卫兵意外射杀。""在马克南匆忙离开现在被中共控制的新疆首府 10 个月之后，国务

① Transmitting the Log of Mr. Frank Bessac's Journey From Tihwa, Sinkiang, New Delhi, September 21, 1950, NARA, RG59, Decimal File1950 – 54, Box4226, 793B. 00/9 – 2150.

② Frank Bagnall Bessac, Susanne Leppmann Bessac, Joan Orielle Bessac Steelquist, *Death on the Chang Tang: Tibet, 1950: The Education of an Anthropologist*, The University of Montana Printing & Graphic Services, 2006, p. 121.

③ 程早霞：《美国中央情报局与中国西藏》，东北师范大学 2009 年博士学位论文。

④ "U. S. Consul, Fleeing China, Slain by Tibetan on Watch for Bandits," *The New York Times*, Jul 30, 1950, pg. 1.

院今天宣布，37岁的副领事已于4月13日被杀害（原文如此——作者注）。根据国务院的说法，似乎是卫兵错误地将马克南一行的骆驼旅行队当成土匪或者共产党的骑兵了。""一位当地信使用20天的时间将这个消息送回到首府拉萨，信使的简短报告随后转给了位于印度新德里的美国官方机构，那是马克南的目的地。""与马克南同行的还有一位来自加利福尼亚的洛蒂（Lodi, Calif.）、一直在中国西北地区学习的学者白智仁，他正在去新德里的途中。另有两位随行的当地人被杀害，一位受伤。""国务院发言人说，西藏当局已经对所发生的事件表达了歉意，但没有披露详细内容。""共产党的宣传机器一直在指责马克南，莫斯科的广播也在不断地重复说，马克南在组织土匪抵抗共产党的推进，所以人们以为马克南还在中国。国务院否认了副领事执行此任务的说法。一位发言人今天说，这些指责是不实的。"①

《华盛顿邮报》发表文章《西藏边境卫兵杀害了美国外交官》②说："一位美国外交官试图穿越危险的喜马拉雅山脉逃出共产党控制的中国西北，但由于遭遇西藏卫兵的枪击而死亡。国务院解释说，这是一个错误，西藏卫兵误认为马克南一行是土匪或者是共产党的骑兵。西藏已经道歉了。""事件发生于4月13日（原文如此，实际时间是4月29日——作者注），但直到今天国务院才公开。第一消息来自于当地的一名信使，他用了27天的时间从事发地赶到西藏首府拉萨。""马克南还在路上的时候，共产党的宣传机器就不断地指责他在中国西北地区组织土匪进行反共活动。（美国政府）官员说，就在10天前莫斯科的广播还重复了这个指责。"《芝加哥论坛报》发表文章《美国副领事在逃离中国时被杀害》③，文

---

① "U. S. Consul, Fleeing China, Slain by Tibetan on Watch for Bandits," *The New York Times*, Jul 30, 1950, pg. 1.

② "Tibet Border Guards Killed U. S. Envoy," *The Washington Post*, Jul 30, 1950, pg. M3.

③ "U. S. Vice Consul Slain in Flight From Red China", *Chicago Tribune*, Jul 30, 1950, pg. 4.

章除报道马克南出逃、遇害的过程，还解释了美国国务院隐瞒事实的原因，"国务院发言人说，一直没有发布这个消息的原因是，我们要保证这个消息的真实性。这位发言人说，国务院关于这一事件的第一消息来源与谣传没什么两样"。"两位当地人——应该是中国人，被杀害，还有一位受伤，一位来自加利福尼亚洛蒂的美国人白智仁没有受伤，现在正在去往拉萨的路上。"

继马克南被害事件的报道后，媒体开始将注意力转移至还活着的美国人白智仁身上，由于白智仁当时对外的身份是普通学者，所以媒体对他的报道都很简短，只是关注他长途旅行后的身体恢复、安全抵达印度后的行踪等。但也有文章关注了他对"西藏问题"具有较为明显政治倾向的言论，如 1950 年 9 月 1 日《华盛顿邮报》的文章《被害外交官的学者朋友说西藏将与中共抗争》[1] 说"印度使馆秘书道格拉斯·福曼（Douglas Forman）在边界迎接自中国西北新疆而来的学者，沿途他们凭借马匹、骆驼，加上步行，行程1200 英里。""在西藏首府拉萨滞留 7 周的白智仁说，西藏可能会接受一个和平谈判协议，该解决方式将保证他们在中国统治下名义上的独立。据印度方面可靠的消息来源，谈判计划下月在这里进行。""白智仁相信，藏人将比汉人更加抵制共产主义意识形态，因为他们生活水平更高，而且每个人都有足够的土地。""他说，藏人军队在军事技能上并没给他留下太深的印象，但在山地上战斗可能会更有效力。"《芝加哥论坛报》9 月 1 日刊登文章《从西藏归来的美国人说征服西藏并不容易》[2]，特别对西藏的政治地位作了说明："多年来西藏一直是政治上独立，虽然名义上处于中国的统治之下。西藏地处偏僻，有人口 300 万，土地面积 47 万平方英里，是伊利诺伊州的 7 倍。中共已经提出，如果其统治者——达赖和他的政府和平加入共产党政权，西藏将享有自治区地位。""白智仁

---

① "Scholar Friend of Slain Envoy Says Tibet Would Fight Reds", *The Washington Post*, Sep 1, 1950, pg. 3.

② "Yanks Comes Out, Says Tibet's No Red Pushover," *Chicago Tribune*, Sep 1, 1950, pg. 10.

说，在拉萨期间几乎没有看到藏人害怕汉人入侵的迹象，虽然中共
已经宣布他们要解放西藏。"9 月 2 日的《基督教科学箴言报》也
发表了内容类似的文章《美国旅行者希望西藏抵抗共产主义》。①

　　自此，美国媒体所报道的马克南事件的来龙去脉已基本清晰。
1950 年 10 月，中国人民志愿军越过鸭绿江开赴朝鲜，冷战时期
最大的热战在中美之间爆发，朝鲜战事占据美国媒体的主要版
面，整个 10 月再没有对西藏的大篇幅报道。直至 11 月，白智仁
回到华盛顿以后，向媒体具体描述马克南遇害的详细经过以及枪
杀马克南的西藏士兵受到处罚的细节，又可见《华盛顿邮报》、
《芝加哥论坛报》、《洛杉矶时报》、《生活》杂志对马克南事件的
详细报道。

四　马克南遇害经过

　　白智仁回到美国后向媒体详细透露了他在亚洲学习，经由新疆
到西藏的艰难旅程。《生活》杂志及《华盛顿邮报》《芝加哥论坛
报》等都大篇幅作了报道。

　　1950 年 11 月 10 日，《华盛顿邮报》刊发文章《白智仁说在
马克南举起双手的时候西藏人杀害了他》。文章说："白智仁看到
鞭子抽在 6 位藏人卫兵光秃秃的后背上，心中有一种快感。他们
要为去年 5 月 1 日在偏远的西藏边界上马克南的死负责。"②"副
领事马克南与白智仁及 3 个白俄罗斯人于 1949 年 11 月离开中国
西北新疆，当时国民党没有经过战斗就将政权移交给了共产党。
当天他们烧毁文件开始了为期 11 个月、长达 1500 英里的旅程。"
"到西藏边境是 800 英里。一行人先是使用吉普车，然后买了 20

① "U. S. Traveler Expects Tibet to Resist Communist Attack," *Christian Science Monitor*, Sep 2, 1950, pg. 7.

② 原文是：Frank Bessac watched and enjoyed the sight as whips lashed the bare backs of six Tibetan guards responsible for the tragic death of an American vice consul in a lonely Tibet border settlement last May 1.

匹马，前行中最常用的话语是'也许前方有一条路'（May there be a road）。地图都用不上，大湖、高耸的山脉、几乎被沙子掩埋的城市都会在你没有料到的时候出现。所有的旅行都是在夜间进行，以防被共产党发现。""经过艰苦跋涉，穿越塔克拉玛干沙漠——准确地说是白色死亡带（White Death）——之后，一行人到达了白雪覆盖的西藏山隘边界。从接近 11 月至来年 3 月，他们一直蜗居在山腰的一处聚居地，然后开始了穿越藏北的艰难之旅。一行人有 15 匹骆驼、2 匹马。羚羊和野生牦牛是主要食物来源，干燥的牦牛粪是仅有的燃料。马都饿死了，但是骆驼吃肉，所以活了下来（原文如此：The Camels ate meat and survived. ——作者注）。旅途常伴有狂风和暴雪。5 月 1 日，一行人到达藏人的第一个聚居地——一群用黑色牦牛毛搭盖的帐篷。一个女孩冲着他们伸出了舌头，这是藏人传统的与人打招呼的友好方式。他们跟着她向帐篷走去，直到发现那里的男人们在上枪膛。5 人决定先返回自己的旅行队，搭建帐篷，以便让藏人相信他们是友好的旅行者。""白智仁说，后来证明这是一个严重的错误。""他走到藏人的帐篷处，分发布匹作为礼品，在他们身后他听到有枪开火的声音。他立即向后面的帐篷冲去，看到马克南和另外 3 个白俄罗斯人从帐篷里出来，举着双手。从石墙的后面走出 6 位藏人边境卫兵，第一枪发出后紧接着又有几枪，2 个白俄罗斯人应声倒下，马克南大喊：'不要开枪！'也倒下了。最后一个人从帐篷里跑出来，腿部受了伤。""子弹朝白智仁的方向射来，卫兵们喊着磕头，中国人把两膝和头着地叫磕头。'我不会磕头，我是美国人。'白智仁和受伤的人一起被带到首府拉萨。被称作神王的年轻的达赖喇嘛两次接见白智仁。6 位边境卫兵的头目要被处以割掉鼻子和耳朵的刑罚。第一个开枪的人要失去两只耳朵，第三个开枪的人将失去一只耳朵，其余的每人要被罚以 50 鞭笞。切掉手足是西藏最严厉的处罚，死刑是禁止的。白智仁认为这样的处罚太严厉了，就请求能否减轻。最后是，领头的人和开枪的人鞭笞 200 下，第三个开枪的人鞭笞 50 下，其余的人鞭笞 25 下。白智仁受邀观看，他看了，而且心情愉快——他拍下了照片。""白智仁还希望到蒙古继续他的人类学研究，但他不想再去西藏了。"①

同日，《芝加哥论坛报》发表文章《美国人观看 6 个杀人的西藏人遭到鞭笞》说，"白智仁看到苏联领馆工作人员在街上庆祝，就知道中共取得了胜利。当晚，白智仁和马克南烧掉了国务院的所有文件，开始了日后历时 11 个月、覆盖 1500 英里的长途旅程。结果是付出了 3 个人的生命代价"。"所有的旅行都是在夜间进行，以防止被中共的巡逻人员发现。"②

11 月 13 日出版的《生活》杂志发表文章《这是通向悲剧的危险之旅》③。文章以白智仁向《时代》、《生活》杂志驻新德里记者詹姆斯·贝克（James Burk）讲述的方式，描述了白智仁在中国内地学习，后经由中国新疆、西藏到达印度的长途旅程。文章序言说："上周，从世界上最高的喇嘛王国传来又一则关于共产主义侵略的消息，中共部队向西藏发起了进攻。对于美国人来说，西藏是我们最不熟悉的一个国家。但在上周，一位名叫白智仁的美国人经过自蒙古至西藏3000 多英里荒漠之地的旅行回到美国，途中差一点点就被西藏边境的卫兵杀害。与他同行的美国人遇害身亡。《生活》杂志向您讲述这段漫长的艰难旅程。"文章配有白智仁拍摄的鞭笞现场的照片，题目是"这些藏人因为杀害了一位美国人而遭到鞭笞"④。

自此，马克南在西藏遇害的细节通过白智仁之口已告知美国民众。白智仁回到美国后继续他的学业，攻读硕士、博士学位，之后一直在美国蒙大拿大学人类学系做教授。他虽然没有再返回中国内蒙、西藏进行他的人类学研究，但他毕生的事业——进行中国边疆

---

① "Bessac Says Tibetans Slew Mackiernan as He Raised Hands," *The Washington Post*, Nov 10, 1950, pg. 3.

② "American Sees Lashing of Six Tibet Slayers," *Chicago Tribune*, Nov 11, 1950, pg. 31. 从解密的马克南、白智仁的旅行日志看，其实大部分活动都是在白天进行的。

③ Frank Bessac, "This Was the Perilous Trek to Tragedy," *Life magazine*, November 13, 1950, pp. 131–141.

④ Frank Bessac, "These Tibetans Killed an American and Get the Lash for it," *Life magazine*, November 13, 1950, p. 131.

区包括台湾的人类学研究，都与这段传奇的经历密切相关。2006
年，白智仁出版了他的自传体著作《羌塘之死：西藏 1950———一
位人类学家的教育经历》①，以大量的笔墨描述了 1950 年作者亲历
的这段历史。年轻时即患有青光眼的老人这时已近双眼失明，是妻
子和女儿帮助他实现了出版这部著作的愿望。但有着如此丰富阅历
的学者，同时也是一位美国前情报机构官员的白智仁，在重新审阅
这段 60 年前的历史画卷时，一定有着更多的无法用文字表述的内
情有待我们进一步发掘。2010 年 12 月 25 日，年届 88 岁的白智仁
在美国去世。他的女儿在接受媒体采访时回忆说："直至去世，自
中国新疆至西藏旅行的那段经历一直是他的噩梦。"②

五　中情局谍员？

对于马克南的真实身份，当时包括马克南妻子在内的大部分世
人并不清楚他是在执行中情局的任务，直至 20 世纪 60 年代中情局
为马克南的一对孪生儿女提供年度教育经费，才承认了他为中情局
工作的历史。③ 2010 年美国中央情报局网站刊登了有关马克南如何
为中情局工作而献身的文章，正式确认了马克南的中情局谍员身份
及其所从事的秘密工作。④ 透过迄今已知的历史事实，我们可以看
到，美国传统主流媒体的西藏观，既有历史真实的体现，也有历史
偏见的误导，应该说是真实与谎言的混合体。

---

　① Frank B. Bessac, Susanne L. Bessac, Joan Orielle Bessac Steelquist, *Death on the Chang Tang*: *Tibet*, *1950*: *the Education of an Anthropologist*, Missoula, MT: University of Montana Printing & Graphic Services, 2006.

　② Frank Bessac, Scholar and Adventurer, Dies at 88, 见《纽约时报》网站，http://query. nytimes. com/gst/fullpage. html? res = 9A07E6D91030F935A15751C1A9669D8B63&pagewanted =2, 2011 年 5 月 5 日下载。

　③ Thomas Laird. *Into Tibet*: *the CIA's First Atomic Spy and His Secret Expedition to Lhasa*, New York: Grove Press, 2002, p. 285.

　④ Remembering CIA's Heroes: Douglas S. Mackiernan, https://www. cia. gov/news - information/featured - story - archive/2010 - featured - story - archive/douglas - s. - mackiernan. html, 2010 年 5 月 21 日下载。

　　美国媒体的报道以否认真实历史的方式勾勒出了马克南在中国边疆地区所从事的秘密活动的概貌。1950 年 1 月 30 日,《纽约时报》和《芝加哥论坛报》在同一天分别发表文章报道北京谴责马克南在中国从事特务活动。《纽约时报》文章说:"中共今天的广播制造了一个新的美国特务案例,指责美国驻新疆首府的前副领事马克南在去年的时候曾给予新疆的反共哈萨克部落首领黄金和指令。"①"马克南是去年秋天离开新疆前往印度的,共产党指责说,他在离开前会晤了 3 个西北新疆的土匪头目,鼓励他们继续抵抗共产主义,并给了他们 25 两黄金(约为 1200 美元)。""这些(曾经跟随马克南的)俄罗斯人讲述的故事是:马克南于去年 9 月 28 日带着一个美国学生和 3 个俄罗斯人离开新疆,这个美国学生的名字叫白智仁(Frank Bessac),他们随身带了两套无线电设备。据说他们的吉普车扔在了孚远(今新疆吉术萨尔——作者注)附近的山区,之后一行人骑马去了乌斯满(Osman Bator)、贾尼木汗(Janin Khan)、苏里坦(Sultan)的营地。""最后一次会面是在镇西(Chenhsi)。据说,马克南还教导 3 个头人如何破坏中国人民的民主工作。马克南告诉这些地方首领要继续抵抗共产党,并保证美国会提供援助。要积聚力量以备第三次世界大战的爆发。""马克南说可以带着他们的儿子去美国接受训练,但 3 个人都没同意。所以马克南带了另外 3 个年轻人,其中一人是白俄罗斯人瓦西里(Vasili Zvantsoff),马克南曾经训练他进行无线电操作。"

　　《芝加哥论坛报》文章援引美联社的消息说,"中共的宣传机器攻击美国的外交官,说来自马萨诸塞托顿的马克南已暴露其情报间谍的身份。""这个消息还得不到证实,因为马克南已经消失,去了印度。""北平的广播说,马克南和美国学生白智仁、白俄罗斯人瓦西里还有另外两名白俄罗斯人一起离开了迪化。""瓦西里是土匪头目乌斯满的右手,自 1949 年 2 月以来一直和马克南学习无线通讯。""(中国的广播)还说,马克南给土匪黄金,安排 3 个

---

　　① 参阅《前迪化美副领事马克南间谍罪行被揭露》,《新疆日报》1950 年 1 月 31 日,第 1 版。

年轻人跟他去美国学习，然后回到新疆，待第三次世界大战爆发时投入战斗。""华盛顿称这些红色报道是荒谬的，他们（指国务院——作者注）说马克南是在华盛顿的命令下，在解放军到来之前离开迪化的。"① 可以看到，虽然美国媒体是以批判的口吻（如指责中国的报道是宣传机器对美国外交官的攻击）来报道中国政府对马克南特务行径的指责，却将60年后美国政府澄清的历史真相公示于民，基本能够反映事情的概貌。

美国传统主流媒体对马克南一行西藏之旅的报道是美国政府国家战略、国家意志的体现。在杜鲁门主义已经出台、世界范围的冷战逐渐蔓延的1950年，美国媒体仍然对遥远的中国西藏充满好奇和兴趣，这是因为中华人民共和国的建立和共产主义在亚洲影响的扩大，对战后美国及其盟国欲在亚洲建立的国际秩序和资本主义制度形成了严峻挑战。阻止中国国家统一、阻止中国的发展和强大已成为美国对华战略的基调。美国主流媒体关注中国媒体对美国副领事马克南的报道，关注美国政府对马克南事件发布的新闻公报。新闻来源的渠道决定了美国媒体的报道倾向，直接影响美国人的"西藏观"，而新闻来源的取舍服务于美国政府的政治需要。所以我们看到，美国媒体宣扬："西藏在政治上是独立的，名义上是处于中国的统治之下。"② 由此为"藏独"思想在美国的蔓延播下了先入为主的政治偏见的种子。美国媒体在评析中国政府对马克南特务行径的指责时说："美联社报道说，华盛顿的国务院官员称，共产党的指责是一种惯常的胡编乱造。"既是对中国新生政权的一种诬蔑，也是对美国政府"西藏观"的延伸解读。60多年后的今天，我们将美国媒体的报道与历史真相对比，可以看到，美国媒体所反映的基本立场和态度是有失公允的，或者说是将真相当成谎言、将谎言读为真实，是欺骗美国民众的典型案例。

---

① Tillman Durdin, "U. S. Aid Formed China Spy Ring, Peiping Charges," *Chicago Tribune*, Jan 30, 1950, pg. 1.

② "Yanks Comes Out, Says Tibet's No Red Pushover," *Chicago Tribune*, Sep 1, 1950, pg. 10.

　　报道内容缺失，直接影响民众对事实真相的全面了解和客观判断。这一点在对马克南、白智仁身份的认证上表现得最为明显。马克南是以美国驻中国迪化领事馆副领事身份作掩护的美国中情局特工，他在中国新疆秘密从事情报搜集活动，观测苏联在这一地区的铀开采以及原子弹试爆的活动，支持中国边疆地方武装分裂势力为美国效力。他还带出 3 位亲美的白俄罗斯年轻人去美国接受培训，以便第三次世界大战爆发后重返新疆为美国效力。白智仁是"二战"前美国战略情报局的官员，曾在北京战略情报局总部工作，之后以富布莱特学者身份为掩护在北京从事有关中国边疆区的社会学研究，与主张"自治"的内蒙古德王过从甚密，并且参加了德王在阿拉善旗定远营组织的"蒙古自治"大会，会上发表讲话支持内蒙自治。中国人民解放军解放中国西北边疆区之前，他又西进新疆与马克南会合，经由陆路进入西藏，与包括达赖喇嘛在内的西藏上层集团秘密接触（在藏期间两次与达赖会面），在布达拉宫的噶厦大会上发表演讲，呼吁西藏请求美国援助、争取独立等。[①] 这些迄今已知最基本的历史事实，在当时的美国传统主流媒体上没有任何报道，个中缘由也许是当事人白智仁有意隐瞒，也许是美国政府的新闻控制等，其直接的影响是，美国民众得到的信息是不全面的，甚至是被有意误导的，结果是受众得到了与事实正好相反的信息：中国政权与媒体是谎言制造者，中国政府在毒化与美国的关系。

　　历史走过了近 70 个春秋，今天世人已经基本清楚当时在中国西部边疆所发生的美国情报机构官员秘密进行情报活动的事实，历史也证明了当时的中国媒体对马克南特务活动的指责是有据可循、尊重历史事实的。但对马克南的评价，依然是各家说法南辕北辙，中国人民谴责马克南在中国边疆区从事情报搜集与分裂活动，破坏中国的国家统一与民族团结；马克南的女儿称自己从未谋面的父亲是一位"糟糕的爸爸"；而中情局的网站对马克南的殉职则给予了

---

　　① 参阅程早霞、李晔《新中国成立前后美国中情局谍员秘密入藏探析》，《历史研究》2009 年第 5 期。

高度评价："马克南是在最为艰巨的形势下为国捐躯的，是一位冷战英雄，是中情局最为难忘的第一颗星。"① 以史为鉴，我们可以看到历史评价中的利益观和价值观——国家与个人、国家与国家是不同的，只要有阶级存在，有国家存在，媒体对民众政治思想引领的功能就一定存在，美国也不例外。媒体是统治阶级的最高意志——国家实现政治目的的助推器，这一点在 20 世纪 40 年代末美国传统主流媒体对马克南入藏事件的报道中得到了充分的验证。

---

① "Remembering CIA's Heroes: Douglas S. Mackiernan," https：//www. cia. gov/news – information/featured – sto　ry – archive/2010 – featured – story – archive/douglas – s. – mackier-nan. html，2010 年 5 月 21 日下载。

第五章 西藏和平解放前后美国传统主流媒体对中国西藏的报道

1951 年 5 月 23 日，中华人民共和国中央人民政府代表和西藏地方政府代表在北京签订《中央人民政府和西藏地方政府关于和平解放西藏办法的协议》即《十七条协议》，西藏和平解放。西藏和平解放是中国现代史和中国革命史上的一个重大历史事件，西藏人民从此摆脱了帝国主义的侵略和羁绊，成为中华民族大家庭中平等的一员，包括藏族在内的中华儿女无不为此感到欢欣鼓舞，但这却是美国所不愿看到的。美国政府一方面不断通过秘密手段策动达赖否决协议、出逃国外，另一方面通过大众传媒阐释美国政府的西藏政策与政治立场，将一个与历史事实背道而驰的"西藏观"灌输给美国受众，严重混淆了国际视听。

20 世纪 40 年代末 50 年代初是国际政治格局重大变革的时期，也是中国政局发生重大变动的时期。"二战"结束后世界很快进入冷战，中国经过近 4 年的内战于 1949 年 10 月 1 日建立了中国共产党领导的新生社会主义政权。伴随着世界形势与亚洲政局的重大变化，美国的西藏政策发生了根本性的转变，美国放弃了传统的承认西藏是中国领土一部分的立场：不公开否认中国对西藏的主权，但秘密与西藏分裂势力勾结，阴谋策动达赖出逃，"力尽所能给中共制造麻烦"。① 与美国的西藏行动相呼应，美国传统主流媒体对中

---

① 参阅程早霞《50 年代美国的西藏政策及其秘密行动》，《史林》2008 年第 2 期。

国西藏的报道同样阐释了这一时期美国对华外交在"西藏问题"处理上的主旨：污称中国人民解放军解放西藏为入侵，并利用"西藏问题"在国际社会中制造恐慌、挑拨中印关系，同时配合美国在联合国的行动等。纵观西藏和平解放前后美国传统主流媒体对中国西藏的报道，大致涵盖这样几个方面的主要内容：关于西藏解放进程的报道，关于美国、印度、苏联等重要大国对西藏政策与态度的报道，关于西藏分裂势力活动的报道，关于和平解放西藏的《十七条协议》的报道，关于联合国插手"西藏问题"的报道等。

一　西藏和平解放

1949 年中华人民共和国成立后，中国共产党即着手解放西藏，对此，美国传统主流媒体连续做了跟踪报道。《纽约时报》1950 年 1 月 8 日文章《共产党计划解放西藏》，是中华人民共和国成立后《纽约时报》第一篇直面报道中国政府解放西藏的文章，文章将中国政府解放西藏定义为入侵（Invasion of Tibet），称"共产党高级将领刘伯承重申要入侵西藏"。① 1950 年 6 月朝鲜战争爆发，美国第七舰队随即开入台湾海峡。10 月，中国人民志愿军正式入朝，中美已处于实际的战争状态。此时美国媒体对中国西部西藏的解放进程也给予了充分关注。1951 年 1 月，《纽约时报》先后发表文章《有报道说印度（驻西藏）特使被驱逐》②《报道说拉萨有共产党使团》③《达赖寻求与中共签约》④《西藏要塞失守，汉人没放一枪进入西藏》⑤ 报道中国人民解放军解放西藏的历史进程。《芝加哥论坛报》文章《西藏统治者逃出中共控制区，到达避难地》报道了

---

① "Communist Plan to 'Liberate' Tibet," *The New York Times*, Jan 8, 1950, pg. 3.
② "India's Agent Reported Ousted," *The New York Times*, Jan 2, 1951, pg. 8.
③ "Communist Mission is Reported in Lhasa," *The New York Times*, Jan 5, 1951, pg. 7.
④ "DaLai Lama Seeks Red China's Terms," *The New York Times*, Jan 14, 1951, pg. 1.
⑤ "Tibet Fort Yielded to Fireworks; Chinese Drove in Without a Shot," *The New York Times*, Jan 20, 1951, pg. 1.

达赖逃往亚东，计划建立临时政府的消息。文章说："印度政府获悉，中共入侵西藏，达赖喇嘛出逃至西藏南部小镇亚东，并计划在那里建立临时政府。"① 《华盛顿邮报》文章《西藏与中共进行谈判》说："发言人大扎索康刚刚在西藏临时首都亚东与达赖喇嘛及西藏其他官员会晤后回到噶伦堡。亚东位于西藏边境，与印度的保护国锡金相邻。""他说，中共刚刚入侵了他的国家，16 岁的达赖喇嘛与他的政府官员出逃后，他们与留在拉萨的官员进行谈判。""来自亚东的报道说，中共在西藏的影响迅速扩大。"②

5 月 23 日《十七条协议》在北京签订后，《纽约时报》《华盛顿邮报》《芝加哥论坛报》都对此做了报道。5 月 28 日，《纽约时报》发表文章《拉萨接受了十七条协议规定的北平宗主权》，说中华人民共和国当日宣布"已通过政治方式和平解放了西藏，五星红旗已插到世界屋脊"。文章说，"5 月 23 日在北京签订的'十七条协议'将西藏置于共产党的控制之下"。③ 这是《纽约时报》当时唯一一篇直面报道和平解放西藏《十七条协议》的文章。《华盛顿邮报》文章《中国方面报道，一项全面协议将西藏统治权转交中共》④《西藏成为傀儡》也报道了协议的内容，并称"遥远的世界屋脊已处于铁幕之后"⑤。

可以看到，这一时期美国传统主流媒体关于西藏解放进程的报道，具有较为鲜明的政治性，它们将中国中央政府解放西藏称为入侵，⑥ 并将西藏置于国际冷战的大环境中加以考量。《纽约时报》5 月 28 日的文章《铁幕在西藏落下》说："共产主义又占据了一座堡垒，共产党的扩张主义又填补了一处真空，毫无疑问，北京所宣

---

① "Tibet Ruler, Fleeing Reds, Reaches Haven," *Chicago Tribune*, Jan 5, 1951, pg. 10.

② "Tibetan Negotiate With Reds," *The Washington Post*, Jan 23, 1951, pg. 7.

③ Henry R. Liebrman, "Lhasa Accepts the Suzerainty of Peiping in a 17 - Point Pact," *The New York Times*, May 28, 1951, pg. 1.

④ "China Reports Sweeping Pact Giving Reds Control of Tibet," *The Washington Post*, May 28, 1951, pg. 1.

⑤ Marquis Childs, "Tibet as a Puppet," *The Washington Post*, May 31, 1951, pg. 11.

⑥ "Invasion of Tibet," *The New York Times*, Nov 5, 1950, pg. 143.

称的与世界屋脊西藏达成的协议使西藏成为中共解放的一个省。"
"西藏已落入铁幕之后。""对于西方来说这是一个失败。""现在苏
俄和中国都可以利用西藏作为侦察、颠覆印度、克什米尔和尼泊尔
的基地了。""共产主义浪潮最终横扫印度,至少已经成为一个会
产生重大影响的心理暗示。""西方有理由为西藏所发生的事情而
焦虑。"① 这些表述都明确无误地表达了美国政府在中国解放西藏
这一问题上的立场。

二 美国、印度、苏联的反应

中华人民共和国成立前后美国的西藏政策基于国际大背景的变
化而作出了调整,因而美国特别关注与中国同属社会主义阵营的,
中国最大的邻国,也是最大的社会主义国家苏联的政策动向。作为
南亚次大陆最大国家的印度,虽然刚刚自英国殖民统治下独立出
来,确立了对东西方不偏不倚的外交政策基调,但历史上印度与中
国西藏的特殊密切关系,以及其地理位置的特点——几乎是从外部
进入中国西藏的唯一通道,直接制约着美国的西藏行动,因此美国
政府和民众对印度政策的变化也给予了特别的关注。《纽约时报》
《华盛顿邮报》《芝加哥论坛报》都用相当的篇幅关注美国、印度、
苏联对西藏的政策与态度的变化。

20 世纪 40 年代末 50 年代初,当国际形势及中国政局发生重大
转折时,美国政府对其西藏政策进行了认真讨论。② 尽管这个讨论
是在政府层面内部进行的,《纽约时报》仍有文章对政府政策的新
动向作了较为深入的解读。1949 年 10 月 25 日文章《鉴于亚洲形
势美国可能要承认西藏为独立国家》说:"鉴于亚洲形势的发展,
国务院在考虑承认西藏为自由、独立国家的可能性。由此引出了一
个外交问题:美国一直以来都把这个遥远的山区看做中国的一部

---

① "The Curtain Falls in Tibet," *The New York Times*, May 28, 1951, pg. 18.
② 程早霞:《四十年代美国的西藏政策剖析》,《历史教学问题》2006 年第 2 期。

分，而中国方面也一直坚持其领土的完整。""一旦中共控制了整个中国，他们就会控制西藏政府。中共已表明了他们的这一立场。一旦得逞，中共就会将共产主义扩展至印度边界，这是非共产主义国家所不能容忍的。""15 岁的达赖喇嘛领导的政府已向美国提出了非正式军援请求，以抵抗共产党的军队。""承认西藏为独立国家后，它就可以得到我们对友好国家武装反共的基金援助。""最近国会通过了一项军事援助法案，如果总统认为必要，就可以拨付7500 万美元用于大中国区。""国务院官员不愿透露相应的细节，但承认西藏具有战略重要性。"① 这些报道一方面表明了美国传统上对中国西藏的立场——西藏是中国的一部分；另一方面也表明了美国对这一地区战略上失势的担忧——共产主义将会扩展至印度边界；对此，美国的立场非常明确——"这是非共产主义国家所不能容忍的"。实际上也间接表达了美国插手中国西藏事务的决心。尽管美国在 1950 年、1951 年为促动达赖出逃做了大量的工作，但并没能阻止《十七条协议》的最后签订，这是美国不愿看到的。对此，美国媒体表达了西藏解放在政治上对美国的不利影响，同时也阐释了"失去西藏"使美国在经济上遭受损失，文章《担心美国将失去西藏的羊毛生意》说："中共占领世界屋脊西藏，恐怕美国将失去一个重要的羊毛来源地。"②

印度的西藏政策的调整是美国政府关注的热点问题，因为印度对华政策的取向直接影响到两大阵营的力量对比，更制约着美国的西藏行动——当时印度几乎是美国派员进入中国西藏的唯一陆路通道。在 1950 年 10 月至 1951 年初大约半年的时间里，《纽约时报》的相关报道近 10 篇，这在朝鲜战争正酣、整个国际社会聚焦于朝鲜半岛战事之时凸显了美国媒体对印度西藏政策的高度关注。1950年 10 月 25 日，美国出兵朝鲜半岛，但 27—29 日连续 3 天，《纽约

---

① Jay Walzs, "U. S. May Grant Tibet Recognition in View of Current Asian Situation," *The New York Times*, Oct 25, 1949, pg. 5.

② "Tibetan Wool Lost to U. S., Trade Fears," *The Washington Post*, Jun 20, 1951, pg. B7.

时报》都有文章关注印度对中国政府解放西藏的态度。29 日文章
《印度重新考虑其北平政策》说："印度驻北平大使潘尼嘉
（K. M. Panikkar）已得到确切消息，中共已向军队发出命令进入西
藏。""驻西藏首府的唯一外国代表、印度驻拉萨特使也通过电报
向新德里报告说，达赖喇嘛政府已接到北平的报告说中共军队正在
向西藏推进。""来自印度外交部的消息称，由于北平宣布进军西
藏，印度对中国的友好政策，包括支持中华人民共和国进入联合国
的政策将被重新考虑。""中国的行动无疑对我们是一个沉重的打
击，我们认为这样的行动破坏了我们支持中华人民共和国加入联合
国的努力。"① 由此我们可以看到，印度政府把支持中华人民共和
国恢复联合国合法席位当成干涉中国内政的一个筹码。11 月 3 日，
《纽约时报》发布了中印之间关于"西藏问题"的往复文本（Text
of Indian and Red China Notes on Tibet Invasion），刊登了 10 月 26、
30、31 日中印双方就中国人民解放军进军西藏表明态度的照会文
件。26 日的印度照会说："我们遗憾地看到北平的报纸报道说解放
军已受命进军西藏。"30 日，中国方面做出正式回应："中华人民
共和国中央政府郑重发表声明：西藏是中国领土不可分割的一部
分。西藏问题完全是中国的内政问题，中国人民解放军必须进入西
藏，解放西藏人民，保卫中国边境安全。这是中央人民政府的坚定
立场。中央人民政府已反复强调希望通过和平谈判解决西藏问题。
我们欢迎西藏地方当局代表尽快到北平来进行和平谈判。"31 日，
印度再一次严词回复中方："印度的基本政策是促进印中之间的友
谊。两国都认同对方的主权、领土完整和相互间的利益。最近西藏
的事态发展已经严重影响了这种友好关系及整个世界的和平利益。"
"总而言之，印度政府只是要表达其真挚的期望，希望中国政府能
够采取和平方式而不是武力和胁迫的方式解决西藏问题。"② 11 月

① Robert Trumbull, "India Reconsiders Her Peiping Policy," *The New York Times*, Oct 29, 1950, pg. 8.

② "Text of Indian and Red China Notes on Tibet Invasion," *The New York Times*, Nov 3, 1950, pg. 6.

5 日，《纽约时报》发表评论文章指出："中共对西藏的突然入侵打破了印度的幻想。""蜜月已经结束。""除了向北平施加外交压力，尼赫鲁无能为力。很显然他无意派军队去帮助这个佛教小国，而西藏自己的军队装备落后。"[①] 1951 年 9 月 25 日，《华盛顿邮报》文章《印度对中共在西藏的行动变得警觉了》报道："尼赫鲁总理让西方的外交官们吃惊，他在本月不同场合的谈话中都提到，中共出现在印度边境将促使他对国家防御计划进行重大调整。"[②] 这应该是美国所希望看到的。

　　苏联政府对中国解放西藏的态度也是美国政府和民众非常关注的，自然也成为美国主流媒体追逐的重要话题。1949 年 12 月 2 日，《纽约时报》发表文章说，"《新时代》杂志今天指责美英联合进行肮脏的冒险，企图将西藏从中国分离出来，将之建成一个反对新中国的殖民地与军事基地"。[③] 托马斯这位自称是当时美国最著名的新闻评论员，在 1949 年中华人民共和国成立前夕，以私人名义到西藏探险，实际上是在特殊历史时期作为政府特使帮助美国高层与西藏分裂势力建立联系。1950 年 1 月 24 日文章《看到苏联促动毛向西南进军》报道说，"斯大林赞同毛、周政权的想法：中共军队要尽早入藏，将不同英、印及相关利益方公开讨论西藏独立事宜。"[④] 1950 年 11 月 22 日的文章《苏联绘制对印度构成潜在威胁的西藏空军基地地图》说："有情报显示，苏联勘察队已在藏西选中了空军基地的位置，这是莫斯科扩展其控制区域庞大计划的一部

---

① Robert Trumbull, "Nehru Now Sees China in a Different Light," *The New York Times*, Nov 5, 1950, pg. 147.

② Marguerite Higgins, "India Becomes Wary of Moves in Tibet," *The Washington Post*, Sep 25, 1951, pg. 13.

③ "Soviet Sees a Plot in Thomas Tibet Trip," *The New York Times*, Dec 2, 1949, pg. 16. 实际情况是，托马斯西藏之行远不止于一个探险家的世界屋脊之旅那么简单，托马斯回到美国后在纽约机场发表演讲公开支持西藏独立，之后又拜会总统及政府其他要员支持西藏独立。达赖 1959 年外逃时美国政府又通过托马斯组织建立的所谓西藏难民救助委员会对达赖集团予以经济与政治支持。

④ C. L. Sulzberger, "Soviet Seen Prodding Mao to Turn Army Southward," *The New York Times*, Jan 24, 1950, pg. 12.

分，其最终目标是经由印度、巴基斯坦进入孟加拉湾和阿拉伯海。"
"由此，苏联的影响范围将扩展至孟加拉湾、阿拉伯海和印度洋。"
"苏联探险队发现了至少一种重要的放射性矿物质。他们使用先进
的科技设备记录了这里的矿藏、广阔的农用地以及水力资源。"
"苏联科学家和技师装扮成蒙古人的模样在西藏从事地质勘查活动，
有藏人无线电操作员和共产党向导随行。"① 11 月 23 日文章《通往
印度北部的红色之路已经铺就》称："有情报显示，藏西的军事基
地已经选定，苏联对印度及邻国的冷战即将开始。""冷战的最终
目的是使印度及其邻国全面服从苏联的政策。"② 11 月 25 日文章
《西藏的间谍》称："关于苏联在西藏间谍活动的报道显示，西藏
已成为俄、中共产主义向印度扩张的可能踏脚石。""西藏丰富的
矿产资源表明其具有多数人未曾料想到的价值。""如果这些情报
属实的话，印度将成为未来的受害者。"③《十七条协议》签订后，
5 月 31 日，《芝加哥论坛报》发表文章《莫斯科说英国人占领了西
藏土地》称："莫斯科的媒体对所谓的西藏和平解放作了大量的
报道。"④

　　从这些报道中我们可以看到，美国方面非常关注苏联在西藏解
放中的立场，更担心苏联在中国及其周边扩大势力范围和影响，从
而威胁美国在全球的战略优势，因而可以理解，为何有美国学者评
论说冷战时期美国的西藏政策并非是对西藏本身的关怀，而是其冷
战政策的一部分。美国著名"西藏问题"研究专家克瑙斯的观点
"西藏是美国需要时敲打中国的一根鞭子"，即反映了美国插手中
国西藏事务的本质所在。

────────────────

　　① Robert Trumbull, "Soviet Maps Tibet Air Bases in Potential Threat to India," *The New York Times*, Nov 22, 1950, pg. 1.

　　② Robert Trumbull, "Red Road to India on North Outlined," *The New York Times*, Nov 23, 1950, pg. 6.

　　③ "Cloak and Dagger in Tibet," *The New York Times*, Nov 25, 1950, pg. 10.

　　④ "Moscow Told Britain Seized Land of Tibet," *Chicago Tribune*, May 31, 1951, pg. 5.

三　西藏分裂势力的活动

中华人民共和国成立前夕，美国国务院已对西藏政策进行了充分讨论，其基本立场已经确定，即从冷战的国际背景出发，支持西藏分裂势力的独立活动。① 因此，这一时期美国媒体关于"西藏问题"报道的基调就是支持西藏独立，反对中国中央政府和平解放西藏，为中国中央政府通过和平谈判解放西藏设置障碍。这从《纽约时报》等美国传统主流媒体对西藏谈判代表的行动、达赖喇嘛的政治动向等报道中可见一斑。

1950 年 6 月 15 日，《纽约时报》发表文章说："来自印度新德里的消息称，拉萨政府任命的谈判代表计划在香港就与中国的边境问题与中共谈判，但目前由于签证问题滞留于印度。他们中的 3 位表示，一旦与中共代表会面，即无条件表明其独立立场。""负责阻止 7 位藏人代表去香港的英国官员担心藏人与中共谈判的最终结果是将西藏拱手交给中共。""因此，由印度官员签发给藏人的进入香港的签证在英国驻新德里高级专员公署的干预下被吊销了。"② 由此可见，中华人民共和国中央政府力图通过和平方式解放西藏所面临的国际环境相当复杂。

关于达赖上层集团的政治动向是这一时期美国媒体报道的重点。1950 年 11 月 6 日，《纽约时报》发表文章《达赖喇嘛留在西藏首府，拉萨阻止代表团进京》说："西藏世俗与精神领袖达赖喇嘛仍然留在首府拉萨，等待其阁员作出决定——外逃？还是留下来抵抗中共军队的入侵。""来自印度外交官辛哈（Dr. S. Sinha）的消息称，拉萨政府已经撤销了其派出 7 人代表团去北平与中共进行谈判的命令。这个代表团由西藏内阁中最有实权的人物——财长夏格巴率领，目前滞留于印度边境城镇噶伦堡，已得到全权授权确定与

① "Cloak and Dagger in Tibet," *The New York Times*, Nov 25, 1950, pg. 10.

② Robert Trumbull, "Tibet Delegates Vow Independence," *The New York Times*, Jun 15, 1950, pg. 18.

中共的关系。""在噶伦堡有传言说，西藏内阁中的左翼反对派控制了形势，他们主张进行改革，削减寺院的权力。"①《纽约时报》11月14日文章《有报道说西藏请求中共停战》称："有报道说西藏代表大会已作出决定，将派出由官员、僧侣、住持组成的和平代表团与向拉萨进军的中共军队接触，谈判停战。""据悉，拉萨的权力并非如先前报道的那样转至左翼手中。16岁的十四世达赖喇嘛仍住在布达拉宫。70岁的摄政达扎仁波切和索康等两位大臣掌控着军队，由此看来共党分子要推翻他们还是很困难的。"②

对达赖本人政治活动的报道甚为详细。《纽约时报》11月17日文章《达赖喇嘛亲政》报道了"面临西藏解放的大势及西藏内部政治斗争的危局，达赖喇嘛提前1年半亲政"的消息，同时也阐释了西藏政府内部复杂而残酷的斗争："达扎通过政变掌握摄政权，由此树敌。前摄政热振退位至一所寺院修行两年。""当热振准备再回来的时候，达扎拒绝交出临时权力，不久热振被宣布死亡。"③12月26日文章《有报道说达赖喇嘛逃离西藏》称："来自新德里的消息说，面对中共对拉萨新的威胁，达赖喇嘛终于离开了他栖居的喜马拉雅王国，到印度寻求避难。""这位16岁的活佛在600名士兵的保护下穿越世界屋脊。"④12月30日的文章阐释了达赖喇嘛未来的政治意向："西藏世俗与精神领袖达赖喇嘛一周前离开了受到共产党威胁的首府，计划在亚东建立新政权。""在亚东如果遇到威胁，达赖喇嘛可以穿越14000英尺的乃堆拉山口进入锡金，只需1天的时间就能到达安全地带。"⑤

1951年1月14日，《纽约时报》发表文章《达赖寻求与中共

---

① Robert Trumbull, "Dalai Lama Stays in Tibet Capital; Lhasa Stops Delegation to Peiping," *The New York Times*, Nov 6, 1950, pg. 1.

② Robert Trumbull, "Armistice Appeal by Tibet to Red China is Reported," *The New York Times*, Nov 14, 1950, pg. 1.

③ "Dalai Lama Takes Full Power Today," *The New York Times*, Nov 17, 1950, pg. 6.

④ "Dalai Lama Flees Tibet, Report Says," *The New York Times*, Dec 26, 1950, pg. 1.

⑤ "DaLai Lama Reported Planning to Set up New Tibetan Capital Close to the Border," *The New York Times*, Dec 30, 1950, pg. 2.

签约》，比较详细地介绍了西藏当时的政治与军事形势。文章说：
"西藏年轻的达赖喇嘛和他的顾问现在亚东，留下了临时政府与中
共进行谈判。如果入侵者提出的条件合理，他就返回拉萨。""如
果共产党提出的条件太苛刻，这位年轻的神王就会去印度的保护国
锡金，并经由那里最终去印度避难。""据说，在昌都的 3 位西藏高
级官员被捕后，他们给噶厦送来一封信，达赖的顾问于是突然做出
了让达赖离开拉萨的决定。"① 1951 年 1 月 21 日，《芝加哥论坛报》
发表文章《达赖喇嘛悲伤逃亡》，报道了解放军入藏前达赖自西藏
首府拉萨逃至中印边境的情况。文章说，1 月 2 日，达赖喇嘛在他
的助理及两位欧洲技师②的陪同下，到达中印边境地带的一个安全
之地——亚东。这是一座南部山城，距离拉萨 180 英里。达赖带出
70 吨财宝，而这只是过去 500 年时间里布达拉宫积累下来的巨额
财富的一小部分。③

　　《十七条协议》签订后达赖回到拉萨，《华盛顿邮报》对此也
作了报道。1951 年 8 月 20 日文章《西藏欢迎达赖喇嘛回到拉萨》
说："穿着彩色服装的藏人唱着圣歌欢迎达赖回到首府拉萨。达赖
喇嘛已离开拉萨 8 个月，住在边境城镇亚东。"④

　　在达赖喇嘛早期的政治生涯中，他的两位受美国影响至深的哥
哥扮演了非常重要的角色。大哥当采仁波切早年得到美国自由亚洲
基金资助，以治病为名先期到达美国，成为美国方面获取西藏情报
并影响达赖政治走向的重要中间人。因此美国媒体对达赖大哥的行
动一直非常关注，直至其 2008 年在美国去世。《纽约时报》1951
年 2 月 25 日文章《达赖的哥哥在亚东》报道："来自西藏的临时首
府亚东的报告说，达赖的大哥当采仁波切已到达亚东，他自中共控
制区而来，参加有关西藏未来的紧急会议，报告说会议将讨论有关

①　"DaLai Lama Seeks Red China's Terms," *The New York Times*, Jan 14, 1951, pg. 1.
②　应该是当时为美国中情局工作的奥地利登山家海因里希·哈里尔和彼得·奥夫
施奈特。
③　"Tibetan Lama's Sad Flight to Exile Revealed," *Chicago Tribune*, Jan 21, 1951, pg. 6.
④　"Tibet Greets Lama," *The Washington Post*, Aug 20, 1951, pg. 2.

与中共谈判的事宜。"① 8 月 2 日文章《达赖的哥哥说他不喜欢中共》称:"来自华盛顿的报道说,达赖 28 岁的大哥当采正在附近弗吉尼亚的一处避难地休养。""他不喜欢中共。""当采三周前经由印度、伦敦到达美国,从那时起他就在华盛顿的乔治敦大学接受医疗检查,按照医生的要求静养。""当采是在印度作出到美国治病和学习的决定的,他这样做并没有征求达赖及其顾问们的意见。""迄今为止,当采的一切费用都由自由亚洲基金承担。"② 实际情况是,1951 年达赖的私人代表夏格巴与美国代表谈判达赖出逃国外事宜时,就曾正式提出:"当采和他的仆人能以非官方身份去美国吗?"美国方面的回复是:"如果当采不能留在印度,美国愿意当采和他的仆人访问美国。"③ 因此可以说,达赖的大哥 1951 年前往美国是美国方面与达赖协商的结果。

四 和平解放西藏的《十七条协议》

1950 年,中国人民解放军在解放西南地区之后,开始准备解放西藏。1951 年 2 月,西藏地方政府派出噶伦阿沛·阿旺晋美为首席代表的西藏地方全权代表团进京谈判。中央人民政府首席代表为李维汉,谈判自 4 月 29 日开始,至 5 月 21 日结束,并于 5 月 23 日签署《中央人民政府和西藏地方政府关于和平解放西藏办法的协议》,也称《十七条协议》。《十七条协议》的签订是中国人民和平统一祖国大业历史中的重大事件,但美国传统主流媒体对此的报道却相当有限。《纽约时报》1951 年 5 月 28 日发表两篇文章,分别

---

① "DaLai Lama's Brother at Yatung," *The New York Times*, Feb 25, 1951, pg. 17.

② "DaLai Lama's Brother Expresses His Dislike of Chinese Communists," *The New York Times*, Aug 2, 1951, pg. 4.

③ "The Charge in India (Steere) to the Secretary of State," New Delhi, May 29, 1951, *FRUS*, 1951, Vol. 7, Washington D. C. : GPO, pp. 1687 – 1691.

是《拉萨接受了十七条协议规定的北平宗主权》①《铁幕在西藏落下》②；《华盛顿邮报》有1篇文章——《中国方面报道，一项全面协议将西藏统治权转交中共》③；《芝加哥论坛报》有1篇文章——《中共解放西藏，赢得了进入印度的要隘》④；《洛杉矶时报》没有关于《十七条协议》签订的文章。

《纽约时报》长篇文章《拉萨接受了十七条协议规定的北平宗主权》报道："中共今晚宣布他们已通过政治方式和平解放西藏。中华人民共和国的五星红旗插到了可以俯视印、巴的世界屋脊。""根据北平广播的报道，西藏当局最后同意结束抵抗，将政教合一的西藏国合并到中共的构架中。""西藏有300多万人口，5月23日在北平签署的十七条协议使其处于中共的控制之下。""虽然（协议）保证藏人有在中央政府领导下自治的权利，拉萨政权依据协议要接受如下条款的约束：

（1）与中共政权团结一致消除帝国主义影响；

（2）允许人民解放军进入西藏加强国防；

（3）将外交权交予中央政府；

（4）重组西藏军队，使其并入人民解放军；

（5）允许中央政府在西藏建立军事指挥部及政治军事事务委员会执行协议。"

"另外，北京政权承诺保留西藏的政治制度，保持年轻的达赖喇嘛的地位，保护宗教自由，不改变寺庙的收入，实施发展计划，由地方政府，而非中央政府实行改革。协议还进一步对原有官员承诺，假如他们断绝与亲帝、亲国民党分子的关系，制止他们的阴谋及反革命活动就可以留任。""与此同时，协议还呼吁居住在西北

---

① Henry R. Lieberman, "Lhasa Accepts the Suzerainty of Peiping in a 17 – Point Pact," *The New York Times*, May 28, 1951, pg. 1.

② "The Curtain Falls in Tibet," *The New York Times*, May 28, 1951, pg. 18.

③ "China Reports Sweeping Pact Giving Reds Control of Tibet," *The Washington Post*, May 28, 1951, pg. 1.

④ "Reds 'Liberate' Tibet and Gain India Gateway," *Chicago Tribune*, May 28, 1951, pg. 11.

地区塔尔寺、得到汉人保护的班禅喇嘛回到西藏。由于喇嘛之间的派别之争,自 19 世纪早期以来,班禅转世的形式在西藏就处于空白状态。现任班禅是一个 14 岁的男孩,他从未去过西藏。""通常,达赖喇嘛被看作西藏的世俗领袖,班禅是西藏的精神领袖。但由于喇嘛派别之间的斗争,这种理论上的界限已经不甚清晰。前任班禅1937 年死于中国。由于扎什伦布寺房产的世俗控制权之争以及对拉萨的供施问题,他于 1923 年离开西藏。"这篇报道基本上是对《十七条协议》及西藏政治形势的客观介绍。① 同日的另外一篇评论文章开宗明义地说道:"共产主义又占据了一座堡垒,共产党的扩张主义又填补了一处真空。""现在苏俄和中国都可以利用西藏作为侦察、颠覆印度、克什米尔和尼泊尔的基地了。""很简单的事实是,共产主义浪潮最终横扫印度,至少已经成为一个会产生重大影响的心理暗示。""另外一个缓冲国已经消失。当人们想起伊朗时——历史上它是印度和西方的一个缓冲国——人们有理由为在西藏所发生的事情而焦虑。"②

《华盛顿邮报》发布了来自东京的消息《中国方面报道,一项全面协议将西藏统治权转交中共》。文章说:"中共宣布签署了一项解放西藏的全面协议,如果有效的话,对印度就是一个军事遏制。""5 月 23 日签订的这个协议,使西藏成为中共的一个军事区。中共军队将驻守在这个世界屋脊之地,去年秋季中共入侵时西藏面积相当于法、德两国的面积。""西藏部队将编入中共军队,中国中央政府将接管西藏的外交与贸易。根据这一条约,西藏将消除帝国主义的影响,回归至中国。""条约规定将保持达赖喇嘛及其僧人的地位与权力。""但条约也确立了班禅喇嘛的地位。"③《芝加哥论坛报》的消息来源与《华盛顿邮报》相同,报道内容与《华盛

---

① Henry R. Lieberman, "Lhasa Accepts the Suzerainty of Peiping in a 17 – Point Pact," *The New York Times*, May 28, 1951, pg. 1.

② "The Curtain Falls in Tibet," *The New York Times*, May 28, 1951, pg. 18.

③ "China Reports Sweeping Pact Giving Reds Control of Tibet," *The Washington Post*, May 28, 1951, pg. 1.

顿邮报》也基本一致。这4篇文章中没有1篇全文刊登《十七条协议》的详细内容，全部是对协议的解读，而这种解读的基本观点则是：中国和平解放西藏将对印度构成威胁。很明显，美国媒体，实际上也是美国政府，不愿看到中国中央政府通过和平谈判解放西藏，实现和平统一。

五 联合国插手"西藏问题"

将"西藏问题"国际化是现今达赖集团扩大其政治影响力的一个重要手段，但其早期的谋划则来自于协助达赖出逃的美国及其他西方势力。1950年11月11日，《纽约时报》文章《西藏吁请联合国调停纷争》报道："据来自印度新德里的消息，印度外交部称，西藏政府已经直接向联合国呼吁，要求和平解决西藏与中国的关系问题。""拉萨政府指责北京政权无端入侵其和平领土。"[1] 11月16日，《纽约时报》报道了萨尔瓦多代表在联合国就"西藏问题"采取的行动，说："今天萨尔瓦多就中共入侵西藏一事要求联合国立即进行讨论，这让联合国的代表和官员们非常惊讶。""代表们对萨尔瓦多的行动反应冷淡。有外交官预言，联合国官员可能会劝说萨尔瓦多代表卡斯特罗撤回请求。""西藏政府已经请求联合国就其与中共之间的矛盾进行斡旋，但是这个请求应该由联合国60位成员中的一个提出，而西藏并不是联合国成员。""根据成功湖外交官的说法，鉴于远东地区严峻的形势，联大并不愿意接手西藏问题，由于中国宣称西藏属其所有，一些代表认为与中国就此接洽不会有实质结果。""还有一种倾向认为，应该由印度提出西藏问题，印度政府官员尽管也谴责了中共的西藏行动，但表示他们无意将这一问题提交联合国。""另外一个复杂的因素是，西藏并不是一个完全独立的国家，印度和其他国家都承认中国在西藏的利益。""联合国只处理主权国家之间的问题，印度曾在1948年利用联合国

---

[1] "Tibet Calls on U. N. to Mediate Strife," *The New York Times*, Nov 11, 1950, pg. 1.

的这个原则，在处理海德拉巴问题上坚持这是内政。"①

从这些报道中我们可以看到，美国将"西藏问题"国际化既缺少历史与法理方面的依据，也无法得到世界上大多数国家的支持。但面对多数国家的冷淡反应，萨尔瓦多仍然拒绝撤回要求联大讨论所谓入侵西藏的诉求。《纽约时报》对此报道说："萨尔瓦多代表卡斯特罗表示他将继续推进这一工作后，联大的官员表示，将由联大14个成员组成的指导委员会在下周作出是否建议讨论的决定，相信会有很多意见反对联大就此进行讨论。"② 由于多种原因，联合国最终没能对所谓的西藏问题进行讨论。11月25日，《纽约时报》文章《联合国搁置了西藏问题的讨论》称："根据11月24日来自成功湖的消息，当联合国代表得知印度确信中共与印度政府将达成和平协议的时候，联合国无限期搁置了对西藏问题的讨论。"③ 由此，美国政府利用中美洲小国萨尔瓦多将"西藏问题"提交联大、力图通过联合国之手向中国政府施压的努力宣告失败。

六 西方大国政治视角中的"缓冲国"

1950—1951年美国传统主流媒体对中国西藏的报道，反映了国际政治进入冷战时期美国西藏政策的历史性变化：将西藏置于东西方对峙的大环境中加以考量，极力采取秘密行动阻止中国中央政府和平解放西藏，将中国中央政府和平解放西藏解读为"共产主义入侵西藏"，并宣称"美国国务院考虑承认西藏为自由、独立的国家"。但实际情况是，美国政府至今没有公开承认西藏的所谓流亡政府，历史上也没有任何一个国家正式承认西藏是一个主权国家，即便是有美国支持的中美洲小国萨尔瓦多在1950年力图将"西藏

① A. M. Rosenthal, "El Salvador Asks U. N. Tibet Debate," *The New York Times*, Nov 16, 1950, pg. 8.
② "El Salvador Refuses to Withdraw Demand for U. N. Assembly Debate on Tibet Invasion," *The New York Times*, Nov 17, 1950, pg. 6.
③ "U. N. Group Shelves Discussion of Tibet," *The New York Times*, Nov 25, 1950, pg. 3.

问题"提交联大进行讨论，也没能得到世界上多数国家的支持。

美国传统主流媒体报道内容的选择凸显了美国政府的政治取向。1951年和平解放西藏的《十七条协议》是西藏现代历史发展进程中一个伟大的里程碑，它标志着西藏人民永远回到了祖国的怀抱，实现了人民当家做主；它也是中华人民共和国中央人民政府和平解放西藏、西藏成为中国领土不可分割的一部分的重要法理依据。但这是美国政府不愿看到的，也是美国政府不愿承认的。因此，我们看到《纽约时报》众多篇关于中国西藏的报道中，关于西藏和平解放的《十七条协议》内容的文章只有1篇[①]，而大量的关于西藏的报道都集中于阐释美国政府的立场：诸如中国政府"入侵"西藏、中国军队进入西藏对印度边境安全构成威胁等。由此不难理解美国藏学专家谭·戈伦夫教授的遭遇，他虽然给《纽约时报》写了很多评论文章，但可能由于与编辑的立场相左，诸多稿件都石沉大海。[②]

冷战思维及西藏的地缘战略重要性是美国传统主流媒体关注西藏政治局势发展的重要考量因素。数十年来，西方大国俄、英、美等先后插手中国西藏事务，一个重要的缘由即西藏重要的地缘战略地位，西方国家甚至将西藏称作大国间的"缓冲国"（Buffer State）。中华人民共和国成立前后，美国媒体将苏联扩大在西藏的影响看成是社会主义阵营争夺势力范围的重要行动，并认为会由此产生重要影响。这些报道反映了美国西藏政策中的大国因素，西藏已成为东西方两大阵营对峙的重要考量点，因而，我们看到美国媒体将苏联的西藏政策解读为是其中亚扩张的重要体现。

同时，美国媒体的涉藏报道也反映了美国对印度政策的具体行动目的：拉拢印度使其摆向西方与美国合作。1947年印度独立后面对两极世界的基本战略格局，以尼赫鲁为首的印度国大党政府采

---

① "Lhasa Accepts the Suzerainty of Peiping in a 17 – Point Pact," *The New York Times*, May 28, 1951, pg. 1.

② Robert Trumbull, "Soviet Maps Tibet Air Bases in Potential Threat to India," *The New York Times*, Nov 22, 1950, pg. 1.

取了所谓的中立立场，在两个超级大国之间推行平衡外交。这在一定程度上制约了美国利用印度插手中国西藏事务并发挥其在西藏事务上的影响力。因此促使印度倒向西方，不仅在两大阵营的较量上有利于西方，更便于美国的西藏行动。对此，《纽约时报》1950 年12 月 10 日发表文章《印度迅速转向西方》评述说："中共军队入侵西藏和朝鲜导致印度对世界冲突形势重新清醒评估，其结果正如国会辩论及其他方面所表明的那样，印度急剧摆向西方民主阵营，与从前的冷漠态度形成了鲜明的对比。"① 印度的态度为日后差不多 20 年时间里美国中情局利用印度领土秘密插手中国西藏事务提供了便利。

　　由此我们可以看到，中华人民共和国在西藏和平解放前后所面临的国际形势极为复杂和艰巨，就是在这样恶劣的国际环境中，以毛泽东同志为代表的中国共产党人将马克思主义的普遍真理与中国革命具体实践相结合，运筹帷幄，总揽全局，从战略上对和平解放西藏给予高度重视，在行动上积极果断以军事实力作后盾展示中国共产党解决"西藏问题"的决心；同时积极争取广大爱国藏胞的支持，在舆论上坚决回击帝国主义的阴谋干涉，② 最终以和平方式解放西藏。实践证明，和平解放西藏符合包括藏族同胞在内的广大人民的利益，任何外国强权的干预与媒体鼓噪都无法阻止中华民族的统一进程。

① Robert Trumbull, "India Now Swings Sharply to West," *The New York Times*, Dec 10, 1950, pg. 1.
② 新华社：《〈争取持久和平、争取人民民主!〉，评和平解放西藏协议》，《人民日报》1951 年 6 月 15 日。

第六章　达赖叛逃前后美国传统主流媒体对中国西藏的报道

　　1959 年 3 月 10 日，西藏噶厦政府与达赖集团在美国等西方国家暗中支持下撕毁西藏和平解放协议，发动了以拉萨为中心的叛乱，是为拉萨叛乱。3 月 17 日当晚，噶伦索康、柳霞、夏苏和达赖的侍卫官帕拉等叛乱分子携达赖喇嘛及其家人，在数百藏兵的"护卫"下，从罗布林卡南侧的热玛岗渡口渡过拉萨河，向山南方向逃去。3 月 24 日，达赖一行到达山南，并在此接见了山南的叛乱武装分子，参观了美国空投的火炮等武器。26 日，达赖一行到达边境隆子宗，由索康代表达赖宣布"西藏独立"，成立"西藏临时政府"，定隆子宗为"临时首都"，任命原被撤职的两个司曹鲁康娃、洛桑扎西为司伦（摄政）。3 月 31 日，达赖一行越过非法的"麦克马洪线"进入印占区。4 月 18 日，达赖到达印度提斯普尔，并会见记者。印度外交部官员散发了由索康起草后译成英文的"达赖喇嘛声明"，鼓吹"西藏独立"。①

　　拉萨叛乱发生后，美国国家安全委员会展开讨论，通过了由中情局秘密支持拉萨叛乱的计划，美国方面还通过外交途径请印度接受达赖到印度避难。3 月 20 日，中国人民解放军西藏军区发出经过中央军委审定的平叛布告，并果断进行军事反击，经过三天两夜的战斗，拉萨的武装叛乱被平息。3 月 28 日，国务院发布命令，解散西藏地方政府，由西藏自治区筹备委员会行使西藏政府职权。继

---

　　① 《所谓"达赖喇嘛的声明"全文》，《人民日报》1959 年 4 月 1 日。

之，平叛部队挥师南下，封锁中印边境地区，"关门平叛"。至
1962 年 3 月，西藏全区平息叛乱的战斗胜利结束。拉萨叛乱及中
国人民解放军的平叛，使当时的中国西藏成了国际政治的焦点，这
期间，美国传统主流媒体密集对中国西藏进行了报道。认真分析这
一时期美国传统主流媒体对中国西藏的报道，不但可以再现这一时
期中美关系中"西藏问题"的历史发展脉络及达赖叛逃前后美国媒
体的具体反应，还可以通过这些报道与历史本身发展脉络的对比分
析，了解美国媒体对中国西藏报道的政治倾向性。

1959 年美国传统主流媒体《纽约时报》《华盛顿邮报》《洛杉
矶时报》《芝加哥论坛报》对中国西藏的报道主要集中在拉萨叛乱
上，包括对拉萨叛乱事件本身的报道、关于拉萨叛乱对中国邻国对
华关系影响的报道，以及对在美藏人的政治反应、拉萨叛乱后联合
国插手"西藏问题"的报道等。

一　1959 年拉萨叛乱

1959 年的拉萨叛乱自开始之日起就与印度、美国等外部影响
因素紧密联系在一起。几乎在整个 50 年代，美国中央情报局不断
地将其培训的藏人情报特工或空投、或通过陆路经由印度等国家潜
送回西藏，搜集情报，并与藏南分裂势力建立密切联系，为藏南叛
乱武装空投武器弹药等。1959 年 3 月 10 日拉萨发生叛乱，叛乱分
子也是利用印度驻拉萨领事馆向外部世界通报拉萨的形势。[①] 3 月
17 日，叛乱分子利用拉萨的印度领事馆与境外的分裂势力进行联
络。他们借用印度领事馆的发报机给当时在噶伦堡的夏格巴发电
报，通知他说西藏已经独立，请他通知印度政府和联合国派人来调
查。[②] 自 3 月 20 日始，也就是拉萨叛乱开始后的第 10 天，《华盛顿
邮报》率先发布了来自路透社的消息《旅行者报告说西藏发生叛

---

① 李江琳：《1959，拉萨——达赖喇嘛如何出走》，联经出版事业股份有限公司
2010 年版，第 166 页。

② 同上书，第 200 页。

乱》。文章说："根据今天由加尔各答发给印度报业托拉斯的消息，自西藏来到噶伦堡的商人和旅行者报告，3月19日西藏出现了公开的反对中共的示威游行。"① 自此，美国媒体一直密切关注拉萨叛乱的动态，在1959年差不多1年的时间里，《纽约时报》《华盛顿邮报》《芝加哥论坛报》《洛杉矶时报》对中国西藏的报道文章达400余篇。其中关于拉萨叛乱事件的报道近百篇。这些报道主要包括以下4个方面的内容。

1. 来自于印度关于拉萨叛乱的报道

3月21日，《纽约时报》《华盛顿邮报》《芝加哥论坛报》依据来自印度新德里的消息都发表了关于拉萨叛乱的文章。《纽约时报》21日文章《藏人在拉萨与汉人开战》说："印度外交部发言人肯定了这个报道，说实际上拉萨的所有人都加入了康巴人的反叛行列，这是与中共军队不对等的抗争。""叛乱的原因是，中共当局企图逮捕西藏精神领袖达赖喇嘛。外界不知达赖现在身在何处。""从西藏首府最后传来的消息称，汉人已经开枪，决心镇压叛乱。藏人也使用了武力。"②《华盛顿邮报》发表的文章《西藏反叛者在首府拉萨与中共军队战斗》说："在遥远的世界屋脊西藏的首府拉萨，几乎所有的人都参加了与中共统治者的战斗。报道说，数千没有武器的藏人包围了达赖的宫殿，当汉人试图对游行群众进行镇压时爆发了战斗。""战斗开始后，游行群众来到印度领事馆，请印度插手保护达赖喇嘛。""汉人本来希望能够争取达赖，如果不成功，就废黜他，以班禅喇嘛取而代之。"③《芝加哥论坛报》发表《中共与藏人在布达拉宫开战》。文章说："周五晚上还没有关于达赖喇嘛去向及有关其安全的消息。""有报道说，汉人想让达赖喇

---

① "Travelers Report Tibet 'Rebellion'," *The Washington Post*, Mar 20, 1959, pg. B3.

② Elie Abel, "Tibetans Battle Chinese in Lhasa," *The New York Times*, Mar 21, 1959, pg. 1.

③ "Tibet Rebels Battle Reds in Capital," Reuters, *The Washington Post*, Mar 21, 1959, pg. A1.

嘛去北京，但藏人说他完成学业后必须到全国各地的寺庙去巡游。"
"汉人担心他的巡游会增强藏人的反抗力量，而藏人则害怕达赖去
北京后不能再回到西藏。"① 自此，整个国际社会开始将目光转向
遥远的中国西藏，《纽约时报》《华盛顿邮报》等连续报道拉萨的
状况与政治走向。

3月22日，《纽约时报》在头版发表了长篇文章《西藏与外部
通讯中断，外界未知叛乱形势》。报道说："印度海外事务部的发
言人说，没有接到来自拉萨印度领事馆的有关群众起义的任何消
息。"3月23日《纽约时报》发表文章《西藏起义，担心统治者安
危》② 报道："中共很明显已下决心镇压西藏叛乱，官方由此为达
赖个人的安危而担忧。""西藏人民的精神领袖达赖喇嘛的去向仍
然是一个谜。""鉴于之前拉萨中国军区召见达赖而不允许其带护
卫的报道，印度人为达赖的安危特别焦虑。"3月24日，《纽约时
报》发布来自噶伦堡的消息《有报道说叛乱在蔓延》称："今天，
边境城市的藏人说，反汉的叛乱在西藏内部蔓延，但达赖喇嘛是安
全的。""来自噶伦堡的消息说，达赖既未被逮捕，亦未被剥夺精
神自由。""昨日有报道说，汉人将达赖拘禁到了有1000个房间的
布达拉宫，或者是把他抓起来带到了北平做人质。"③

2. 关于在美藏人及反共人士对拉萨叛乱反应的报道

3月25日，《纽约时报》发表文章《中共军队在西藏杀害很多
人》，这份来自西雅图的报道称：在美国的"达赖喇嘛的大哥土登
诺布（即当采——作者注）今天说，西藏有90%的藏人抵制共产
主义意识形态"。报道援引诺布的话说："汉人使用机枪杀害男人、
妇女和儿童。""寺庙被摧毁，僧侣遭到屠杀。""很多村庄和寺庙

---

① "Red Chinese Bosses and Tibetans Fight at Palace in Lhasa," *Chicago Tribune*, Mar
21, 1959, pg. 1.

② Elie Abel, "Fear for Ruler in Tibet Uprising," *The New York Times*, Mar 23, 1959,
pg. 2.

③ "Revolt Reported Spreading," *The New York Times*, Mar 24, 1959, pg. 14.

拒绝加入集体组织。""虽然无处可去，但汉人告诉他们必须搬走。""这些人中能骑马的就上了山，留下的老年人、妇女和孩子们遭到汉人的枪杀。"报道还说："诺布①时年38岁，是达赖喇嘛的四兄弟之一，达赖的另外两位兄弟在亚洲，一位在首府华盛顿。诺布先生在华盛顿大学召开新闻发布会向东亚所成员发布了这个消息。诺布正在纽约学习英语，他希望学成之后可以到大学做老师讲授西藏历史、风俗、文化和宗教。""他最后一次见到达赖喇嘛是在1956年，当时这位西藏精神与世俗领袖正在印度访问。"②

3月26日，《纽约时报》刊发了3篇有关西藏叛乱的文章，其中一篇是苏联流亡到美国的卡尔梅克佛教徒写给《纽约时报》编辑的公开信《中共在西藏的行为》；一篇是来自伦敦《泰晤士报》的文章《藏人宣布〈北京条约〉无效》；还有一篇是《纽约时报》自己的评论文章《西藏为超然于外部世界而抗争》。来自卡尔梅克佛教徒的公开信说："三月初，拉萨的群众听说西藏的精神与政治领袖达赖喇嘛受到威胁，可能会被共产党占领者逮捕。他们聚集到大街上进行抗议，中共向手无寸铁的群众开枪，结果抗议就演变成了反抗中共的公开战争。""中共对待藏人毫不留情，他们亵渎具有几个世纪历史的寺庙，要求废黜达赖喇嘛。我们这些卡尔梅克佛教徒，曾经生活在共产主义的恐怖下，牢记着苏联共产主义是如何对待宗教人士，特别是佛教徒的。卡尔梅克自治共和国的佛教徒全部被驱逐出境，所有佛教学校、寺庙及神学院都被拆除。"③ 之后的3月27日至6月初，几乎每天的《纽约时报》都有关于西藏局势的报道，这在东西方冷战的高潮时期凸显了美国对亚洲中国的密切关注。

①　达赖的大哥土登诺布是在中央情报局的支持下以治病为名于50年代初前往美国的，1954年达赖去印度访问时诺布自美国去到印度，极力劝说达赖出逃国外，在一段时间内他成为美国与身在西藏的达赖之间沟通的一个重要纽带，是达赖集团在海外宣传西藏独立思想的骨干。2008年9月因病于美国印第安纳州家中去世。

②　"Mass Deaths Laid to Reds in Tibet," *The New York Times*, Mar 25, 1959, pg. 8.

③　Dilowa Hutukhtanaron Anianov, "Chinese Red Acts in Tibet," *The New York Times*, Mar 26, 1959, pg. 30.

3. 关于达赖喇嘛出逃及西藏政府相关情况的报道

3 月 27 日至 4 月 5 日是关于拉萨叛乱的报道最为密集的时期。3 月 29 日这一天,《纽约时报》报道西藏的文章有 7 篇,刊发于头版的文章《中共终结达赖的统治,对手取代其位置》报道:"中国总理周恩来今天发布命令,解散了达赖喇嘛的地方政府。""中国总理宣布由 1956 年成立的西藏自治区筹委会行使西藏地方政府的权力,班禅喇嘛代替 23 岁的达赖喇嘛行使筹委会主任的职务。""广播说,达赖喇嘛被叛乱分子劫持,现已不知去向。"① 同日的第 3 版《中共关于西藏声明的全文》译发了中华人民共和国国务院总理周恩来发布的国务院令,决定解散西藏地方政府,由西藏自治区筹备委员会行使地方政府职权。

3 月 30 日,《纽约时报》发表评论性文章《征服西藏》,对拉萨叛乱做出了所谓的政治定性评论:"西藏抵抗运动对于亚洲人民来说是一个象征。西藏被称作亚洲的匈牙利意义重大,当周恩来再次高唱和平共处的时候,这一英雄壮举将永记于亚洲人民的心中。"② 4 月 3 日,《纽约时报》刊发文章《达赖喇嘛出逃》说:"首先宣布达赖喇嘛出逃、到印度寻求避难的是中共而非新德里,这可能具有某种象征意义。""很明显,这件事让印度难堪,使尼赫鲁处于一种困难而敏感的境地。""在印度,反共情绪日益高涨。""尼赫鲁否认西藏叛乱是在印度领土上策动的。""新德里已经明确表示可以接受达赖喇嘛的政治避难,但不准备打开大门大批接受西藏难民。""假如达赖喇嘛真的出逃到印度,这些问题都将锐化。达赖变成对抗共产主义的象征。尼赫鲁总理被迫对中共采取强硬立场。""达赖的出逃可能对西藏的叛乱与镇压形势无法产生太大的影响,但另一方面却可能迫使印度改变其政策。"③

---

① "Chinese Reds End Dalai Lama Rule, Rival Gets Post," *The New York Times*, Mar 29, 1959, pg. 1.

② "The Conquest of Tibet," *The New York Times*, Mar 30, 1959, pg. 30.

③ "The Dalai Lama's Escape," *The New York Times*, Apr 3, 1959, pg. 26.

　　《华盛顿邮报》在 3 月 29 日、30 日连续两天发表关于拉萨叛乱的文章 12 篇，这些文章的基本观点是：中国人引发了拉萨叛乱，美国对中国进行谴责。文章《美国谴责中国在西藏的野蛮行为》说："国务院昨天已表达了对西藏人民的深切同情。西藏正面临共产主义中国对她的野蛮干涉。""国务院说，北京共产党政府的目的是摧毁西藏人民的宗教与政治自治，使之最终转向共产党制度。""国务院说，这个目的因中共在西藏废黜达赖体制、实施军事管制而暴露无遗。""国务院补充说，这个行动公然违背了 1951 年 5 月北京给予西藏人民宗教与政治自治的神圣承诺。"① 4 月 4 日《华盛顿邮报》刊发文章《达赖喇嘛历时 15 日的跋涉内情披露》较为详细地描述了达赖出逃的细节。文章说："达赖的随行人员今天说，达赖喇嘛经过 15 天的危险之旅，穿越世界上最为危险的山地，安全抵达印度。""中国人的飞机在头上盘旋寻找达赖的队伍，显然他们主要是在晚上行进以躲避侦察。"② 文章同时附地图标示了达赖的出逃路线，并将西藏标示成一个独立国家。

　　《洛杉矶时报》3 月 22 日至 30 日刊载关于西藏的报道 11 篇，其中大部分是关于拉萨叛乱的，分别是《西藏反共起义在蔓延》③《尼赫鲁说西藏的战争正在平息》④《印度听说西藏到处都在反抗》⑤《据说起义武装切断了中共后勤补给线》⑥《赫脱揭露中国对西藏的压迫》⑦《奇怪——美国可以无视西藏发生的事情》⑧《报道

　　① "U. S. Condemns China For 'Barbarism' in Tibet", *The Washington Post*, Mar 29, 1959, pg. A6.

　　② Watson Sims, "Dalai Lama's 15 – Day Trek Is Revealed," *The Washington Post*, Apr 4, 1959, pg. A1.

　　③ "Tibet Revolt Against Reds Spreading," *Los Angeles Times*, Mar 22, 1959, pg. 1.

　　④ P. K. Padmanabhan, "War in Tibet Easing Off, Says Nehru," *Los Angeles Times*, Mar 24, 1959, pg. 1.

　　⑤ "Revolt Grips All Tibet, India Hears," *Los Angeles Times*, Mar 25, 1959, pg. 1.

　　⑥ "Cutting of Red Tibet Lines Told," *Los Angeles Times*, Mar 27, 1959, pg. 2.

　　⑦ "Herter Scores China for Tibet Suppression," *Los Angeles Times*, Mar 27, 1959, pg. 4.

　　⑧ Polyzoides, "Strangely—U. S. Can Stay Out of Tibet," *Los Angeles Times*, Mar 27, 1959, pg. 18.

说在中共军队的进攻中达赖喇嘛未受到伤害》①《中共镇压了西藏
叛乱》② 等。其中《赫脱揭露中国对西藏的压迫》说："3 月 26
日，赫脱就西藏起义发布了第一份美国声明：'我对来自于西藏的
报告深感震惊。中共对西藏人民争取自由的行动予以残酷镇压，意
欲摧毁其人民的宗教与文化。'""赫脱说，中共 8 年前承诺尊重西
藏人民的宗教与文化传统。但是，现在很明显，中共已撕毁协议，
这是其帝国残酷扼杀人的个性及人的价值的本性使然。""赫脱说，
中共再一次向我们昭示了他的虚伪性：他们不断指责其他国家的侵
略与干预，但当他们掌控下的一个民族寻求自由时，他们的回答则
是残酷的镇压。""我们对西藏人民的苦难深表悲伤，他们的行动
让我们看到了令人振奋的人类不屈不挠的精神。"③ 可以看到，美
国副国务卿在公开的讲话中，在描述中国新生政权时，使用的词语
非常极端。由此不难理解为什么美国民众会对中国政府的西藏政策
至今还存有让中国人难以理解的深度偏见。

6 月 6 日，《纽约时报》发表文章《中共在西藏搞种族清洗》
说："以印度杰出法学家为主席的国际法学家委员会很难说是一个
宣传机构，它的发现应该是准确的、公平的。经过为时两个月对中
共在西藏行为的彻底调查，它已经为联合国准备了一份报告，并向
世界各地的法学家发出了呼吁。""它发现，北京政权执行的是系
统性的政策，包括通过对群体成员的屠杀及对其实体与精神的伤
害，来摧毁西藏作为国家、种族及宗教的存在。""这个委员会估
计（中共在西藏）屠杀人数已达到 65000 人。""完成这个起诉书
后，委员会请求联合国采取适当行动，并请世界各地的法学家们帮
助西藏人民为自由和公正而进行抗争。"④

---

① "Lama Reported Safe in Chinese Red Attack," *Los Angeles Times*, Mar 28, 1959,
pg. 4.

② "Red China Crackdown on Tibet Affairs Seen," *Los Angeles Times*, Mar 30, 1959,
pg. 12.

③ "Herter Scores China for Tibet Suppression," *Los Angeles Times*, Mar 27, 1959, pg. 4.

④ "Genocide is Laid to Reds in Tibet," *The New York Times*, Jun 6, 1959, pg. 4.

4. 关于叛乱分子负隅顽抗及出逃的报道

在所有这些报纸中，《纽约时报》对拉萨叛乱的跟踪报道最为全面和详细。5 月 2 日，《纽约时报》发表文章《据说有 7000 人逃离西藏》说："今天有正式的消息说，自西藏出逃的反共难民现在已经达到了 7000 人。""没有办法计算出还有多少人在出逃的路上，并且能够成功穿越边境。印度政府正在努力有序安排这些逃难者，给他们提供临时住房。""来自西藏首府，也是叛乱中心拉萨的报告说，那里的秩序正在慢慢恢复，相信中共的军队正在向南部的印度边境推移，以阻止后续的西藏难民越境。"①

8 月 17 日，《纽约时报》发表文章《有报道说西藏发生冲突》说："据来自新德里的报道，今天传来的消息，康巴叛乱战士在西藏的一场冲突中杀死了 4 名中共士兵。""报告说，迄今，东藏的康巴人依然很活跃，他们扩大并加强了其活动。"② 8 月 25 日，《纽约时报》文章《有报道说西藏有 8 万人死亡》报道："达赖喇嘛估计，西藏有 8 万人在反抗中共、为自由而进行的斗争中失去生命。""他说他相信中共已经逮捕了班禅喇嘛。3 月叛乱后达赖出逃，班禅被中共冠名为西藏的统治者。""达赖说，毕竟，班禅喇嘛是一个对自己的国家、人民和宗教富有同情心的人。他的父亲就是一个具有坚强意志、忠于西藏人民和宗教的人。中国人一定是对他使用了酷刑，这会影响班禅喇嘛的感情。""但目前印度报纸还没有报道确证班禅领导了一场新的反共起义。"③

9 月 24 日《纽约时报》的文章《流亡藏人报告说新的起义风起云涌》称："据来自印度大吉岭的报道，今天有来自藏人的消息称，在一起新的起义浪潮中，有 5 万人的游击队在与中共作战。这个消息来源于流亡的达赖的支持者，还没有得到其他方面的印证。

---

① "7, 000 Said to Flee Tibet," *The New York Times*, May 2, 1959, pg. 4.

② "Tibet Clash Reported," *The New York Times*, Aug 17, 1959, pg. 4.

③ "80, 000 Death Toll in Tibet Reported," *The New York Times*, Aug 25, 1959, pg. 1.

达赖喇嘛已经请求联合国提供帮助，他指责中共要消灭他的
人民。"①

二　拉萨叛乱背后的国际影响因素

我们知道，1959年拉萨叛乱及达赖外逃是西藏分裂势力推动
与国外势力插手等多种因素共同作用的结果，对此，媒体也有相关
报道，虽然一些报道否定有外力影响，但也从另一个侧面反映了外
部势力影响所引起的国际关注。

3月30日，《华盛顿邮报》发表文章《中国西藏叛乱有外力介
入》说："中国政府发表公开声明，指责国民党向西藏境内的反共
武装空投装备。""一段时间以来，国民党的飞行员一直在向西藏
叛乱分子空投资料。"② 同一天《华盛顿邮报》还有一篇文章《北
京说印度援助西藏（叛乱者）》说："中共发表公报指责印度噶伦
堡是策动西藏叛乱的指挥中心。"③《洛杉矶时报》4月1日也发表
文章《中国对印度插手西藏事务发出警告》说，"今天中共对外国
插手西藏事务发出了警告"，"这个警告直指印度"。"达赖喇嘛已
接近印度边境，很有可能去印度避难。""北京的官方报纸《人民
日报》针对尼赫鲁的声明发出严正警告说：请管好自己的事。这个
警告由北京的广播对外发布。"④

对于外界有关印度插手"西藏问题"的说法，印度总理尼赫鲁
作出了回应。《纽约时报》4月4日发表文章《进入西藏的门户，
阴谋的中心》，副标题是"噶伦堡——山地贸易的中心，跃动着间
谍与反间谍的戏剧"，该文说："噶伦堡是喜马拉雅山脚下一个隐

---

① "Tibet Exiles Report New Rebel Upsurge," *The New York Times*, Sep 24, 1959, pg. 3.

② "Tibet Seen Step In China Revolt," *The Washington Post*, Mar 30, 1959, pg. A6. 现
有资料显示，这一时期美国中央情报局在不断地向西藏境内的武装叛乱力量空投武器弹
药。

③ Watson Sims, "Peking Says India Aids Tibet," *The Washington Post*, Mar 30, 1959,
pg. A1.

④ "China Warns India on Interference in Tibet," *Los Angeles Times*, Apr 1, 1959, pg. 29.

蔽的地方。与维也纳不同，不太像一个间谍与反间谍竞技的场所，尼赫鲁总理昨天在新德里承认，噶伦堡是神秘小说作家的富矿。""尼赫鲁说，各色人种以不同的面目来到噶伦堡，有的人身份是技师，有的是地理学家，有的是鸟类观察者，也有记者。还有一些人是慕自然景色而来。""但他特别强调了噶伦堡并非西藏叛乱的指挥中心。"① 4月5日，《华盛顿邮报》发表文章《对西藏特务"巢穴"的指控缺乏技巧》，指责中国政府说："中共可能是看了太多的希区柯克的间谍电影，竟然指控喜马拉雅山脚下的噶伦堡为西藏叛乱的指挥中心。"②

尽管印度极力否认它插手中国西藏事务，但从这些报道中我们还是可以清楚地看到印度、美国针对拉萨叛乱采取的某些行动。如《华盛顿邮报》文章《印度保护逃亡的达赖喇嘛，担心密码遭中共破坏》③，就报道了达赖进入印度后印度官方对达赖采取保护措施，以及尼赫鲁从新德里派出了一组政治顾问去边境迎接达赖等事实。《纽约时报》文章《中情局局长向总统作简要汇报》④，《华盛顿邮报》文章《中情局局长向艾森豪威尔总统报告西藏形势，总统周一回到这里》⑤《报道说达赖喇嘛收到了艾森豪威尔总统的信》⑥《白宫否认总统给达赖写信》⑦ 等，表明美国总统与情报部门都不同程度地卷入了拉萨叛乱。4月6日，《纽约时报》发表文章《特务策动西藏叛乱》，报道了苏联主流报纸对拉萨叛乱的基本判断："是

---

① Elie Abel, "Gateway to Tibet, A Hub on Intrigue," *The New York Times*, Apr 4, 1959, pg. 2.

② "Tibet 'Spy Nest' Lacks Hitchcock," *The Washington Post*, Apr 5, 1959, pg. E3.

③ Delia and Ferdinand Kuhn, "India Shields Fugitive Dalai Lama, Secret Code Feared Cracked by Reds," *The Washington Post*, Apr 5, 1959, pg. E3.

④ Felix Belair JR, "Director of C. I. A Briefs President," *The New York Times*, Apr 12, 1959, pg. 79.

⑤ Merriman Smith, "C. I. A Head Stops off to Brief Ike, President Returning Here Monday," *The Washington Post*, Apr 12, 1959, pg. A2.

⑥ "Dalai Lama Reported to Have Note from Ike," *The Washington Post*, Apr 20, 1959, pg. A8.

⑦ "White House Denies Sending Messages," *The Washington Post*, Apr 21, 1959, pg. A4.

帝国主义国家的特务策动了叛乱。"①

实际上，据解密的美国国家安全委员会文件的记载，达赖叛逃以后美国国家安全委员会曾多次在会议上讨论西藏形势，② 达赖叛逃期间也有美国中情局培训的西藏特工陪同左右，并不断通过随身携带的电台向中情局汇报。③

三 西藏民主改革

1951 年西藏和平解放后，西藏旧有的农奴制度并没有被废除。1959 年达赖叛逃实际上也是看到了时代的潮流，即西藏农奴制度不能永远存续下去。顺应广大农奴要求改革的社会愿望，1959 年达赖叛逃后西藏开始了分阶段的社会民主改革，逐渐废除了封建农奴主的土地所有制、政教合一制，建立了人民民主政权。对此，美国媒体也给予了充分的关注。

1959 年 7 月 4 日，《纽约时报》发表文章《中共下令在西藏进行改革》。文章说："北京今天宣布在西藏进行改革，废除农奴制。""北京广播报道了上周日在拉萨举行的西藏自治区筹委会第二次会议讲话的部分内容。""最重要的报告人是张国华副主席和班禅喇嘛。张是中共驻西藏的最高领导人，而班禅在达赖逃往印度后被中共任命为代主席。""张宣布，将在寺庙和修道院里开展一场反叛乱、反特权、反剥削的运动。"④《洛杉矶时报》7 月 9 日也发表文章《中共宣布重新分配西藏财产的计划》称，"中国今天宣布在发生叛乱的西藏实施一项全面的重新分配地主财产、解放农奴

① "Tibet Revolt Laid to 'Agents'," *The New York Times*, Apr 6, 1959, pg. 12.

② Discussion at the 400th Meeting of the National Security Council, Thursday, March 25, 1959. Folder 400th, Meeting of the National Security Council, Thursday, March 26, 1959. Box 51, NSC Series, Dwight Eisenhow D. Library.

③ 程早霞：《雪域谍云——美国的西藏政策及其秘密行动》，哈尔滨工程大学出版社 2016 年版，第 72 页。

④ Greg MacGregor, "Red China Orders Changes in Tibet," *The New York Times*, Jul 4, 1959, pg. 1.

的计划。这项声明由西藏筹委会副主席阿沛·阿旺晋美在西藏首府拉萨宣布，由北京广播播出。北京的傀儡班禅喇嘛也在 6 月 28 日宣布了一个类似的分配寺庙财产、解放农奴的声明。""农奴耕种的土地今年收割时将不再交租。"① 8 月 31 日，《纽约时报》文章《西藏将实现社会主义》报道："据来自匈牙利布达佩斯的报道，中共支持的西藏世俗领袖班禅喇嘛在今日公开的访谈中说，他的国家将在中共帮助下，通过改革实现社会主义。班禅喇嘛在西藏东南部的日喀则接受了记者采访。讲话内容刊载于匈牙利共产党新闻报《人民自由报》。""西藏 3 月起义失败后，班禅被安排担任西藏世俗与精神领袖。"

　　11 月 25 日，《洛杉矶时报》报道了西藏民主改革的一些具体做法。文章《中共制定西藏改革路线图》说："这个计划总的目标是对土地进行重新分配。参加叛乱的人的土地要全部没收且没有任何赔偿；而未参与叛乱的人，其土地在重新分配时要给予补偿。这是由中共西藏委员会作出的决定。"② 可以看到这些文章基本上是对西藏农奴制改革的客观报道，但也有文章充满了意识形态对抗的味道。1959 年 7 月 6 日，《纽约时报》发表文章《征服的模式》称："人们都已经了解中共宣布在西藏实施改革的计划。这不是通常的双向对话，实际上是一种征服模式。杀戮、抢劫、恐吓、铁腕统治，都被称作改革。""第一阶段一定是镇压，然后是没收土地重新分配，伴之以寺庙和修道院里的反叛乱、反特权、反剥削运动。"③ 显然这是对历史前进的一种荒谬的否定。

四　印度尼赫鲁政府的反应

　　1959 年 3 月 10 日，西藏噶厦政府与达赖集团撕毁和平解放西藏的《十七条协议》，发动拉萨叛乱。17 日晚，达赖一行离开拉萨

①　"Red Chinese Tell Plan to Split Tibet Estates," *Los Angeles Times*, Jul 9, 1959, pg. 12.

②　"Red Chinese Map Tibetan Land Reform," *Los Angeles Times*, Nov 25, 1959, pg. 8.

③　"Pattern of Conquest," *The New York Times*, Jul 6, 1959, pg. 26.

南逃，31 日，达赖越过边境线进入印度。这场由境外势力支持、由西藏分裂势力主导的叛乱使中印关系进入到一个更为复杂的历史阶段。中印两国有着长约 1000 公里的边境线，历史上由于英印在西藏的特殊利益，印度对中国西藏的政治发展动向异常关注，又由于印度是美国插手中国西藏事务、从外部进入中国的至关重要的通道，所以拉萨叛乱发生后美国媒体连续发表文章报道印度的反应。

1. 关于尼赫鲁与达赖集团重要人物联系的报道

1959 年 3 月 28 日，拉萨叛乱后不久，《纽约时报》发表文章《尼赫鲁面临两难境地》说："对近邻西藏所发生的叛乱，印度政府感到尴尬。""今晚，已有西藏代表团的先遣人员抵达新德里，请求尼赫鲁总理的支持和介入。""第一个到达这里的人是西藏前总理鲁康娃，自去年以来他一直在噶伦堡流亡，代表团的其他成员将于明天乘坐火车抵达这里。""如果尼赫鲁总理接待这个西藏代表团，北京就会责难其干涉中国内部事务，如果不的话，不但国外会有批评，国会的下议院也一定会有抗议。"①

4 月 1 日，《纽约时报》文章《尼赫鲁寻找帮助西藏的途径》报道："根据 3 月 31 日来自印度新德里的消息，尼赫鲁已经向一个藏人代表团保证他将尽力通过外交途径为西藏事业提供帮助。""一组来自于喜马拉雅山脚下的噶伦堡、大吉岭的藏人今天来到新德里，为西藏反抗中共统治的起义辩护。北平方面说起义已经被镇压下去。""（印度的官方）声明说，尼赫鲁希望西藏目前所遇到的问题可以和平解决。""据说尼赫鲁已经表明印度无意干涉西藏叛乱，更不会采取进一步的行动恶化局势。""曾在 1949—1954 年担任西藏总理的司伦鲁康娃是这个代表团的团长，他在之后的一个新闻发布会上说，西藏代表团可以去联合国陈情。"②

4 月 6 日，《华盛顿邮报》发表文章《尼赫鲁承认在西藏问题

---

① "Nehru Faces Dilemma," *The New York Times*, Mar 28, 1959, pg. 26.

② Watson Sims, "Nehru Explores Way to Aid Tibet," *The New York Times*, Apr 1, 1959, pg. A1.

上面临艰难选择》说："尼赫鲁已给安全进入印度的达赖喇嘛写了一封信。他说中国没有对印度接受 23 岁的西藏领导人避难提出抗议。任何一个国家都有权利接受任何一个人的避难。""印度政府有 3 个因素要加以考虑：印度的安全，与中国的友谊关系及印度对西藏局势的强烈关切。""这些因素有时会相互矛盾，我们必须来平衡并作出艰难选择。"①

4 月 8 日《纽约时报》发表文章《尼赫鲁可能会敦促达赖回到西藏》说："据知情人士透露，当达赖到达新德里后，尼赫鲁将与其讨论回到西藏的可能性。"知情人士分析说，"这个讨论是基于以下几点考虑：（1）中国人还没有指责达赖本人，而且事实上还把他看作进步力量，尽管他被反革命的顾问所包围；（2）亲汉的班禅喇嘛还只是在达赖被挟持的情况下担任西藏筹委会的代理主席；（3）中国不能无视西藏事件对其威望的灾难性打击，一定急于重新树立其在亚洲乃至世界的形象；（4）达赖喇嘛对其人民的巨大影响力使其在与中共讨价还价时具有极大话语权。对于中共来说，与达赖的合作是无价的"。②

达赖进入印度经过短暂休整后也在第一时间安排了与尼赫鲁的会晤。《洛杉矶时报》4 月 20 日发表文章《达赖喇嘛乘坐火车去会见尼赫鲁》说："达赖喇嘛坐在豪华的空调火车车厢里，休息、祷告、冥思。这是一次悠闲的旅行，目的是与尼赫鲁总理进行会晤。""这位忠诚的难民指责中国破坏了西藏自治的承诺，他要在周四或者周五到达喜马拉雅山脚下的穆索里会见他的主人——亚洲中立主义集团的领导人尼赫鲁。"③

4 月 24 日，在达赖喇嘛到达穆索里的第 3 天，尼赫鲁与达赖喇嘛进行了为期 4 小时的会晤。《华盛顿邮报》4 月 25 日文章《尼赫

① C. L. Sulzberger, "Nehru Admits 'Difficult' Choice on Tibet," *The Washington Post*, Apr 6, 1959, pg. 26.

② "Nehru May Urge Lama to Return," *The New York Times*, Apr 8, 1959, pg. 3.

③ "Dalai Lama Rides Train to Meet With Nehru," *Los Angeles Times*, Apr 20, 1959, pg. 2.

鲁邀请两位喇嘛会晤》说："当有记者问为何如此短的时间内尼赫鲁就能够会晤达赖喇嘛，尼赫鲁的回答是：达赖喇嘛3年前曾经在印度待过3个月的时间，所以他已不再是一个模糊、神秘的人物，而是一个熟人。""尼赫鲁在与达赖会晤前，已通过新闻发布会邀请中共傀儡班禅喇嘛和中国代表到印度来与达赖会晤。"①

9月3日，《芝加哥论坛报》报道了尼赫鲁总理与达赖会晤并互献哈达的新闻，同时配有两人会面的图片。②

2. 关于尼赫鲁对拉萨叛乱政治立场的报道

3月31日，《纽约时报》在头版发表文章《尼赫鲁暗指中共破坏了西藏自治的承诺》说："尼赫鲁今天表达了印度对藏人的同情。他说，这个遥远山地的藏民最近几周经历了反抗中共统治的苦难。""在国会的讲话中，尼赫鲁强调，他感到北京并没能履行尊重藏人自治的承诺。""尼赫鲁周二的时候对一批藏人说过：'最终的胜利是属于你们的。'""他建议他们运用智慧和耐力。"③同日的另一篇文章《印度与西藏》则概括说："印度总理尼赫鲁是正确的，他反对中共所说的印度讨论西藏形势是不敬的；尼赫鲁的声明——站在反抗中共暴君统治的西藏人民一边，也是正确的。""与此同时，印度政府否认了中共的指责——西藏叛乱的指挥中心在印度。"④

4月12日，《纽约时报》发表文章《新德里现在以怀疑眼光看北平》报道："感谢西藏叛乱！对共产党中国意图怀疑的开始就是印度公共舆论无知的终结。""尼赫鲁当然没有因中国的西藏行动而提议说抛弃和平共处五项原则，但他公开态度的变化却是明白无误的。""这可能是现实主义的开端，它向我们表明，对于印度的

---

① "Nehru Invites 2 Lamas to Meet," *The Washington Post*, Apr 25, 1959, pg. A4.

② "Nehru Host to Dalai Lama," *Chicago Tribune*, Sep 3, 1959, pg. 3.

③ "Nehru Implies Reds Broke Autonomy Pledge on Tibet," Reuters, *The New York Times*, Mar 31, 1959, pg. 1.

④ "India and Tibet," *The New York Times*, Mar 31, 1959, pg. 28.

北部边界安全来说，巴基斯坦不是唯一的威胁。""《印度快报》的专栏作家说，在两大集团之间搞中立已不能再成为东南亚国家的保护盾牌。""这意味着，如果不加入西方阵营，印度应在处理与中共的麻烦中寻求美国的支持。"①

4月29日，《纽约时报》发表评论文章《尼赫鲁先生的西藏观》说："过去，尼赫鲁外交政策是建立在这样的理念基础上的：与社会主义国家，尤其是印度的强邻中国，和平共处是可能的，也是我们所希望的。尼赫鲁接受了来自苏联的经济援助；支持中华人民共和国加入联合国。对于我们国家的很多人来说，尼赫鲁在诸多国际争端中是偏向共产党国家的。""尼赫鲁幻想的破灭被他在国会演讲的精选用词掩盖了，演讲的核心内容是：中共对西藏事件以及印度与这些事件关系的言论是一串谎言。他清晰地表达了西藏叛乱并非上层反革命所为，达赖不是被绑架，也不是被胁迫的。达赖所发表的两个声明是他个人真实意思的表达，而非印度政府官员抑或印度的扩张主义者所为。""尼赫鲁的讲话是对中共谎言的强有力反驳，必将被自由世界所认同。""在过去，许多亚洲人嘲笑西方关于共产帝国主义是新的世界威胁的警告，西藏叛乱印证了这些警示。""希望尼赫鲁和其他有责任感的中立国家从西藏事件中吸取教训、调整其外交政策。这应该不是奢望。"②

5月9日，《纽约时报》发表文章《尼赫鲁警示中共威胁》说："尼赫鲁总理今天告诫中共不要试图通过好战言论威胁印度。""他说，北平如果将新德里在西藏问题上的克制看成是软弱的表现，将是一个错误。""这位印度领导人在国会的下议院讲话中说，中共试图通过武力根除西藏古老的政教合一制度，是错误的。""这种转变最好不是通过外力，而是通过它自己内部的力量来实现。"

对于如何处理与中国的关系，尼赫鲁总理提出了如下几点："（1）印度政府不会允许达赖在印度领土上从事国家独立运动；

---

① Elie Abel, "New Delhi Now Views Peiping With Suspicion," *The New York Times*, Apr 12, 1959, pg. E4.

② "Mr. Nehru on Tibet," *The New York Times*, Apr 29, 1959, pg. 32.

（2）印度仍然认为1954年中印签订的和平共处五项原则协议有效；（3）不管中印之间出现了什么问题，都应当以和平方式来解决，但好战言论无助于和平解决；（4）在北平，有一些人认为他们可以通过激烈的言辞恐吓印度，这是错误的；同样，印度人也不应该使用激烈言辞对付中国。"①

3. 关于尼赫鲁在拉萨叛乱后如何处理与中国关系的报道

要理解尼赫鲁在"西藏问题"上如何处理与中国的关系，首先要了解尼赫鲁政权如何看中国。《华盛顿邮报》4月14日文章《印度特使呼吁承认中国》有这样一段话令我们回味："印度大使在一次公开场合的讲话中这样说过，你越是确认中国邪恶，你就越应该相信承认她的必要性。要让她坐到文明的桌子边，看世界如何运转。"② 这应该是印度在国际社会中强烈呼吁支持中华人民共和国恢复联合国合法席位的主要原因吧。从印度外交官的这个讲话，我们不难理解为什么达赖叛逃印度后中印关系急转直下，中印会在1962年爆发战争。

4月28日，《华盛顿邮报》发表文章《尼赫鲁斥责北京对他的无理指控》报道："尼赫鲁在国会讲话中说，中国对印度的指责毫无道理。""他对西藏人民深表同情，对他们的苦难深感哀痛"。文章援引尼赫鲁的话说："达赖的出逃决定是仓促做出的，他甚至没有带出来足够的衣服。"③ 这个说法应该是不准确的。

达赖出逃时带出了大量黄金珠宝，应该是有备而逃。《洛杉矶时报》11月15日文章《达赖喇嘛从中国带出金子》说："达赖出逃后解放军发现达赖带走了大笔的皇家珠宝。在联合国大家也都在

---

① Elie Abel, "Nehru Cautions China on Threats," *The New York Times*, May 9, 1959, pg. 1.

② "Indian Envoy Urges China's Recognition," *The Washington Post*, Apr 14, 1959, pg. A2.

③ "Nehru Berates Peking For 'Fantastic' Charges," Reuters, *The Washington Post*, Apr 28, 1959, pg. A4.

传说达赖出逃时带走了 14 箱黄金，这笔财富可以支持他在联合国的行动。"①《芝加哥论坛报》1960 年 2 月 5 日的文章《达赖喇嘛运出大批黄金财宝》透露，达赖在出逃前早已将大笔的财富运往国外。②

1959 年 6 月 15 日，《纽约时报》发表文章《尼赫鲁总理批评中共的西藏政策》称："据来自新德里的消息，6 月 14 日，印度与尼泊尔总理发表声明说，任何一个国家都不应该被另一个国家所统治，这包括西藏。"印度总理尼赫鲁访问尼泊尔后，双方发表的联合公报称："两国的总理确信，为了和平、国家与人类的进步，没有一个国家应该被另一个国家所统治，任何形式的殖民统治都应该结束。""离开加德满都前，尼赫鲁先生在一个新闻发布会上说，3 月份中共对西藏叛乱的镇压并没有对印度、尼泊尔的边界构成威胁。"③

8 月 14 日，《纽约时报》文章《尼赫鲁抗议北平的侮辱》说："尼赫鲁今天在国会的讲话中说，印度一直在抗议中共的宣传将印度以及印度人描绘成帝国主义者。""尼赫鲁还对自 3 月以来驻扎在西藏被他描述为'大批的中国军队'做了评论。他说他并不认为这些军队集结到了印度边界。""他说：'对这样的事我们很清醒，也很警惕。'""总理回答了议员们提出的问题，包括中国媒体的反印宣传，媒体报道的中国要组织不丹、锡金、拉达克组成喜马拉雅国家联邦，中国对待麦克马洪线的态度，以及印度与西藏、中国的边界问题等。""尼赫鲁指出，反印宣传是印度 7 月 23 日照会中抗议的事情之一。官方的消息说，印度还就在藏的印度商人所遭遇的困扰提出了抗议。"④

8 月 25 日，《纽约时报》发表文章《印度与北平接触》说：

---

①　"Tibet Gold Saved From Chinese by Dalai Lama," *Los Angeles Times*, Nov 15, 1959, pg. A.

②　"Gold Fortune Smuggled Out by Dalai Lama," *Chicago Tribune*, Feb 5, 1960, pg. C2.

③　"Nehru Criticizes Reds, Tibet Rule," *The New York Times*, Jun 15, 1959, pg. 6.

④　"Nehru Protests Peiping Insults," *The New York Times*, Aug 14, 1959, pg. 4.

"尼赫鲁告知国会，印度已就西藏局势向北平政府发出照会。他说，我们期盼对方有一个正式的回复。他确认了在北平的印度特使还没有见到周恩来总理。""外交部副部长梅农夫人告知国会，西藏局势还在恶化，逃往印度的西藏难民不太可能回到西藏。""他呼吁国会为西藏难民拨付 20 万美元的援助基金。"①

4. 关于印度对西藏法律地位认识的报道

9 月 9 日，《纽约时报》文章《印度人与达赖喇嘛的辩争》报道："来自新德里 9 月 7 日的消息称，今天，印度正式与达赖喇嘛提出了西藏法律地位问题。""中共镇压西藏叛乱后，逃往印度的西藏领导人达赖喇嘛宣布他打算向联合国提出西藏问题。""印度人虽然同情达赖喇嘛的境遇，但仍坚持西藏是中国的一部分。而达赖喇嘛却坚持西藏历史上是独立的。""昨天达赖喇嘛在世界事务印度委员会的演讲中援引了与麦克马洪线相关的西姆拉会议作为例证。""中共不承认这条边境线。根据印方公布的计算结果，中国出版的地图将麦克马洪线以南 22000 平方英里的土地划到了中国的版图内。""达赖喇嘛的观点是，印方如果坚持麦克马洪线的有效性，就必须承认西藏独立，因为西藏是西姆拉会议三方之一，另外两方是英国和中国。""印度外交部今天对达赖关于 1914 年边境问题的解读作出了强烈反应。指出：麦克马洪线与西藏的法律地位并无关联。""麦克马洪线是由印度政府与中国、西藏的代表经过谈判产生的，参加谈判的英印代表是麦克马洪，这条边界线因此而得名。""中国政府拒绝批准这个协议不是因为反对印度与西藏之间的这条边境线，而是因为他们反对内藏与外藏的分界线，当时内藏是由汉人管理，外藏由拉萨管辖。"② 从这些报道中我们可以看到，虽然印度在"西藏问题"上不断插手并施加影响，但仍然认同"西藏是中国领土的一部分"的历史事实。

---

① "India Approaches Peiping," *The New York Times*, Aug 25, 1959, pg. 9.

② Robert Trumbull, "Indians Dispute the Dalai Lama," *The New York Times*, Sep 9, 1959, pg. 5

5. 关于中印边境争端、冲突的报道

达赖逃往印度以后，围绕中国西藏的地位、中印边境线的划分等诸多问题，中印之间的分歧与摩擦日益增多，面对中印关系日趋紧张的局面，美国媒体扮演了一个什么样的角色呢?

8月20日，《华盛顿邮报》发表文章《印度边界安全遭到破坏》报道:"尼赫鲁总理在国会发表讲话说，尽管不断地有中国军队越过印度边境的报道，但是没有证据能够证明这些报道的真实性。"①

8月27日，《华盛顿邮报》发表文章《印度报纸说中国公路横穿印度领土》报道:"印度媒体说中国修建了一条自西藏穿越印度北部领土进入中国内陆的公路。""印度《快报》(Express)今天说，印度北部边境面临严重威胁，美国应该推动这一地区的东南亚条约组织发挥作用。这个报纸还说，不管印度是否喜欢，中国周边的非共国家都指望印度担负起领导责任，以对抗中国的扩张主义。"②

8月29日，《纽约时报》发表文章《尼赫鲁谴责北平空袭，称这是入侵》说:"尼赫鲁总理今天谴责中共入侵印度。""尼赫鲁宣称，最近几周，中共自西藏向印度边界地区渗透。他说，在3天前，300名士兵越过边界开火，造成3名印度士兵失踪。""尼赫鲁向国会下议院发表讲话说，我们别无选择，只能自卫，保卫我们的边界与领土完整。"③

8月30日，《纽约时报》发表文章《印度将军队调往西藏边界拦阻中国军队》说:"来自军队的消息称，今天，印度方面又向西北边境区与西藏的交界处增派了部队。尼赫鲁谴责了中共军队在本

---

① "India Border Held Violated," *The Washington Post*, Aug 20, 1959, pg. A7.

② "Paper Says China Road Cuts off Indian Area," *The Washington Post*, Aug 27, 1959, pg. A8.

③ "Nehru Accuses Peiping of Raids; Sees Aggression," *The New York Times*, Aug 29, 1959, pg. 1.

月里两次对这一地区进犯。""据称,印度政府将继续通过外交途径敦促中国军队撤离这一地区。尼赫鲁说,印度仍然控制着龙驹检查站,这个检查站在距离东北边疆区的苏班西里县4英里的地方。""据来自国会的消息称,如果中国军队不和平撤离,印度就把他们赶回去。""尼赫鲁昨天在国会说,我们别无选择,必须保卫边疆与领土完整。""尽管中印之间有边境冲突,印度还是支持中华人民共和国加入联合国。如果中华人民共和国加入了联合国,其行动就会受到约束而更加理智。"①

9月30日,《纽约时报》文章《印度出版边界地图》报道:"印度政府今天公开了一幅新的政治地图,标明了其与中共控制的西藏之间的2500英里的边界线。根据这幅地图及印度外交部的解释,有4000平方英里的领土中印双方都声称归自己拥有。""其中的大部分争议地区位于印度东北边境区。""尼赫鲁总理在给中国总理周恩来的一封信中重新确认了地图上所标明的印度边界。"②
10月24日,《纽约时报》文章《印度与红色中国》报道:"当驻守于西藏的中共军队向传统印控区的印度边防军发动袭击,造成17人死亡,另有多人受伤及被捕时,中印关系进一步紧张起来。这是中共占领西藏后边境最严重的一次冲突,印度人害怕这是中共吞并争议领土的先兆。""虽然印度总理尼赫鲁警告说,如果需要,印度将奋起还击;虽然赫鲁晓夫已公开呼吁通过谈判来解决争端;虽然周总理老调重弹中印传统友谊——还是出现了对印度新的攻击。由此昭示了助理国务卿伯定(Berding)的警示,即中共在其扩张主义目标与狂热政策的驱使下,表现出了对世界和平的威胁,也表明中共拒绝接受赫鲁晓夫在戴维营承诺的非暴力理论。"③ 同日文章《中共正式向印度提出抗议》说:"中共正式向印度驻北平大使提出抗议,指责印度对驻藏中国军队攻击。""北平指责印度部队

---

① "India Sends Army to Tibet Border to Block Chinese," *The New York Times*, Aug 30, 1959, pg. 1.

② "Tibet Border Map Published by India," *The New York Times*, Sep 30, 1959, pg. 8.

③ "India and Red China," *The New York Times*, Oct 24, 1959, pg. 20.

连续两天袭击西藏边境卫兵。北平的广播今天说，中印之间由此产生了严重分歧。""在印度指责中国军队袭击克什米尔边防巡逻兵数小时之后，中国指责印度部队周二、周三入侵了中国领土。"①由此，中印之间的领土争端由于美国媒体的报道而昭然于世。

12 月 25 日，《纽约时报》文章《印度对中国军队在西藏大批集结而不安》报道："据来自噶伦堡的消息，有报道说，中共将大批部队集结于与印度接壤的边界上。""据可靠消息报道，中国人在海拔 17000 英尺的地方构筑了牢固的堡垒。他们装备精良，可以抵御喜马拉雅冬天的严寒。"文章除评论说中国在西藏集结军队对印度构成严重威胁外，还特别提到中国在西藏的咯巴宗、定日修建了机场。②

从这些报道中我们看到，美国媒体扮演的角色非常明确，就是在国际关系中制造紧张气氛，制造"中国威胁论"，利用所谓的中国威胁拉拢印度加入反东方阵营，这也是冷战时期美国对印度政策的一个重要目标。如果说拉萨叛乱的一个重要结果是使印度与中国的关系渐行渐远，那这应该就是美国所期待并积极促动的一个结果。

五　世界其他国家与地区的反应

拉萨叛乱发生后，美国媒体除以大量篇幅报道叛乱事件本身及印度的反应外，还有大量关于世界其他国家与地区如中国台湾、苏联、美国、东南亚各国等的反应的报道。

逃往台湾的国民党对大陆政治形势异常关注，拉萨叛乱的发生应该说是中国政治发展中的大事，所以拉萨叛乱发生后台湾当局在很短的时间里就作了明确表态，美国媒体《纽约时报》对此作了及时的报道。但其他媒体如《华盛顿邮报》《洛杉矶时报》《芝加哥

①　"Red China Files Protest," *The New York Times*, Oct 24, 1959, pg. 5.

②　Paul Grimes, "India Disturbed by Reports of Chinese Massing in Tibet," *The New York Times*, Dec 25, 1959, pg. 1.

论坛报》都没有相关报道。

1959 年 3 月 27 日，《纽约时报》发表文章《蒋承诺给西藏自由》，副标题为"如果叛乱持续，蒋誓言很快加入——美国抨击中共镇压"。这篇来自台北的消息称，"3 月 26 日，蒋介石告诉藏人，国民党打回大陆后，藏人将有权利选择自己的政治未来"。"这一承诺意在促动藏人进一步反共起义。""文章说，西藏是一个自治区，国民党将其看成是中国的一部分，但是蒋的这一讲话说明他已远离了这个理念。"① 由此可以看到，蒋介石的讲话已经背离了国民党政权传统中关于西藏地位的立场，将拉萨叛乱看成对抗中华人民共和国、打回大陆的一个重要内应。4 月 1 日《纽约时报》发表文章《呼吁美国援助西藏》称："据来自台湾的消息，一些国民党的立法委员今天提议，由美国向西藏的反共叛乱提供援助。他们建议政府向美国及东南亚佛教组织（Southeast Asian Buddhists）寻求帮助。"②

5 月 16 日，《纽约时报》发表文章《藏人向台湾表示感谢》说："自中国出逃的西藏领袖达赖喇嘛表达了他对国民党支持西藏叛乱的诚挚谢意。"③

9 月 30 日《纽约时报》文章《台湾请求联合国讨论西藏问题》报道："国民党中国驻联合国大使蒋廷黻就西藏最近发生的悲剧事件对中共进行了抨击，他提议联大对此进行讨论。""他说，'作为中国代表，我要利用这个讲坛宣布，自由中国谴责中共在西藏的暴行，欢迎联大进行讨论的任何提议'。"④

苏联是冷战时期美国的首要对手，也是中华人民共和国的友好同盟国，因此苏联对拉萨叛乱的反应也是美国媒体关注的重点。1959 年 3 月 30 日，《华盛顿邮报》发表文章《苏联媒体首发西藏新闻》说："苏联今天早晨的报纸在第一时间向读者讲述了西藏叛

① "Chiang Promises Freedom to Tibet," *The New York Times*, Mar 27, 1959, pg. 1.

② "U. S. Aid for Tibet Urged," *The New York Times*, Apr 1, 1959, pg. 3.

③ "Tibetan Thanks Taiwan," *The New York Times*, May 16, 1959, pg. 3.

④ "Taiwan Asks U. N. to Discuss Tibet," *The New York Times*, Sep 30, 1959, pg. 9.

乱的新闻。他们登载了周恩来解散西藏政府、起用达赖喇嘛的对手班禅喇嘛的消息。"① 3月30日，《纽约时报》发表文章《苏联讨论西藏问题》。文章报道："《真理报》今天说，叛乱残余仍然控制着西藏的边远地区，但形势已很明晰，叛乱者已被彻底击败。苏共报纸对叛乱的报道说，只有2万藏人由于受到欺骗和威胁而加入到叛乱队伍中。莫斯科广播援引《真理报》记者的说法：叛乱已被中国人民解放军——一支受到藏人支持的军队彻底消灭。"② 4月6日，《纽约时报》文章《特务策动西藏叛乱》报道："据来自莫斯科的消息，苏联最重要的报纸今天宣称西藏叛乱是帝国主义特务策动的。""苏联武装部队报纸《红星报》将西藏叛乱与本周在新西兰威灵顿开幕的东南亚条约组织会议联系到了一起。"③

此外，苏联军队是否参与西藏平叛行动及是否帮助保卫中国边疆区安全也是美国关注的重要问题。5月11日，《华盛顿邮报》发表文章《有报道说苏联武装部队参与了西藏行动》说："据来自加尔各答的消息，一位印度的可靠消息人士透露，俄罗斯的部队参加了消灭西藏康巴部落武装叛乱的行动。这是外部首次得知俄国人插手西藏叛乱的报道。""据说有250名俄罗斯人4月22日到达了江孜地区，如果这个消息可靠的话，这些俄罗斯人可能是穿越至少2000多公里的沙漠和世界上最高的山脉从俄罗斯直接来到这里的。""也可能是这些部队本来就驻扎在中国。如果是这样的话，这些人就可能是空中飞行300英里到达这里的。"④ 10月16日，《纽约时报》文章《报道说苏联提供了援助》称："据来自噶伦堡的报道，有约200名苏联军官和工程师来到西藏与印度交界的东北边境战略点。这些苏联官员是为中国军官做顾问的，检查中国军队

① "Soviet Press Carries First News of Tibet," *The Washington Post*, Mar 30, 1959, pg. A5.

② "Soviet Discusses Tibet," *The New York Times*, Mar 30, 1959, pg. 8.

③ "Tibet Revolt Laid to 'Agents'," *The New York Times*, Apr 6, 1959, pg. 12.

④ "Soviet Forces Reported in Tibet Action," *The Washington Post*, May 11, 1959, pg. A8.

在中国与不丹、锡金及印度东北边疆区交界的边境的部署情况"。①

在中印关系出现摩擦后，苏联的反应和立场对于美国来说至为重要，因为这将直接影响印度的外交走向，并涉及两大阵营的力量对比。对此，1959年5月2日《纽约时报》第4版关于西藏形势的报道中有文章专门谈苏联的反应。《苏联对紧张局势保持沉默》称："最近这个周末，苏联的报纸和广播对日益紧张的中印关系没有任何报道。""苏联对最近北平召开的全国人大的报道中没有关于对印度政府进行攻击的内容，比如关于印度的扩张主义之类的内容。""苏联不仅是中共的亲密盟友，自1955年以来还一直在向印度示好，力图赢得印度的友谊。"②

美国是冷战时期中国最大的敌人，也是策动达赖外逃最重要的国家。所以美国对西藏叛乱及达赖外逃的政治立场非常明确。3月27日，《纽约时报》发表文章《赫脱谴责中共》说："3月26日，副国务卿赫脱对中共在西藏残暴镇压人民表示震惊和悲痛。""赫脱说，显而易见，共产党破坏了8年前与西藏领导人签署的尊重西藏文化与宗教自治的协议。""赫脱说：这再次明示了共产党的虚伪性。""他们不断地谴责其他国家的侵略与干预，但当他们控制下的一个勇敢的民族寻求自由时，他们给予的回应却是镇压。"③

3月29日，《华盛顿邮报》发表文章《美国谴责中国在西藏的野蛮行为》说："面对中国对西藏的野蛮入侵，美国对西藏人民深表同情。""国务院说，中国政府的目的就是摧毁西藏人民的宗教与政治自由，最终导入共产主义制度。"④ 同日，《纽约时报》也发表文章《美国攻击中国在西藏的角色》报道："今天，美国指责中共对西藏的野蛮入侵破坏了它保证给予西藏人民政治与宗教自由的承诺。""国务院是在中共宣布其粉碎西藏叛乱、解散达赖喇嘛的

---

① "Soviet Aid Reported," *The New York Times*, Oct 16, 1959, pg. 5.

② "Soviet Quiet on Tension," *The New York Times*, May 2, 1959, pg. 4.

③ "Herter Denounces Reds," *The New York Times*, Mar 27, 1959, pg. 4.

④ "U. S. Condemns China For 'Barbarism' in Tibet," *The Washington Post*, Mar 29, 1959, pg. A1.

西藏地方政府后发布这个指责声明的。"①

4月13日，《华盛顿邮报》发表文章《呼吁美国接受流亡藏人建立的政府》，报道美国参议院对外关系委员会委员曼斯菲尔德（Mike Mansfeld）呼吁美国政府："如果达赖喇嘛建立流亡政府，希望美国政府给予承认。"② 此时刚刚到达印度不久的达赖喇嘛正在考虑公开请求国际社会承认他所谓的"自由独立政府"，并与印度及世界各国进行磋商交流，美国政府内部也在讨论是否支持达赖的主张，③ 曼斯菲尔德的建议也是美国政府内部对这个问题的一个反应。

9月12日，《华盛顿邮报》发表文章《美国反对中国在西藏的主权》。这篇来自美联社的文章说，"美国昨天已宣布不承认中国对西藏的主权"。"政府的发言人说，美国一直把西藏看作是一个在中国宗主权下的自治国家。""这个表达立场的声明是由国务院新闻发言人弗朗西斯·塔里（Francis W. Tully）发布的。塔里说正在认真研究达赖喇嘛寻求联合国听证的讲话。"④ 这是美国在西藏政治地位问题上走得最远的一步，但美国终究没能正式承认西藏是一个独立国家，因为这与历史事实严重不符，也自然无法得到世界上多数国家的支持。

拉萨叛乱发生后，美国媒体除了对苏联、美国、印度等国家的反应密切关注外，对英国、缅甸、锡金等其他国家与地区的反应也作了报道。4月1日，《纽约时报》文章《英国人看到了有益影响》说："据来自伦敦的消息，今天英国外交官说西藏叛乱揭示出中共破坏达赖喇嘛道德与宗教权威的失败。报道说，中共镇压叛乱的残暴性在印度产生了有益的影响，因为它体现了中共的真正本质。""人们描述说，中共的行为方式是中华帝国主义的表现。有报道称，

---

① "U. S. Assails China on Role in Tibet," *The New York Times*, Mar 29, 1959, pg. 1.

② "U. S. Urged to Accept Any Tibet Exile Setup," *The Washington Post*, Apr 13, 1959, pg. A11.

③ Memorandum for the Presidenrt, Subject: Message From the Dalai Lama, Folder Tibet, Box 48, International Series, Dwight D. Eisenhow Library.

④ "U. S. Rejecting Red Sovereignty Claim in Tibet," *The Washington Post*, Sep 12, 1959, pg. A6.

中国已成为世界上最具帝国主义性的国家。"① 4 月 5 日,《纽约时报》文章《西藏事件在缅甸引起轰动》报道说:"据来自仰光的消息,缅甸重要的英语与缅语报纸对中共在西藏的行为进行了严厉批评。""《仰光日报》说,中共针对达赖喇嘛的武装行动就是力图利用共产主义武装镇压佛教。""缅甸最重要的英语报纸《民族报》宣称:达赖喇嘛已经证明,面对共产主义的直接威胁,热爱自由的个人在没有外来援助的情况下是不能取得最后胜利的。""人们认为这家报纸与政府关系密切,说政府面对最近的中共入侵行动应当认真考虑其中立政策。"② 9 月 6 日,《纽约时报》发表文章《锡金领导人不相信中国会发动进攻》报道了锡金对拉萨叛乱的反应。文章说:"喜马拉雅王国(锡金)的王位继承人大君库马尔今天说,他的小国不担心中共从西藏进攻。""大君库马尔在新闻发布会上说,他认为中国人没那么愚蠢。""印度总理尼赫鲁已经承诺对其保护国锡金提供保护。""直至上周还没有消息确证中国入侵锡金。"③ 同日,《华盛顿邮报》也发表文章《中共威胁锡金的说法不准确》报道:"锡金王储今天说不担心中国的进攻。""印度总理尼赫鲁已经承诺对锡金提供保护。""据路透社的报道,马哈拉杰(Maharaja)说,中国加强军事力量可能是担心越过边境的西藏人会组织起来向中国军队发动进攻。但锡金不存在这个担心,因为锡金对藏人实行了严格控制,不允许他们拥有武器。"④

六 联合国再度插手"西藏问题"

拉萨叛乱发生后,美国极力促动西藏分裂势力利用联合国这个

---

① "British See 'Salutary Effect'," *The New York Times*, Apr 1, 1959, pg. 3.

② "Tibet Stirs Burmese," *The New York Times*, Apr 5, 1959, pg. 15.

③ "Sikkim Leader Doubts Red China will Attack," *The New York Times*, Sep 6, 1959, pg. 3.

④ "Red Chinese Threat To Sikkim Discounted," *The Washington Post*, Sep 6, 1959, pg. A2.

美国控制的讲坛对中国政府进行打压。1959 年 7 月，以印度法学家为主要阵容的"国际法学家委员会"① 出台了一份所谓的中国在西藏进行种族屠杀的报告。9 月，在联大召开之前，达赖喇嘛给联合国写了一封信，请求联合国就中国在西藏的镇压行为采取行动。实际上，这是美国支持达赖集团"西藏问题"国际化的一个重要步骤。对此，美国传统主流媒体给予了较为全面的报道。这些报道主要关注以下几个主要议题：

1. 关于达赖喇嘛呼吁联合国采取行动进行干涉的报道

1959 年 8 月 31 日，《纽约时报》文章《达赖喇嘛请求联合国对西藏采取行动》报道："达赖喇嘛今天呼吁联合国及非共世界支持西藏为自由与公正同中共进行战斗。""上周，这位 24 岁的达赖喇嘛说，在他的家乡，反抗中共的自由抗争还在继续，他说他得到的信息是，已有 8000 人在这次起义中遭到屠杀，其中 2000 人在首府拉萨。""一位印度官方发言人今天说，之前印方并不知晓达赖向联合国申诉的计划，印度对此也并无评论。"② 9 月 10 日，《纽约时报》文章《达赖喇嘛请求联合国帮助西藏》报道："达赖喇嘛今天正式请求联合国对中共统治他的国家立即进行干涉。""这位西藏精神领袖的请求是通过电报从新德里发给联合国秘书长哈马舍尔德的。""电报指责中共军队不仅入侵了这个长期以来被承认的独立国家，而且还给予西藏人民不人道的待遇，实施犯罪。"③

2. 关于美国在联合国的立场与态度的报道

1959 年 4 月 1 日，《纽约时报》发表文章《洛奇抨击中国在西藏的

---

① 金婉婷：《国际法学家委员会"涉藏"活动研究（1959—1965）》，东北师范大学 2012 年硕士学位论文。

② Reuters, "Dalai Lama Bids U. N. Act on Tibet," *The New York Times*, Aug 31, 1959, pg. 1.

③ Lindesay Parrott, "Dalai Lama Asks U. N. to Aid Tibet," *The New York Times*, Sep 10, 1959, pg. 1.

行动》称:"据来自纽约联合国的消息,美国驻联合国代表亨利·洛奇(Henry Cabot Lodge)今天说,北平对西藏起义的镇压是个绝对的丑闻。洛奇告诉记者,今天下午在与联合国秘书长哈马舍尔德为时1个小时的谈话中,他也表达了同样的想法,但他并没透露哈马舍尔德的态度。"①

9月11日,《纽约时报》文章《美国支持藏人对联合国的诉求》说:"美国今天表示支持达赖喇嘛向联合国提出的诉求,就其指责中共入侵西藏并虐待西藏人进行听证。""昨天达赖喇嘛请求联合国立即进行干预。""他指责中共进行屠杀、拆毁寺庙、强迫使用劳工,欲消灭西藏人民,呼吁联合国阻止这些犯罪。""国务院说,美国欢迎达赖喇嘛的动议,将西藏人民的苦难诉求直接提交联合国。""国务院支持达赖在联合国听证的决定并不意味着美国承认西藏是一个独立国家。历史上美国承认中国对西藏的宗主权,承认西藏是一个传统的自治区,有自己独特的生活方式和自己的政府,英国也持同样的立场。"② 同日,《华盛顿邮报》也发表文章《美国欢迎达赖喇嘛请求联合国对中共在西藏的行为采取行动》报道:"国务院发言人林肯·怀特(Lincoln White)昨天发表声明说:美国欢迎达赖喇嘛就西藏人民的苦难提请联合国进行讨论的行动。我们认为世界应该倾听他的声音,因为西藏形势对于自由世界具有重要意义。""达赖喇嘛的长期主张是从中国独立出来。国民党中国和当今的共产党政权一样拒绝了这个请求。"③

9月22日,《纽约时报》文章《美国在联合国说中国人杀死了数千藏人》报道:"今天美国指责中共屠杀了数千藏人。美国说,北京政权利用手中的权力进行大清洗,9年的时间里在大陆清算了1800万人。""在联大开始讨论是否将联合国的席位移交北京政府

---

① "Lodge Assails Reds for Action in Tibet," *The New York Times*, Apr 1, 1959, pg. 3.

② Dana Adams Schmidt, "Tibetan U. N. Plea Supported by U. S.," *The New York Times*, Sep 11, 1959, pg. 1.

③ "U. S. Welcomes Dalai Lama's Plea For U. N. Action on Reds in Tibet," *The Washington Post*, Sep 11, 1959, pg. A1.

时，当时负责东亚事务的助理国务卿绕柏森（Walter S. Robertson）提出了这一指控。""他说，在这 9 年里，北京挑起了 6 场对内、对外战争，包括对西藏、韩国、印支、菲律宾、马来亚、老挝等的战争。"①

3. 关于爱尔兰等国家与国际组织在联合国的态度与行动的报道

1959 年达赖叛逃后，联合国大会针对爱尔兰等国的提议对"西藏问题"进行了审议。对于联合国插手中国"西藏问题"，美国媒体也给予了较多的关注。7 月 11 日，《纽约时报》发表文章《印度人建议联合国讨论西藏问题》报道："印度社会主义领导人纳拉亚（Narayan）今天说，应当将中共入侵西藏的问题提交联合国。""他说，对西藏问题保持沉默和漠视是不道德的，在政治上也是不明智的。"② 7 月 25 日，《纽约时报》发表文章《督促联合国重视西藏的种族屠杀》报道："国际法学家委员会今天督促联合国就所报道的中共企图屠杀西藏人进行调查。"③

9 月 19 日，《华盛顿邮报》发表文章《萨尔瓦多关注西藏的请求》报道，萨尔瓦多总统发表讲话说，达赖喇嘛已请求萨尔瓦多将"西藏问题"提交联合国。"达赖喇嘛在信中回忆说，1950 年当中共首次进入喜马拉雅王国西藏时，萨尔瓦多带头将西藏问题提交给了联大。"④ 9 月 28 日，《芝加哥论坛报》发表文章《爱尔兰致力于联合国讨论西藏问题》报道："爱尔兰寻求联合国讨论西藏问题，马来亚加入这个行动。这两个国家将在周二正式向联合国提出申请，将西藏问题列入联大议程。""消息人士称，这个申请所附的备忘录提到了 9 月 9 日达赖喇嘛给联合国的信及 7 月 24 日日内

---

①　Thomas J. Hamilton, "U. S. , in U. N. , Says Chinese in Tibet Killed Thousands," *The New York Times*, Sep 22, 1959, pg. 1.

②　Tillman Durdin, "Indian Suggests U. N. Debate Tibet," *The New York Times*, Jul 11, 1959, pg. 4.

③　"U. N. Urged to Sift 'Genocide' in Tibet," *The New York Times*, Jul 25, 1959, pg. 3.

④　"Salvador Heeds Tibetan Appeal," *The Washington Post*, Sep 19, 1959, pg. A4.

瓦国际法学家委员会的报告，这两个文件的内容都是关于中共镇压
3月西藏起义的。""西藏的精神与世俗领袖达赖喇嘛说，中共摧毁
了数千的寺庙，屠杀了数千的西藏人。"① 9月29日《纽约时报》
文章《两个国家要求联合国讨论西藏问题》报道了爱尔兰和马来亚
提请联大讨论"西藏问题"的动议。文章说："据来自纽约联合国
总部9月28日的消息，爱尔兰和马来亚今晚提出请求，希望将西
藏问题置于联合国的议程之中。""爱尔兰代表团说，他们希望联
大的斯蒂瑞委员会（Steering Committee）在本周同意这个请求。"②
同日，《华盛顿邮报》也发表文章《有两个国家提出在联合国讨论
西藏问题》说："爱尔兰和马来亚今晚正式向联合国申请讨论中共
残酷压制西藏公民自由的问题。这两支代表团在给联合国秘书长哈
马舍尔德的信中请求将西藏问题列入联大议程，呼吁联大讨论西藏
人权遭到践踏的事件。""爱尔兰和马来亚的想法是，联大应作出
决议要求，尊重西藏人权。""尽管印度及其他一些亚非国家提出
了反对意见，这两个国家仍然向联合国提出了申请。"③

　　对于联合国干涉中国西藏事务，中国、苏联及东欧社会主义阵
营国家都表示了抗议。9月30日，《华盛顿邮报》文章《联合国讨
论西藏问题时共产主义集团国家步出会场》报道："当国民党中国
大使蒋廷黻在联大发表讲话时，苏联及其8个卫星国的成员都步出
了会场，以示抗议。"④ 10月24日，《纽约时报》文章《中共说联
合国关于西藏问题的立场是非法的，是在诽谤》报道："据来自香
港的消息称，联合国关于西藏问题的决议是非法的，更是违法的，
是诽谤。""本周三，联合国以45票赞成、9票反对、26票弃权通
过了一项决议，对他们所声称的西藏人权遭到侵犯表示关切。"

　　① "Ireland Seeks U. N. Tibet Debate," *Chicago Tribune*, Sep 28, 1959, pg. C10.
　　② "Two Nations Request U. N. Debate on Tibet," *The New York Times*, Sep 29, 1959, pg. 14.
　　③ "Tibet Debate In U. N. Asked by 2 Nations," *The Washington Post*, Sep 29, 1959, pg. A5.
　　④ Milton Besser, "U. N. Reds Walk Out Over Tibet Debate Plea," *The Washington Post*, Sep 30, 1959, pg. A6.

"北平的广播将联合国的决议称作干涉。""北平的声明指责美帝国主义是 10 年来中国人民最险恶的敌人，并警告说，任何妄图颠覆中国共产党政权的努力都是徒劳的。"①

4. 关于联大就"西藏问题"采取行动的报道

10 月 21 日，联合国大会全体会议在美国的操纵下，非法通过了爱尔兰和马来亚代表团就"西藏问题"提出的诽谤中国的提案。对此，美国媒体作了较为详细的报道。

10 月 10 日，《纽约时报》发表文章《联大同意讨论西藏问题》报道："联大斯蒂瑞委员会今天建议就中共压制西藏人权的指责进行充分辩论。""经过一个下午的激烈讨论，该委员会进行了投票表决：11 票赞成、5 票反对，4 票弃权。""表决结果按不同集团分界，美国、英国、西欧国家、拉美国家投票赞成爱尔兰、马来亚的提议，同意将西藏问题列入联大的议程。""共产主义阵营以及亚洲、非洲国家投了反对票。法国和南非弃权。""缅甸和摩洛哥也投了弃权票。"② 同日，《华盛顿邮报》也发表文章《尽管有共产主义集团国家的反对，联合国关于西藏问题的辩论付诸表决》对此进行了报道。③

10 月 14 日，《纽约时报》文章《促请联合国在人权问题上支持西藏人民》报道："爱尔兰和马来亚已就西藏人权问题向联大提交了草案。""昨天下午，联大表决的结果是 43 票赞成，11 票反对，25 票弃权，将西藏局势列入联大议程进行讨论。""草案建议这个由 82 个国家组成的国际组织尊重西藏人民独特的文化与宗教生活。"文章附载了草案全文。以下是爱尔兰和马来亚提交的关于

① Greg MacGregor, "Red China Terms U. N. 's Stand on Tibet Illegal and Slanderous," *The New York Times*, Oct 24, 1959, pg. 5.

② Lindesay Parrott, "Debate on Tibet Approved By U. N. Assembly Group," *The New York Times*, Oct 10, 1959, pg. 1.

③ "Debate on Tibet Voted in U. N. Despite Reds," *The Washington Post*, Oct 10, 1959, pg. A6.

"西藏问题"的草案全文。

> 联合国大会:
>
> 回顾联合国宪章所制定的关于基本人权与自由的准则及 1958 年 12 月 10 日联大通过的人权宣言;考虑到西藏人民与其他人民一样有资格享有的基本人权与自由,包括民权与宗教自由;铭记着西藏人民独特的文化与宗教遗产以及他们传统上所享有的自治;严重关切达赖喇嘛关于西藏人民的基本人权与自由被强行剥夺的报告;痛惜其对国际关系日益紧张而产生的影响,此时负责任的领导人在积极努力缓和紧张局势,改善国际关系。
>
> (1) 肯定其信仰,即尊重联合国宪章及人权宣言的基本原则是以法治为基础的世界和平秩序演变所必需的。
>
> (2) 呼吁尊重西藏人民的基本人权及其独特的文化与宗教生活。①

10 月 21 日,《纽约时报》文章《洛奇呼吁对西藏问题广开言路》报道说:"据来自联合国的消息,10 月 20 日,美国告知联大,不能因为恐吓而动摇指责中共破坏西藏人权的想法。""美国代表团负责人亨利·洛奇说,'中共力图通过使用强硬语言来恐吓我们'。""很明显洛奇指的是中共发言人今天在联大的讲话及之前在斯蒂瑞委员会上的讲话。""他们说对西藏问题的讨论只能使冷战形势更加严峻,破坏赫鲁晓夫访问艾森豪威尔总统后建立起来的日益缓和的国际关系。"②

10 月 21 日,联大就爱尔兰与马来亚联合提交的草案进行表决,22 日,《纽约时报》对表决结果作了详细报道。第 5 版文章《联大投票表决西藏问题》公布了联大的表决结果:45 票赞成、9 票反

---

① Lindesay Parrott, "U. N. Urged to Back Tibetans on Rights," *The New York Times*, Oct 14, 1959, pg. 1.

② Lindesay Parrott, "Full Tibet Airing is Urged by Lodge," *The New York Times*, Oct 21, 1959, pg. 1.

对、26 票弃权，两个国家缺席。① 同日，《华盛顿邮报》也以"联合国大会投票，45:9 支持西藏"为题作了报道。② 《纽约时报》在头版发表评论文章《联合国投票抨击对西藏的压迫》说："今天联大投票表达了对西藏人民人权遭到压制的关切。""联大投票以 45 票赞成、9 票反对、26 票弃权通过了由爱尔兰和马来亚提交的决议。决议请求联合国在国际局势紧张、人民身陷深重灾难的情况下，关切西藏所发生的事情。""这个投票是经过两天讨论的结果，讨论中，发言人谴责中共 5 万人的部队占领西藏。在某些情况下，这个投票打破了联大通常的阵营间的界限。"③

10 月 23 日，《纽约时报》文章《就西藏问题投票》评论说："西藏案例中最重要的事情是，它记录了多数国家谴责中共在那个地区侵害人权。决议避开了政治问题，保留了道德要素。"④

对于联合国公然干涉中国内政的行为，中国政府发表声明表示了强烈的抗议，指出：西藏是中国的领土。平定叛乱、实行民主改革完全是中国内政，任何国家和国际组织无权过问。全中国人民对美国蓄意加剧国际紧张局势的罪行极为愤慨；美国的阴谋必定失败。⑤

---

① 投赞成票的联合国成员有：阿根廷、澳大利亚、奥地利、玻利维亚、巴西、加拿大、智利、哥伦比亚、古巴、丹麦、厄瓜多尔、萨尔瓦多、希腊、危地马拉、海地、洪都拉斯、冰岛、以色列、意大利、约旦、老挝、利比亚、卢森堡、马来亚、新西兰、墨西哥、中国台湾、荷兰、尼加拉瓜、挪威、巴基斯坦、巴拿马、巴拉圭、秘鲁、菲律宾、瑞典、泰国、突尼斯、土耳其、美国、乌拉圭、委内瑞拉。投反对票的 9 个国家是：阿尔巴尼亚、保加利亚、白俄罗斯、捷克斯洛伐克、匈牙利、波兰、罗马尼亚、苏联、乌克兰等。投弃权票的 26 个国家是：阿富汗、比利时、英国、缅甸、柬埔寨、锡兰、多米尼加共和国、埃塞俄比亚、芬兰、法国、加纳、印度、印度尼西亚、伊拉克、黎巴嫩、利比亚、摩洛哥、尼泊尔、葡萄牙、沙特阿拉伯、南非、西班牙、苏丹、阿拉伯联合酋长国、也门、南斯拉夫。缺席的两个国家是：波多黎各、几内亚。

② Milton Besser, "U. N. Assembly Backs Tibet, 45 – 9," *The Washington Post*, Oct 22, 1959, pg. A10.

③ Lindesay Parrott, "U. N. Vote Assails Tibet Repression," *The New York Times*, Oct 22, 1959, pg. 1.

④ "A Vote on Tibet," *The New York Times*, Oct 23, 1959, pg. 28.

⑤ 《我国政府就联大讨论并通过所谓"西藏问题"的非法决议发表声明》，《人民日报》1959 年 10 月 24 日。

七 结语

综观拉萨叛乱前后美国传统主流媒体对中国西藏的报道，明显呈现出以下几个基本特征：

报道的诸多内容与历史事实严重背离。《纽约时报》3月21日的报道说，"西藏叛乱的原因是，中共当局企图逮捕西藏的精神领袖达赖喇嘛。外界不知达赖身在何处"。25日《纽约时报》文章《中共军队在西藏杀害很多人》援引达赖喇嘛的大哥土登诺布的说法，"汉人使用机枪杀害男人、妇女和儿童"，"寺庙被摧毁，僧侣遭到屠杀"等，都严重违背历史事实。事实上，驻扎在西藏的中国政府军队在拉萨叛乱前后对叛乱分子一直保持了最大限度的克制。而所谓企图逮捕达赖喇嘛更是叛乱分子为了发动叛乱而散布的谣言，但是经由以严肃报纸著称的《纽约时报》报道，使这一历史时间段西方民众形成思维定式：中国共产党对达赖生命安全的威胁导致拉萨叛乱，中国共产党在西藏滥杀无辜，包括妇女和儿童。其直接结果是在西方民众心里嵌入了中国共产党政权是一个残暴政权的妖魔化形象。

报道范式明显体现了东西方冷战的环境背景。《华盛顿邮报》3月30日发表文章《马来亚把西藏看成另一个匈牙利》，报道马来亚外长的讲话："作为亚洲人民的一员及《联合国宪章》的拥护者，马来亚坚决反对使用武力，并对在西藏使用武力深表痛惜。""马来亚政府谴责中共使用武力镇压西藏起义。"[①] 同日，《纽约时报》文章《征服西藏》发表评论说："西藏抵抗运动对于亚洲人民来说是一个象征。西藏被称作亚洲的匈牙利，意义重大。"4月4日，《纽约时报》文章《西藏，新的匈牙利》称："伊斯兰和亚洲的宗教界已加入反对共产主义的基督教世界。""梵蒂冈的广播将西藏

---

① "Malaya Sees Tibet As Another Hungary," *The Washington Post*, Mar 30, 1959, pg. A5.

称作新的匈牙利，但西藏起义规模更大。"4月5日，《纽约时报》刊发读者来信《中国入侵西藏》说："西藏反抗中共统治的叛乱遭到无情镇压，这比俄罗斯人镇压匈牙利的自由起义更为残暴。"①

美国媒体将拉萨叛乱与匈牙利事件相提并论，意在指责中华人民共和国"企图压制一个寻求民主制度的民族国家的进步诉求"。而事实是，西藏并非如匈牙利是一个独立国家，西藏的叛乱分子也不是要在西藏实施民主改革。恰恰相反，西藏的叛乱分子是因为恐惧中央政府在西藏实施民主改革，使西藏落后的农奴制度消失致其特权丧失而发动叛乱。美国媒体将西藏的叛乱与匈牙利起义相提并论，意在将其解读为冷战期间铁幕背后的反社会主义案例。可以看到，美国媒体对叛乱的政治定性非常明确，不但将中国西藏的叛乱与东欧匈牙利事件相提并论，而且评价中国政府的西藏平叛行动是对自由的残暴镇压，鲜明地体现了冷战的意识形态性。

但美国媒体的部分报道从另一个侧面反映了特定时期的特殊历史状态。如关于当时流行的说法："印度北部城市噶伦堡是西藏叛乱的指挥部"，虽然印度政府予以否认，美国媒体亦对印度的主张作了报道，但也从另一个侧面反映了噶伦堡在西藏的叛乱中所发挥的特殊历史影响，如1959年4月4日《纽约时报》报道说："这个周末还能听到拉萨零星的枪炮声，噶伦堡成为世界上第一个知道这个事件的地方。""噶伦堡是喜马拉雅山脚下一个隐蔽的地方。与维也纳不同，不太像一个间谍与反间谍竞技的场所，尼赫鲁总理昨天在新德里承认，噶伦堡是神秘小说作家的富矿。""尼赫鲁说，各色人种以不同的面目来到噶伦堡，有的人身份是技师，有的是地理学家，有的是鸟类观察者，也有记者。还有一些人是慕自然景色而来。""但他特别强调了噶伦堡并非西藏叛乱的指挥中心。"实际上印证了在当时特殊历史时期噶伦堡特殊地理位置带来了一定的政治影响。

---

① Dan Wallack, "China's Aggression in Tibet," *The New York Times*, Apr 5, 1959, pg. E8.

　　虽然极其有限，但是《纽约时报》仍然向民众揭露了美国政府插手中国西藏事务的冰山一角。历史走过 60 个春秋，从解密的历史档案中我们看到，1959 年西藏叛乱背后有着深刻的美国印迹。美国中情局在秘密促动达赖外逃、武装藏南分裂势力等诸多层面发挥了重要作用。甚至在达赖外逃期间，整个世界都在猜测达赖去向的时候，美国中情局一直通过它秘密培训的藏人特工、当时在达赖外逃期间陪伴其左右的阿塔和洛才获取达赖外逃的情报。美国国家安全委员会也一直在关注并开会讨论拉萨叛乱的情况。虽然在当时，外部世界几乎对此一无所知，但《纽约时报》仍然有些微的消息披露。4 月 12 日文章《中情局局长向总统作简要汇报》即报道了艾森豪威尔总统在 4 月 11 日度假期间，与中情局局长艾伦·杜勒斯紧急会晤，讨论世界热点问题包括"西藏问题"。不仅如此，美国媒体利用西藏的叛乱制造恐慌，进而离间中国与周边国家的关系，为美国的进一步插手制造借口，这在媒体的报道中也有体现。8 月 30 日《洛杉矶时报》发表文章《印度将是入侵西藏的战略续篇》报道："中国入侵西藏之后的下一个目标将是尼泊尔，然后依次是不丹、锡金、克什米尔、喀拉拉邦，一旦出现这样的情况，美国的介入将不可避免。"[1] 不过我们看到之后的南亚历史发展轨迹却是：印度吞并了锡金，并成为今日不丹的宗主国。

　　对比历史事实，我们能看到，美国媒体对中国西藏的叛乱及达赖外逃的报道是一个历史真实与谎言的混合体，其政治倾向与冷战时期的国际背景惊人地一致。中华人民共和国则是在这个大的历史背景下被西方妖魔化的新生政权，由此不难理解西方民众为何在"西藏问题"上将中国置于一个道义审判的"专制"看台上，他们将中国政府解放西藏称作侵略，将西藏上层分裂势力妄图维护西藏落后农奴制、维持其贵族特权的政治诉求解读为对专制政府的反抗，也就不足为奇了。

---

　　[1]　Polyzoides, "India Invasion Strategic Sequel to Tibet Seizure," *Los Angeles Times*, Aug 30, 1959, pg. 20.

第七章　冷战结束前后美国传统主流媒体对中国西藏的报道

　　20世纪80年代末90年代初国际形势发生了巨大变化，东欧剧变、苏联解体，这为美国妄图利用"西藏问题"引发中国政治变动提供了历史机遇。"西藏问题"由此成为中美关系中的热点问题，中国西藏由美国学者眼中的"冷战孤儿"①变成了冷战后时代的"宠儿"：达赖喇嘛奔走于美国等西方国家的议会发表演讲；美国国会出台关于"西藏问题"的议案；美国总统访华也要大谈"西藏问题"；美国总统甚至在白宫接见西藏流亡精神领袖达赖喇嘛。因此，这一时期美国媒体出现了密集的对中国西藏进行报道的文章。

　　达赖喇嘛1959年叛逃印度后，曾采取很多措施，包括给美国总统写信积极争取赴美国访问，但在相当长的时间里由于种种原因一直未能成行。1972年美国总统尼克松访华，中美实现关系正常化，"西藏问题"没有成为两国建交的障碍。1979年1月1日，中美正式建交，就是在这一年，美国首次为达赖喇嘛签发赴美旅游签证。虽然美国国务院坚称签证仅仅是为私人宗教访问而签发，但达赖仍然从事了一些低度的政治活动。在华盛顿，达赖喇嘛与几位参议院外交关系委员会成员会晤了30分钟，出席了众议员查理·罗斯组织的有180名国会议员参加的招待会，举行了新闻发布会，并

---

① John Kenneth Knaus, *Orphans of the Cold War: America and the Tibetan Struggle for Survival*, New York: Public Affairs, 2000.

和参议院外交关系委员会的一些成员进行了磋商。① 但由于此时国际关系中，美苏对峙状态下苏联处于强势，美国需要联华共同对付苏联的进攻战略，所以"西藏问题"没能成为影响中美关系的严重障碍。

1985 年苏共总书记戈尔巴乔夫上台后在苏联实施改革，推行亲西方政策，中国在西方反苏战略中的重要性下降。80 年代末 90 年代初，苏联解体东欧剧变，美国希望中国局势可以和苏东一样向美国所希望的方向发展，"西藏问题"由此成为美国撬动中国形势剧变的一个杠杆。1987 年 6 月，美国众议院通过了《关于中华人民共和国在西藏侵犯人权的修正案》，攻击中国对西藏实行"军事占领"和"暴力统治"。这一议案首开八九十年代西方议会干涉中国西藏事务的先例。此案后经美国参众两院修改、讨论后通过，附在《1988—1989 财政年度美国对外授权法案》后面，12 月 22 日里根总统签署生效。该法案除了重复达赖关于中国共产党在西藏消灭了 100 万西藏人的谎言，指责中国在西藏严重侵犯人权，大规模向西藏移民外，还强烈要求中国政府释放所谓的西藏政治犯。② 1987 年 9 月，达赖喇嘛访问美国并在美国的政治中枢国会山发表演讲，提出了他的以"大藏区"为前提的"五点和平计划"。

1988 年 6 月，欧洲议会邀请达赖喇嘛演讲，达赖又一次借机抛出所谓的解决"西藏问题"的"斯特拉斯堡方案"。1989 年，设在挪威奥斯陆的诺贝尔和平奖委员会将当年度的诺贝尔和平奖授予达赖喇嘛。对此，美国国会专门通过一项决议，对达赖喇嘛获得诺贝尔和平奖表示祝贺。③ 就是在这期间，国际政治形势发生剧变，1989 年，苏联爆发"8·19 政变"，中国发生政治风波。继 1989 年

① ［美］A. 汤姆·格兰菲尔德：《为西藏而斗争：利用宣传与公共关系发动政治攻势》，刘浩译，《20 世纪的西藏——国外藏学研究论文集》（第十辑），西藏人民出版社 1993 年版，第 458 页。

② 徐明旭：《阴谋与虔诚：西藏骚乱的来龙去脉》，（加拿大）明镜出版社 1999 年版，第 358 页。

③ 同上书，第 360 页。

底东欧易帜后，苏联各加盟共和国纷纷宣布独立。面对汹涌澎湃的政治变动浪潮，西方国家加大了对达赖喇嘛的支持力度。1991年3月，英国王子查尔斯、英国上下院议长分别接见达赖喇嘛。4月16日，美国总统布什首次在白宫接见达赖。10月28日，就是在布什总统与达赖历史性会见（历史上美国总统与达赖的第一次会面）后的秋天，布什总统签署了一项法律，称"基于国际法西藏是一个被占领的国家，它的真正代表是达赖喇嘛"。这一立场与多年来美国政府坚持世界上只有一个中国、西藏是中国的一个组成部分的观点大相径庭。1991年11月，美国300多名国会众议员呼吁国务卿贝克向中国施加压力，要求中国释放西藏的政治犯。① 12月，苏联解体。1992年8月，90位美国国会议员共同致信中国政府，呼吁中国释放西藏政治犯。就是在这样的国际大环境下，西藏拉萨分别于1987年、1988年、1989年三次发生大规模骚乱，"西藏问题"又一次成为国际媒体关注的焦点。本章以1987—1992年《纽约时报》《华盛顿邮报》对中国西藏的报道为例，具体分析冷战结束前后美国传统主流媒体对中国西藏的报道。②

综观这一时期有关中国西藏报道的文章，大致包括以下几个方面的主要内容。

---

① 郭永虎：《美国国会与中美关系中的"西藏问题"研究》，东北师范大学2007年博士学位论文。

② 这一时期是冷战结束前后国际政治的大变动时期，也是美国插手"西藏问题"非常活跃的时期。1989年苏联发生政变，中国发生政治风波，欧洲冷战的最前沿柏林墙倒塌，就是在这一年达赖喇嘛被授予"诺贝尔和平奖"。1990年德国统一。1991年12月苏联解体，就是在这一年美国总统开了在白宫接见达赖喇嘛的先例。在这期间，1987年、1988年、1989年拉萨多次发生严重骚乱。由此"西藏问题"成为这一时期国际媒体关注的焦点。此外，虽然2012年《纽约时报》历史数据库的数据已经更新至2005年，但《华盛顿邮报》数据库的数据仍然只更新到1992年，《芝加哥论坛报》《洛杉矶时报》数据库尚无1992年的数据。所以本时段研究使用的是1987—1992年《纽约时报》《华盛顿邮报》的资料。

一 拉萨骚乱

20世纪80年代末90年代初，受国际环境中东欧、苏联政治剧变的影响，特别是受达赖"藏独"宣传思想的蛊惑，西藏拉萨于1987—1989年先后出现3次较大规模的骚乱，有海外华人学者评论说，骚乱的实质是达赖集团煽动的非武装叛乱。① 对此，美国主流媒体《纽约时报》《华盛顿邮报》给予了较多的关注和报道。

1. 对1987年拉萨骚乱的报道

1987年的拉萨骚乱发生于9月底、10月初，这是继1959年拉萨叛乱后近30年里西藏发生的第一次大规模骚乱事件，正值达赖喇嘛美国访问结束、所谓的"五点和平计划"出笼之时。《华盛顿邮报》在9月22日曾以"达赖喇嘛呼吁给西藏自由"为题报道了达赖在美国国会的演讲，文章的第一句话就开宗明义地指出："达赖喇嘛向中华人民共和国发出挑战，呼吁其终止对西藏的破坏。"② 9月27日，拉萨发生了以寺庙僧侣为骨干呼喊"西藏独立"口号的抗议活动。《华盛顿邮报》较快地作出了反应。9月30日，《华盛顿邮报》刊发《西藏僧侣抗议中国统治》，文章援引中国新闻社的报道说："西藏喇嘛在周日走上街头示威，寻求独立。有25名僧侣与另外5人，他们扛着雪山狮子旗在西藏首府的大街上高喊'西藏独立'。示威持续了1个小时。"文章评论说："这个抗议活动发生在一个特别敏感的时期，美国众议院刚通过了一个谴责中国破坏西藏人权并损毁数千寺庙的修正案，而且，流亡的西藏领导人达赖

———————

① 徐明旭：《阴谋与虔诚：西藏骚乱的来龙去脉》，（加拿大）明镜出版社1999年版，第305、311页。

② Rene Sanchez，"Dalai Lama Urges Tibetan Freedom，" *The Washington Post*，Sep 22，1987，pg. B4.

喇嘛刚刚结束了对美国的私人访问。"① 10 月 1 日，《纽约时报》发表文章《中国报道了喇嘛要求给予西藏自由的抗议活动》："中国罕见地公开报道了西藏的不同政见。中国新闻社报道，一些佛教僧侣走上街头游行要求西藏独立。新闻社说，游行发生于周日的西藏首府拉萨。这里 1959 年被中国军队占领。""根据中新社的报道，有 21 名喇嘛和另外不知姓名的 5 人在拉萨的大昭寺附近游行，这里是西藏佛教的圣地。他们高喊着'西藏独立'的口号，手里挥舞着传统的雪山狮子旗。""21 名喇嘛被逮捕。""27 名警察受伤。""一位西方游客说他看到有 150 人手拿着旗子。"②

10 月 1 日，拉萨出现更大规模的示威活动，并演变为骚乱。《纽约时报》在 3 日发表文章《西藏争取独立的抗议活动演变成骚乱》说："周四，西藏首府数千藏人争取独立的游行演变成暴力冲突。目击者说，示威者向警察投掷石头，火烧警察局。报道说有 6 人被打死。""官方的中新社说，除 6 人被打死外，另有 19 名警察重伤。据说是暴乱者从警察手里抢走了枪并向警察开枪，而这些警察却严格遵守上级不准开枪的命令。""中国指责西藏佛教精神领袖达赖喇嘛秘密策动了这次抗议活动。""哥伦比亚广播公司（CBS）援引来自香港新闻局的消息说，有 2 名美国人被拘留，一位是来自马萨诸塞剑桥的约翰·阿克里（John Ackerly），36 岁；一位是来自路易斯安那的布雷克·科尔（Blake Kerr）博士，31 岁。"③ 随后的两天，《纽约时报》一直跟踪报道这两个美国人的情况。4 日，《纽约时报》刊发文章《两名美国游客仍在关押中》④，

① Daniel Southerland, "Tibet Monks Protest Rule by Chinese," *The Washington Post*, Sep 30, 1987, pg. A28.

② Edward A. Gargan, "Chinese Report Protest by Lamas to Free Tibet," *The New York Times*, Oct 1, 1987, pg. A8.

③ Edward A. Gargan, "Tibetan Protest for Independence Becomes Violent," *The New York Times*, Oct 3, 1987, pg. 1.

④ Peter Kerr, "2 American Tourists Are Still in Chinese Custody," *The New York Times*, Oct 4, 1987, pg. 16.

5 日刊发文章《中国释放在西藏骚乱中被羁押的两名美国人》。①

10 月 4 日，《华盛顿邮报》发表题为"据说西藏警察向示威者开枪"的文章，对 10 月 1 日的拉萨骚乱作了较详细的报道。文章说："据在西藏首府旅游的外国目击者说，周四，在拉萨，中国警察向示威的藏人开枪，造成至少 6 人，很可能是 13 人死亡。""流亡的西藏宗教领导人达赖喇嘛今天谴责了骚乱事件中对藏人的杀戮，并说，暴力不能解决任何问题。""流亡政府国际部的达瓦顿珠说，拉萨事件可能会演变成席卷整个西藏的大规模起义。""分析人士说，警察的行为可能成为进一步抗议活动的导火索。""中国新闻社报道说，骚乱自上午 10 点持续到黄昏，示威者中有两名外国人，他们挥动手臂鼓动攻击警察。""有两名美国人被逮捕。""中国新闻社的报道说，他们有两名记者遭到示威者的攻击，其中 1 人头部遭到石击，留下一个 2 英寸的口子，1 人的脸部被打至瘀青。"②

10 月 5 日，《纽约时报》发表文章《中国在西藏首府实施宵禁》说："在西藏首府爆发主张独立的示威游行，报道说有 6 人死亡；中国政府在这里实施了宵禁"，"色拉寺的喇嘛说，他们在计划下一次的抗议活动"。这篇文章另配有一幅来自路透社的图片，内容是西藏人在周四的骚乱中抢劫警察局。③

10 月 6 日，《华盛顿邮报》发表文章《中国向西藏空运了更多的安全部队》说："今天中国政府空运了两架飞机的安全部队至西藏首府，并命令分裂分子在 15 日前投降，否则将对他们进行严厉惩罚。""尽管政府已发出警告，但喇嘛们仍然告诉外国记者，他们已做好准备使用拳头，如果能得到武器的话他们会使用枪炮，与

① James Barron, "Chinese Release Two Americans Detained During Rioting in Tibet," *The New York Times*, Oct 5, 1987, pg. A6.

② Daniel Southerland, "Police Said to Fire in Tibet Riot," *The Washington Post*, Oct 4, 1987, pg. A1.

③ "Chinese Curfew in the Tibet Capital," *The New York Times*, Oct 5, 1987, pg. A6.

中国人战斗。"①

10月7日,《华盛顿邮报》文章《中国在西藏逮捕了60名僧侣》报道:"准军事部队逮捕了60名佛教僧侣。这些僧侣在向首府拉萨行进,要求释放在近期的抗议活动中被逮捕的喇嘛时遭到棍棒的殴打。"②

10月11日,《华盛顿邮报》发表文章《人们看到外国人在西藏骚乱中扮演了角色》说:"外国游客支持喇嘛。""许多观察家认为,在过去两周的时间里,外国人的这种支持阻止了中国人在这次主张独立的抗议后更严厉的镇压。"文章说,当时在拉萨有两名美国人成了色拉寺喇嘛的朋友,他们应邀到寺院给在10月1日骚乱中死亡的两名喇嘛的尸体拍照。之后这两人又和另外一名美国人一起应邀观看了两名喇嘛及另外5人的天葬。③

11月1日,《纽约时报》发表文章《西藏共产党将骚乱与达赖喇嘛联系到一起》报道:"今天,来自西藏的共产党官员谴责西藏流亡精神领袖达赖喇嘛策动了这次西藏骚乱。""这是自1个月前西藏佛教僧侣在拉萨示威游行要求独立之后,中国政府在西藏的官员首次对外国记者谈这次抗议活动。""这些官员是在中共十三大的记者会上讲的。""西藏自治区政府主席多吉才让说,1985年达赖喇嘛派人从事爆炸活动。1986年达赖喇嘛又派人回到拉萨从事暗杀活动。""西藏精神领袖(达赖喇嘛)在他的位于达兰萨拉附近的总部说,无论如何暴力都是不合适的。""中国1950年入侵了西藏,并于1959年镇压了西藏的独立起义。就是在那一年,达赖喇嘛与成千上万的西藏人逃往印度,定居于达兰萨拉。北京坚持说西藏是中国的一部分。""多吉才让指责达赖喇嘛在西藏叛乱中起着

---

① Daniel Southerland, "China Flies More Security Forces to Tibet," *The Washington Post*, Oct 6, 1987, pg. A1.

② Jane Macartney, "Chinese Arrest 60 Monks in Tibet," *The Washington Post*, Oct 7, 1987, pg. A29.

③ Daniel Southerland, "Tourists Seen Playing Role Inside Tibet," *The Washington Post*, Oct 11, 1987, pg. A54.

策动与操纵的作用，他说，我们有足够的证据证明，上个月在拉萨发生的骚乱是由达赖集团策动与操纵的。""在一个月前的骚乱中，有5名外国记者被从西藏驱逐出来。今天多吉先生说西藏并没有对外国记者关闭，但他们必须提出申请。北京的很多外国记者申请都已遭到拒绝。"①

关于1987年的拉萨骚乱事件，中华人民共和国外交部、国家民委举行新闻发布会，明确指出，骚乱事件是少数分裂主义分子为配合达赖集团在国外分裂祖国的活动而制造的一次政治事件。这次骚乱与达赖喇嘛不久前访问美国要求西藏独立有关，并不是巧合。外交部新闻发言人李金华说，达赖在美国和其他一些国家公开鼓吹西藏独立，妄想依靠外国人的支持来进行分裂祖国的活动，他的目的是绝不可能得逞的。中国的领土主权不容侵犯，中国的内部事务不容外国干涉。针对外电报道，这次拉萨骚乱事件中有19人死亡，但中国官方报道只有几人死亡。中国国家民委负责人范培廉说，目前查明，在骚乱过程中死亡6人，19名公安人员受重伤，还有更多的人受了轻伤。发生伤亡的原因是，有的暴徒抢了公安人员的枪支，并在人群中开了枪，还抛掷石块。6个人就是在这样的骚乱中死亡的。维护秩序的公安人员严格遵守上级命令，没有开枪，没有还击，因此不少公安人员受伤，有的还受了重伤。范培廉在回答记者提问时还指出，"我们也注意到，国外有的新闻机构对这个问题的报道是失实的。有的是不了解情况，或者不了解全部情况，道听途说；有的是有意夸大甚至歪曲事实。例如，10月5日在西藏日喀则有1000多名藏族群众集会谴责少数分裂主义分子在拉萨闹事，有的外国通讯社却把这件事歪曲成在日喀则也发生了骚乱"。② 不难发现，在非常时期的中国边疆地区总能看到美国人的身影，听到

---

① Edward A. Gargan, "Tibet Communists Link Riots to Dalai Lama," *The New York Times*, Nov 1, 1987, pg. 8.

② 徐心华、邹爱国：《外交部国家民委举行新闻发布会，拉萨少数人制造骚乱是配合达赖集团分裂祖国活动，班禅副委员长表示坚决谴责少数人分裂祖国的行径》，《人民日报》1987年10月8日。

美国媒体的声音。

2. 对 1988 年拉萨骚乱的报道

1988 年拉萨骚乱发生于 3 月 5 日，拉萨祈祷大法会的最后一天。这一天上午举行的迎请强巴佛环绕八廓街一周的仪式即将结束时，混在喇嘛里的少数分裂主义分子在大昭寺南侧松曲热广场的讲经台上开始起哄，围攻佛协西藏分会和自治区民族宗教事务委员会的负责同志，并呼喊"西藏独立"等反动口号。接着，少数分裂主义分子又开始向大昭寺三楼南侧佛协传昭办公室投掷石块。10 时许，20—30 名喇嘛开始绕着八廓街游行，边走边呼喊反动口号，他们冲击传昭办公室，砸毁了西藏电视台的转播车和采访车，焚烧了佛协的一辆小轿车。在闹事过程中，少数分裂主义分子还砸坏了消防车和其他一些车辆，砸毁、抢劫和烧毁了一些个体户的财产，并向群众和前来维持秩序的公安人员、武警战士投掷石块，打伤了执勤人员。在少数分裂主义分子闹事愈演愈烈的情况下，前来维持秩序的公安人员和武警战士进入大昭寺广场，驱散闹事的骚乱分子。[①] 对此，美国传统主流媒体进行了报道。3 月 6 日，《纽约时报》发表文章《派出所在西藏骚乱中遭到袭击》说："据中新社的消息，今日拉萨发生骚乱，警察局遭到袭击。""在中国，西藏人主张独立是一种犯罪。"[②] 7 日，《纽约时报》发表文章《据报道在最近的这次西藏骚乱中有 3 人死亡》说："据周日北京方面得到的消息，在周六拉萨的反汉抗议中，至少有 3 人，也许多至 10 人被打死，1 名警察死亡。""这次示威游行是由一位主张独立的、高喊独立口号的喇嘛被逮捕而引起的。""据报道，成千上万的西藏人涌上街头，放火，并用石头砸向警察局。警察试图用催泪弹控制群众，但骚乱持续了一整天。""中国方面指责达赖喇嘛应对所发生

---

① 卢小飞：《少数分裂主义分子闹事，在拉萨市蓄意制造骚乱》，《人民日报》1988 年 3 月 7 日。

② Edward A. Gargan, "Police Station is Hit in Rioting in Tibet," *The New York Times*, Mar 6, 1988, pg. 3.

的拉萨骚乱事件负责。西藏佛教精神领袖达赖喇嘛在 1959 年中国军队入侵西藏时逃亡至印度。"①《华盛顿邮报》也在 6 日、7 日、8 日连续发表文章报道拉萨骚乱事件。6 日文章《西藏首府发生骚乱》说:"根据中新社的报道,在西藏首府拉萨的闹市区,警察局遭到攻击,警察被打,交通工具遭到破坏。""这是自去年 9、10 月份在西藏发生要求独立的叛乱遭到镇压后的第一次暴力示威游行。""本周早些时候香港的亲共报纸《大公报》刊发了一则来自拉萨的报告,承认西藏有政治犯。有 12 名反革命分子被关押在西藏的监狱中。""这家与北京关系密切的报纸说,那些被关进监狱的反革命分子挑动西藏独立,其中一些人是从海外被派遣进入西藏的间谍。"文章还说:"根据法新社的报道,西藏流亡组织早些时候说,达赖喇嘛的助手洛桑旺秋死于狱中。但中国官员否认了这个说法。西藏区政府副主席嘉措对两名外国记者说,这位自 1959 年以来一直蹲在监狱里的持不同政见者死于肝癌。""位于伦敦的人权组织大赦国际(Amnesty International)将洛桑旺秋定性为思想犯。他 74 岁,是在监狱里羁押时间最长的西藏持不同政见者。"②

1988 年拉萨骚乱发生后,国际社会予以密切关注。4 月 5 日《华盛顿邮报》发表文章《西藏领导人讲述反中国示威》报道:"西藏第二号宗教领袖班禅喇嘛今天说,在上个月拉萨发生的骚乱中有 200 多人被逮捕,还有去年参与骚乱的 15 人仍然关在监狱中。""班禅喇嘛在过去的几十年里一直和中国政府密切合作。他在新闻发布会上说,在 3 月份的骚乱中有 5 人死亡,其中两人被警察开枪打死,这是中国高级官员首次承认警察在骚乱中开枪,并造成平民死亡。"③

---

① Edward A. Gargan, "3 Reported Dead in Latest Tibet Riots," *The New York Times*, Mar 7, 1988, pg. A1.

② Daniel Southerland, "Riot Reported in Tibetan Capital," *The Washington Post*, Mar 6, 1988, pg. 1.

③ Daniel Southerland, "Tibetan Leader Describes Anti - Chinese Demonstrations," *The Washington Post*, Apr 5, 1988, pg. A15.

4月19日，《华盛顿邮报》发表文章《国务院高级官员说，西藏可能面临更多的骚乱》。文章说："自上个月西藏发生骚乱后，首位访问其首府拉萨的美国国务院高级官员今天说，这座城市表面上很平静，但可能会有进一步的反中国骚乱发生。""负责东亚事务的助理国务卿芮效俭（J. Stapleton Roy）刚刚结束了为时4天的对拉萨及其东南城镇的访问，他说，中国政府想要外国游客回到西藏旅游，但限制旅游范围及旅游形式。"这篇文章说："中国在1950年使用武力兼并了西藏，但是西藏人与中国平民及驻扎在西藏的军队一直关系紧张。"①

5月8日，《纽约时报》发表文章《最新报道称18名喇嘛在西藏抗议中死亡》报道："据一位骚乱后进入西藏的外国人最新报告，3月份拉萨发生的民族主义者的抗议中，至少18人，包括1名12岁的男孩死亡。""记者行动受到限制。""整个城市见不到喇嘛。"②

1988年拉萨骚乱后不久，达赖喇嘛访问欧洲，并在法国提出所谓的和平建议——"斯特拉斯堡方案"，6月16日，《华盛顿邮报》以"达赖喇嘛要求西藏能在中国统治下实现地方自治"为题目进行了报道。文章说："西藏流亡领袖达赖喇嘛呼吁中国在保持驻军、负责外交事务的情况下，允许他的国家有限度地独立。""达赖喇嘛说，许多西藏人对这种温和的中间路线很失望。""但是他认为这种和解方式是西藏人民恢复其基本权利的一种最现实的方法。"③

3. 对1989年拉萨骚乱的报道

1989年3月5日，西藏少数分裂主义分子在拉萨蓄意制造了一

---

①　Daniel Southerland, "Tibet Could Face More Riots, Top State Dept. Official Says," *The Washington Post*, Apr 19, 1988, pg. A24.

②　Mark A. Uhlig, "New Report Says 18 Monks Died in Tibet Protest," *The New York Times*, May 8, 1988, pg. 6.

③　Associated Press, "Dalai Lama Asks Home Rule, With Chinese Role, in Tibet," *The Washington Post*, Jun 16, 1988, pg. A34.

起严重骚乱事件。他们对一些机关单位和商店进行了打、砸、抢、烧，并公然向公安武警开枪射击。他们呼喊"西藏独立"的口号，游行示威。更为严重的是，他们纠集数百人，4次冲、砸城关区委和区政府机关，摘下了城关区机关的牌子砸毁，并砸毁了交通警岗和指示灯，砸坏了公安、武警、消防的20多辆汽车。医务人员赶往现场抢救伤员，一些骚乱分子竟然砸碎救护车的玻璃，打伤了司机。在骚乱分子一意孤行、劝阻无效的情况下，公安干警被迫开枪，并采取果断行动，控制事态发展。骚乱中，1名武警战士牺牲，40多名公安武警受伤，其中11名重伤者住院。在混乱中，60多名骚乱分子和围观群众受伤，10人死亡。① 对此，美国媒体给予了报道。

3月6日，《纽约时报》发表文章《在西藏，暴乱者与警察发生冲突，11人死亡》报道："昨天，在西藏，大约600人攻击了党政机关大楼，之后警察向主张独立的骚乱者开枪。""根据中新社的官方报道，有1名警察、10名抗议者被杀害，另有10名警察、40名抗议者受伤。""这是18个月以来在西藏发生的至少第4次暴力冲突。这表明，主张独立的西藏人与北京当局的关系日益紧张。北京方面坚持西藏将永远属于中国。美联社援引中新社的报道说，只是在过去的3周里，西藏就发生了4起非法主张西藏独立的示威游行。"② 同日，《华盛顿邮报》也发表文章报道了5日的拉萨骚乱，题目是"中国人在西藏开枪"。文章说："昨天，在西藏首府拉萨，中国警察向主张独立的非法游行（随之演变成暴乱）示威者开枪，11人被打死，100多人受伤。""在过去两年的时间里，西藏问题一直是中美关系中的敏感问题，自从去年12月警察向手无寸铁的示威者开枪以后，（国务院官员）明显是回应来自国会的压力，也对西藏形势表达了关切。""国会议员敦促布什总统在上月

---

① 《拉萨发生严重骚乱事件，少数分裂主义分子肆意打砸抢烧并开枪，公安干警被迫采取果断措施以控制事态》，《人民日报》1989年3月6日。

② Nicholas D. Kristof, "11 Killed in Tibet as Rioters Clash With the Police," *The New York Times*, March 6, 1989, pg. A6.

对北京的访问中提出西藏问题，但很明显他并没有。"① 7 日，《华盛顿邮报》报道了 6 日拉萨发生的骚乱，说："西藏暴乱者继续闹事，他们捣毁汉人的商店，设置路障，在城东点起篝火。一些西方人和藏人目击者估算，两天的死亡人数已增至 30 人，伤者逾 100人。根据中新社的最新报道，今天有 1 名西藏人被打死，6 人受伤。"同日的《华盛顿邮报》还以"西藏最近发生暴乱"为题对1987 年以来拉萨发生的骚乱事件作了简要回顾和概述。② 《纽约时报》在 3 月 8 日发表文章《西藏抗争被认为是对中国的重大挑战》报道："西藏流亡精神领袖达赖喇嘛的法律顾问迈克尔·万·瓦尔特（Michael Van Walt）说，最近 3 天的骚乱是 1959 年以来对中国统治最严重的挑战。""芝加哥大学藏学专家马修·凯普斯顿（Matthew Kapstein）教授说，自从 1987 年 9 月份的第一次示威游行以后，拉萨几乎每一个家庭都有亲戚或者朋友在警察向手无寸铁的群众开枪并大规模逮捕游行者的骚乱中受牵连。""一些中国问题研究专家说，北京在拉萨实施军事管制是一个非常不寻常的行动，其原因部分是由于最近的一系列事情对共产党的统治产生了威胁，包括通货膨胀、官员腐败，以及地方独立倾向如成千上万的工人突然大规模移居南方城市广东找工作等。""哈佛大学从事东亚研究的费正清中心副主任、波士顿大学历史学教授莫利·古德曼（Merle Goldman）教授说：共产党最担心的是这种失去控制的局面导致首先是学生，然后是工人的抗议，最终使整个国家失去控制。""最近西藏爆发的示威游行很明显是由周五的 1959 年反抗中国人的西藏起义周年纪念引发的。根据最近公开的中国文件，在那次起义中有 87000 名西藏人被打死，起义很快被军队镇压下去，达赖喇嘛逃

① Daniel Southerland, "Chinese Open Fire In Tibet," *The Washington Post*, Mar 6, 1989, pg. A1.

② Daniel Southerland, "Recent Violence in Tibet," *The Washington Post*, Mar 7, 1989, pg. A16.

往印度，至今仍在流亡。"① 10 日，《纽约时报》发表文章《中国在西藏的失败》说："自 1950 年以来，中国在西藏展现了罕见的帝国主义面孔——他们捣毁数千座寺庙，压制西藏的语言与文化，广泛安排中国的殖民者定居。由此可能导致百万西藏人死亡。"② 《华盛顿邮报》也发表评论《西藏（骚乱）可能会削弱北京对它的支持》说："中国在拉萨实施军事管制表明，中共对西藏人要求独立的管控失败。这个失败可能会削弱领导层中改革者的地位，这些人主张这个遥远的地区对外部世界开放。"③

1989 年拉萨骚乱事件发生后，中国外交部立即召开新闻发布会，表明中国政府的立场。外交部发言人李肇星在 3 月 9 日的新闻发布会上说，少数分裂主义分子在拉萨打、砸、抢、烧，蓄意制造骚乱，这是严重违反法律、旨在分裂祖国的暴力事件，与人权、宗教或民族问题毫不相干。他说，"中国政府和人民，包括西藏人民，绝不允许任何人以任何借口分裂祖国、破坏民族团结。达赖集团想借外国力量分裂祖国、破坏民族团结的企图是不可能得逞的"。针对美国国务院发言人发表言论，对"拉萨暴力事件"表示遗憾，并称已与中国就此事进行接触，李肇星强调，西藏是中国领土不可分割的一部分。西藏事务不容任何外国政府、组织或个人干涉。④ 表达了中国政府的严正立场。

二 美国政府对中国处理拉萨骚乱的态度

自从 1987 年 9、10 月拉萨发生骚乱以来，美国政府的态度经历了一个不断变化的过程，先是国务院与国会立场明确相左，国务

① Fox Butterfield, "Tibet Strife Seen as Major Challenge to China," *The New York Times*, Mar 8, 1989, pg. A11.

② "China's Failure in Tibet," *The New York Times*, Mar 10, 1989, pg. A32.

③ Daniel Southerland, "Tibet May Weaken Backers in Beijing," *The Washington Post*, Mar 10, 1989, pg. A35.

④ 《外交部发言人指出拉萨骚乱与人权问题不相干，达赖想借外国力量分裂祖国不可能得逞》，《人民日报》1989 年 3 月 10 日。

院面临来自国会的压力，继之，随着国际形势及中美关系的微妙变化，美国国务院的态度发生了明显的转变。这在媒体对"西藏问题"的报道上有着鲜明的体现。

1987年10月7日，《纽约时报》发表文章《北京在西藏骚乱事件中得到（美国）行政部门的支持》报道："今天，里根政府表态对北京在西藏骚乱中的立场表示支持。但参议院投票谴责了中国在西藏的镇压。""西藏的反中国示威游行在最近几天演变成了暴乱，据报道，在周四的冲突中有14人死亡。今天抗议活动继续，有60人游行至西藏首府拉萨的政府办公大楼，在那里被武装的中国警察逮捕。行政部门与国会在西藏事件中的不同立场折射出其不同的利益所在。行政部门不愿意伤害中美关系。但今天参议院投票98:0的结果昭示了国会对中国在西藏侵害人权高度关注。中国在1950年占领了西藏。""参议院的投票理所当然地招致中国的抗议，中国说这是美国干涉别国内政的典型例子。""国务院官员今天表态，强烈反对参议院的做法。参议院通过的国务院授权法案修正案敦促里根总统与西藏佛教领袖达赖喇嘛会晤。""国务院再次重申美国在西藏问题上的立场：西藏是中国的一部分，达赖是一个宗教领袖，而非流亡政府首脑。""美国自40年代以来一直承认中国对西藏的主权。自1978年以来一直坚持西藏是中国的一部分。"①

10月15日，《纽约时报》发表文章《美国官员为政府在西藏骚乱中的立场辩护》说："国务院著名中国问题专家否认了来自国会两党议员的指控，议员说行政部门在最近的西藏骚乱事件中偏袒中国一方。"负责东亚与太平洋事务的副助理国务卿芮效俭在两院外交事务委员会的联合听证会上说："对最近西藏接连发生的暴乱事件我们已经发出了自己的声音。""我们对此深表痛惜，但我们不准备采取任何行动。""今天的听证会凸显了行政部门与国会在西藏问题上的不同立场。""国务院否定了达赖喇嘛的计划，芮效

---

① Elaine Sciolino, "Beijing is Backed by Administration on Unrest in Tibet," *The New York Times*, Oct 7, 1987, pg. A1.

俭说，因为这是一个流亡政府首脑提出的政治计划。但至今没有任何一个政府包括美国政府承认这个流亡政府。""他说国务院将反对加利福尼亚民主党人参议员兰托斯提出的给流亡政府如巴勒斯坦解放组织所享有的联合国观察员地位的计划。"①

10月18日，《纽约时报》发表文章《美国重新评估对西藏问题的立场》说："里根政府的一些高级官员得出的结论是，美国对最近西藏发生骚乱的反应不够强硬。他们说他们正在努力确定一个有效的方式表达他们对中国在西藏骚乱事件中行为的不满。""这些官员承认，美国政府为了不激怒中国政府，没能采取坚定立场在世界范围内维护人权。中国指责美国政府干涉其内政，并威胁说这会损害双边关系。"②

1989年3月17日，《纽约时报》发表文章《美国对西藏暴乱深表遗憾》报道："国务院说，今天美国批评中国使用武力弹压西藏示威。但没有直接向中国政府表达这一观点。""国务院发言人瑞德曼（Charles E. Redman）说，美国对暴乱事件，特别是对使用武力造成数人死亡和受伤深表遗憾。但他没有点中国的名。"③

针对美国政府在"西藏问题"上对中国的态度日益强硬，特别是美国国会邀请达赖喇嘛到国会山演讲、美国总统布什在白宫接见达赖，中国驻美大使馆也通过美国媒体作了回应，以表明中国政府的态度。《纽约时报》1991年4月10日发表中国使馆新闻官的文章《在"西藏问题"上对中国的指责经不起推敲》说："西藏不是一个国家。世界上所有的国家都承认西藏是中国领土不可分割的一部分。""所谓的在喜马拉雅地区，由于中国的殖民主义，至少有百万的西藏人被谋杀或因酷刑死亡，或因饥饿而死，完全是无稽之

---

① Elaine Sciolino, "U. S. Official Defends Stance on Turmoil in Tibet," *The New York Times*, Oct 15, 1987, pg. A18.

② Elaine Sciolino, "U. S. is Reassessing Response on Tibet," *The New York Times*, Oct 18, 1987, pg. 18.

③ Elaine Sciolino, "U. S. Deplores Violence in Tibet," *The New York Times*, Mar 17, 1989, pg. A8.

谈。""达赖喇嘛不是一个纯粹的宗教人士，他是一个政治流亡者，长期从事旨在分裂中国的活动，他支持西藏内外的分裂势力策动西藏暴乱。我们反对他在任何国家从事任何形式的政治活动。中国政府不接受任何国家的领导人接见达赖喇嘛。"① 鲜明地表达了中国政府的立场。

三　中国与美国、印度关系中的涉藏问题

1. 对中美关系中"西藏问题"的报道

1988 年 3 月 23 日，《纽约时报》发表一篇文章《西藏在美中关系中的角色》，作者是当时纽约大学帝州学院的历史学系助教、《现代西藏的诞生》一书的作者谭·戈伦夫，他长期研究中美关系与"西藏问题"。他针对一段时间以来《纽约时报》对中国西藏的报道，特别是 9 日的《谁能为西藏呐喊？》② 而撰写了这篇文章。文章说："西藏的很多问题是由于政策失败直接产生的。因为这些政策的制定者及具体执行者都是北京的官员，而这些人根本就不了解这个地区历史与文化的独特性。""但美国政府的行动使问题激化也是事实。自从 1949 年共产党赢得内战的胜利明晰以后，美国官员就开始对西藏感兴趣，将西藏作为反共斗争的一件抵押品。在冷战的高潮时期，美国官员努力诱使达赖逃离西藏，并利用他作为反共的一个象征。""达赖曾经两次拒绝美国的引诱，自愿选择与北京政府合作，美国却继续鼓励他反叛，自 50 年代至 1971 年，美国秘密资助中情局实施游击战。""美国方面最好是鼓励北京与达赖继续谈判，而不是简单地指手画脚。"③ 这是数年来美国媒体罕见地刊登一位持中立场的美国学者关于"西藏问题"的文章。

---

① Chen Defu, "Accusations Against China on Tibet Can't Withstand Scrutiny," *The New York Times*, Apr 10, 1991, pg. A24.

② "Who May Cry for Tibet?" *The New York Times*, Mar 9, 1988, pg. A30.

③ A. Tom Grunfeld, "Tibet's Role in U. S. – China Relations," *The New York Times*, Mar 23, 1988, pg. A26.

1989 年春夏之交的中国政治风波后，美国在人权问题上加大了对中国的施压力度。1990 年 2 月 4 日，《纽约时报》发表文章《美国报告指责中国严重侵犯人权》说："与布什政府对中国的谨慎声明完全不同，国务院的一份秘密报告说，去年，在北京、西藏及中国的其他地方，存在大范围的严重侵犯人权的情况。"[①]

对于达赖喇嘛利用访美契机实施"西藏问题"国际化的图谋，中国政府表达了不满与抗议。1991 年 4 月 5 日，《华盛顿邮报》发表文章《中国对达赖喇嘛访问美国感到不满》说："中国政府给至少 3 所美国大学写信，对计划中的达赖演讲提出质疑。人权活动家和西藏的支持者说，中国政府是要扰乱这位流亡领袖此次的出访。""中国驻纽约领馆办公室给哈佛大学、麻省理工学院、康奈尔大学的校长写信，称达赖是一位从事政治活动的流亡者，目标是分裂国家。建议取消对达赖的邀请，并且暗示这会影响中美之间的文化交流。"文章说："美国国会已经谴责了中国的西藏政策，称在过去几十年的时间里，有超过百万的西藏人死亡，但中国反驳说这是干涉中国的内政。北京说，自 13 世纪以来西藏就是中国领土不可分割的一部分。但西藏人说，直至 1950 年共产党入侵他们的国家，西藏一直是一个独立的国家。""上个月晚些时候，达赖喇嘛在纽约说，西方国家有义务帮助西藏。他说他不明白为什么美国看起来更关心波罗的海国家的自由而非帮助西藏。他说，我们希望与波罗的海国家一样能够得到支持。"[②]

美国总统与一位政治流亡者的会晤具有重要的政治象征意义，整个世界的媒体都给予了充分的关注。1991 年 4 月 17 日，《华盛顿邮报》发表文章《布什会见西藏达赖喇嘛》，报道了达赖喇嘛与美国总统的会晤。文章说："布什总统不顾中国的反对，昨天在白宫与达赖进行了私人会晤。这是历史上美国总统第一次与西藏流亡

① Robert Pear, "U. S. Report Accuses China of Grave Rights Abuses," *The New York Times*, Feb 4, 1990, pg. 26.

② Valerie Strauss, "China Frowns On Dalai Lama's U. S. Visit," *The Washington Post*, Apr 5, 1991, pg. A13.

领袖的会晤。""这位西藏领导人是 1989 年诺贝尔和平奖得主，他说，美国是一个崇尚自由、民主的国家，美国应当在国际关系中坚持这些原则。""行政部门的官员没有说为什么布什总统会晤了周一到达华盛顿的达赖喇嘛，但在两年前这位西藏领袖来访时却拒绝这样做。""会晤中，达赖喇嘛说，他可能会改变过去那种反对使用制裁方式向中国施压以缓解西藏形势的立场，指出制裁对南非产生了影响。""对于制裁，这位西藏人说，美国应该告诉中国，要认真思考西藏问题。如果这样不起作用的话，那就实施第二个步骤。没有选择，应该给中国一点压力。"① 这些言论表达了达赖喇嘛这位政治流亡者期望利用美国向中国施压，甚至要求美国施以制裁手段达到其政治目的的想法。

利用流亡藏人移民世界各地以宣传达赖的政治主张，是达赖喇嘛将"西藏问题"国际化的重要手段。1992 年 4 月 18 日，《纽约时报》发表文章《记事：达赖喇嘛祝福移民美国的西藏人》报道："带着西藏精神领袖达赖喇嘛的祝福，一小批西藏难民今日将抵达纽约的肯尼迪国际机场。在印度达兰萨拉的送别仪式上，达赖喇嘛说，西藏正在经历历史上的关键时期，他表示希望这些人到达美国后能够成为优秀的形象大使。""位于纽约的西藏联合会主席洛桑嘉措说，难民的使命就是为 1950 年以来生活在中国占领下的受苦受难的西藏难民讲话，就是要学习民主制度、民主进程及民主文化。"文章说："直到现在，移民美国也很困难，因为中国声称对西藏拥有主权。经过西藏人以及他们的美国支持者积极游说后，1990 年的一个移民法案特别条款给西藏人派发了 1000 个移民签证。"重新安置西藏人"项目（Tibetan Resettlement Project）主任爱德华·本德纳尔（Edward Bednar）说，第一批的 8 人移民将定居在纽约市、明尼阿波利斯地区以及马萨诸塞州的阿默斯特（Am-

---

① Valerie Strauss, "Bush Meets with Tibet's Dalai Lama," *The Washington Post*, Apr 17, 1991, pg. A3.

herst）。从 6 月开始，直到 10 月，每个月会有 60 人抵达美国。"①
这些移居到海外的流亡藏人成为宣传达赖集团政治主张的有生
力量。

此外，冷战结束前后美国国会还通过听证、表决议案等方式为
达赖集团"西藏问题"国际化运动鸣锣开道。1992 年 7 月 29 日，
《华盛顿邮报》发表文章《听证会上美国政府的西藏政策遭到指
责》说："昨天，美国参议院首次召开关于中国占领西藏的听证
会，美国的西藏政策遭到电影演员理查·基尔、几位民主党参议员
及达赖的特别代表的严厉批评。他们指责布什政府向中国低头，无
视 40 年来在中国统治下的西藏人民要求独立的愿望。"但"国务院
副助理国务卿安德森（L. Desaix Anderson）重申美国的立场：西藏
是中国的一部分，美国从来没有承认过西藏是一个独立的国家"。
"他说，没有证据表明中国政府利用移民汉化西藏。他声称，自 80
年代早期始，中国就开始在西藏实施对西藏文化与宗教包容的政
策。10 多年来一直致力于解决西藏难民问题的佛教徒基尔说，中
国在西藏实施系统的种族灭绝政策。他举证说，中国资助百万汉人
定居西藏。中国侵犯人权、破坏环境。""基尔说，现在必须停止
帮助那个以安静外交为名的专制的中国共产党政权。基尔号召停止
与中国的正常贸易。"这篇文章配有理查·基尔与达赖特使在听证
会上交换意见的照片。②

2. 对中印关系中"西藏问题"的报道

美国媒体对中国西藏的报道往往与中印关系联系在一起。1987
年 6 月 2 日，《纽约时报》发表文章《中印西藏边界的领土争端》
报道："中国与印度的边界形势持续紧张。中国向这片人口稀少的
山区中印争议区部署了大量军人和武器。""中印双方的官员都否

① Marvine Howe, "Chronicle: With Blessings from the Dalai Lama, Displaced Tibetans Set out for U. S. ," *The New York Times*, Apr 18, 1992, pg. 20.

② Daniel Southerland, "U. S. Policy on Tibet Assailed at Hearing," *The Washington Post*, Jul 29, 1992, pg. A18.

认两军之间存在冲突，但有在西藏生活经验的西藏人和西方人说，中国的军事活动频率超过以往。""1960 年以来，中印双方就沿边境线展开竞逐。""1949 年共产党统治中国后，一直反对 1913—1914 年英国画出的边界线。""1962 年两国沿着不丹至缅甸的 700 英里山脊线进行了一场短暂的、优柔寡断的战争。""西方国家非常关注世界上人口最稠密的两个国家的武装冲突，最近几周不断有外交官员及武官访问拉萨及附近的城镇。""除了向中国南部、西部边境运送武器和士兵外，还有迹象表明中国的军方在为可能的军事冲突做准备。""在拉萨，色拉寺附近的军人医院已经清空所有的游客患者，这是拉萨最好的医院。一位游客说，他离开医院的时候医院里已经没有病人了。工作人员好像是在为更多的病人做准备。""有两周的时间，5 月 6—20 日，西藏唯一的民用机场贡嘎机场对民航关闭。这里距离拉萨 70 公里。在偶数的日子里，可以看到机场有大批军事设备装卸。一位西方外交官说，他看到有火箭装上卡车。""拉萨的居民说，他们从未看到直升机、喷气式战斗机如此频繁地在拉萨上空盘旋。"[1] 这样的报道，表达了美国媒体对中印之间和平与战争的关切。

　　1989 年 1 月 3 日，《纽约时报》发表文章《中印声明令流亡藏人愤怒》说："达赖喇嘛的发言人说，在甘地总理的北京之行所签署的声明中有一段说印度承认中国对西藏的主权，让西藏人愤怒不已。"12 月 24 日签署的《北京声明》说："印度承认西藏是中国的一个自治区，西藏人在印度领土进行任何反华活动都是不允许的。"达赖喇嘛没有对此发表任何评论，但是他的发言人说，"西藏的年轻人已经没有耐心了，因为他们认为印度及其他国家都不关心他们的事业。他们要加紧呼吁在西藏采取激进行动"。"12 月 30 日，拉萨出现了新一轮的学生示威游行。"文章说，西藏人民认为"印度是亚洲最民主的国家，他们代表真理、不结盟。中印之间的这个声

---

　　[1]　Edward A. Gargan, "At Tibet Frontier, China and India Square Off," *The New York Times*, Jun 2, 1987, pg. A1.

明让他们很灰心"。①

四　十世班禅喇嘛去世

历史上，达赖喇嘛和班禅喇嘛是西藏政治与宗教界最具影响力的两位人物。达赖叛逃以后，十世班禅就成为中国西藏政治、宗教影响力最大的藏传佛教领袖。1989 年 1 月，十世班禅大师在西藏日喀则扎什伦布寺主持五世至九世班禅大师遗体合葬灵塔祀殿开光典礼时，突发心脏病去世。1 月 30 日，《纽约时报》发表文章《中国西藏政策的关键人物班禅喇嘛去世，享年 50 岁》说："中国方面宣布，上周六晚，班禅喇嘛在西藏去世。班禅是继达赖喇嘛之后西藏最重要的精神领袖，也是中国西藏地区政策实行的重要人物，享年 50 岁。""官方的新闻机构说，他是在日喀则的居住地死于心脏病。日喀则是首府拉萨之外西藏最大的城市。""一周前班禅主持一个重要的佛教仪式，因过度紧张劳累突发心脏病去世。今晚中新社表扬他是伟大的爱国者、著名政治家、中国共产党的忠诚朋友、藏传佛教的杰出领导人。""西藏人要寻找班禅喇嘛的转世，寻找转世灵童一般要按照死去喇嘛的隐示，经过几年的时间才能找到。""历史上，班禅喇嘛比达赖喇嘛与北京的关系更亲近，这在十世班禅身上得到了体现。""1949 年，当中国共产党在大陆的胜利不可避免、共产党政权已经建立之时，班禅喇嘛给毛泽东发去了一封祝贺信。""在北京政府中他担任很多职务，包括全国人民代表大会常务委员会副主任、中国佛教协会名誉主席等。""班禅喇嘛得到了西藏人的深切敬仰，尽管这种敬仰的程度不及达赖。1982 年在他 15 年之后首次回到西藏的旅程中，成千上万的西藏人对他顶礼膜拜。据报道，一周前当他在西藏的扎什伦布寺主持灵塔祀殿开光

---

① Barbara Crossette, "India – China Statement Angers Tibetan Exiles," *The New York Times*, Jan 3, 1989, pg. A11.

仪式时，有3000居民参加了这个仪式。"①

《华盛顿邮报》1月30日发布十世班禅圆寂长篇讣告《西藏宗教领袖班禅喇嘛去世，享年50岁》。文章说："班禅喇嘛，50岁，被流亡藏人看作西藏的第二号宗教领袖、中国人的合作者，1月28日因心脏病在日喀则住地去世。""班禅喇嘛曾经谴责西藏发生的要求独立的示威游行，但是他也承认中共当局在对西藏的政策上犯了一些错误，不过正在改正。"文章说："虽然他持亲汉立场，包括反对西藏独立，一直得到中共领导人的青睐，但他也并非一直支持北京。1964年，中国政府敦促他谴责级别比他还高、在外流亡的西藏佛教领袖达赖喇嘛时，他却出人意料地公开发表讲话说支持西藏独立，欢迎达赖喇嘛回到西藏。""达赖喇嘛曾经说，班禅喇嘛是一个自由战士，是一个民族主义者。也许他的讲话不是他真实意思的表达。""班禅喇嘛曾经公开地谏言将藏语定为官方语言。有时也会批评中国官员不学习藏语。去年，他曾不点名地批评左倾主义官员在西藏的负面影响，最近几年中国政府努力提高班禅的地位，降低达赖的地位。但达赖的声望一直高于班禅。""虽然评论家承认班禅喇嘛是一个精明的政治家，能够协调汉人和藏人的关系，但对于一些藏人来说，班禅喇嘛是一个卖国者，一个与中国人合作的软骨头，一些人说他已被汉人同化。""班禅喇嘛是一个大块头，声音洪亮，他居住在北京市中心的一个大房子里，很少去西藏。人们都知道他与一名汉族妇女结婚，这违背了戒律誓约。知情的西藏人说，两人是在他蹲监狱时认识的，他们有一个女儿。"②

2月16日，《纽约时报》报道了班禅喇嘛的追悼会。"今天，共产党的领导人在西藏佛教领袖班禅的追悼会上沉痛悼念这位伟大的爱国人士。""1000多人聚集于人民大会堂向班禅喇嘛致敬。官方发布的悼词中称班禅喇嘛反对西藏独立，他自11岁以来一直支

---

① NicholasI D. Kristof, "The Panchen Lama Is Dead at 50; Key Figure in China's Tibet Policy," *The New York Times*, Jan 30, 1989, pg. A1.

② Daniel Southerland, "Obituaries—The Panchen Lama, Religious Leader in Tibet, Dies at 50," *The Washington Post*, Jan 30, 1989, pg. D4.

持共产党的统治。""虽然有一些人嘲讽班禅与北京合作，称他是中国同类，但作为一位宗教领袖，班禅得到了普通西藏人的尊敬。"①

班禅喇嘛去世以后，转世灵童的寻找成了海内外关注的一个重要事件。《纽约时报》1990年10月1日发表文章《喇嘛们寻找灵童，但是政治介入》报道："在一个昏暗的寺庙里，经过处理的十世班禅遗体安放在玻璃棺中。他的脸部盖着金色的叶子，身体使用稀有的草药做了防腐处理。他的眼睛全神贯注于每天前来祷告的穿着红袍的喇嘛。他将很快转世。""政治介入喇嘛转世，因为中国政府与流亡的达赖喇嘛周围有独立思想的西藏人之间就西藏的未来正在进行论争。""没有人能预言转世灵童持有何观点，如果他出生在中国，他的家人认同北京的统治，他就可能与中国的关系更亲密；而如果班禅喇嘛是在反共的北印度流亡藏人里被发现，他可能就会支持西藏独立运动。"② 这个报道实际上预言了5年后达赖喇嘛流亡集团利用班禅转世这一重大历史事件制造麻烦、服务其将"西藏问题"国际化的政治目的。

五 达赖喇嘛的政治主张

我们知道，达赖喇嘛是一位打着宗教幌子从事分裂祖国活动的政治人物。1959年达赖叛逃印度后，印度以宗教流亡者的身份接纳达赖，并声称不允许达赖在印度领土上从事政治活动。但实际上，达赖是一个披着宗教外衣的政治明星，一个依靠自己宗教头衔、穿着宗教文化外衣的政治和尚，这在80年代末、90年代初达赖将"西藏问题"国际化的政治行动中有着鲜明的体现。就是在这一历史时期，达赖到美国的国会山提出了"五点和平计划"，到欧

---

① "Memorial Service in Beijing for Panchen Lama of Tibet," *The New York Times*, Feb 16, 1989, pg. B18.

② NicholasI D. Kristof, "Lamas Seek the Holy Child, But Politics Intrude," *The New York Times*, Oct 1, 1990, pg. A4.

洲议会提出了他的"斯特拉斯堡方案"。达赖以有限自治的名义，推销他的"大藏区"政治迷梦，对此，美国传统主流媒体都有报道。

《华盛顿邮报》1987年9月22日报道："西藏精神领袖、前国家首脑达赖喇嘛已在国外流亡28年，他昨天向中华人民共和国发出挑战，呼吁它结束对西藏的毁灭性破坏。西藏在1950年被中国吞并。""在国会人权党团的演讲中，达赖提出一个五点和平计划，这是恢复西藏独立的第一步。达赖说这是他首次在印度以外的地方发布政治声明。1959年西藏起义后他逃往印度。"① 从这一时期美国主流媒体对达赖"西藏国家元首"的称谓中可以看到美国政府对达赖西藏独立运动的支持力度。

《纽约时报》1991年4月19日文章《议员们在国会大厦圆形大厅为藏人欢呼》报道："西藏流亡精神领袖达赖喇嘛今天在国会山的圆形大厅对国会议员发表讲话，呼吁美国援助西藏反抗中国统治的斗争。""中国政府坚持认为佛教徒达赖喇嘛是一个流亡政治领袖、麻烦制造者，达赖喇嘛鼓励其他国家插手中国事务。"②

1991年9月29日，《纽约时报》文章《达赖喇嘛希望西藏独立》报道："据来自蒙古乌兰巴托的消息，西藏流亡精神领袖达赖喇嘛今天说，蒙古摆脱共产主义统治的经验给他的喜马拉雅王国独立斗争以极大鼓舞。""有太多的限制，他们要竭力消灭西藏的佛教信仰。""今天早些时候达赖喇嘛在蒙古国家体育馆15000人面前祷告。""达赖喇嘛由于其非暴力反抗中国对西藏的统治而赢得1989年度诺贝尔和平奖。他之后告诉记者，世界的变化表明，中国在西藏的集权统治是注定要失败的。"③

---

① Rene Sanchez, "Dalai Lama Urges Tibetan Freedom," *The Washington Post*, Sep 22, 1987, pg. B4.

② Gwen Ifill, "Lawmakers Cheer Tibetan in Capitol Rotunda," *The New York Times*, April 19, 1991, pg. A1.

③ "Dalai Lama Hopeful on Self-Rule for Tibet," *The New York Times*, Sep 29, 1991, pg. 7.

1991 年 10 月 10 日，《纽约时报》发表文章《达赖喇嘛呼吁帮助其返回家乡》报道："西藏流亡领袖达赖喇嘛今天再一次作出努力，呼吁世界向中国施压允许他返回故乡揭露事实真相。""这位西藏领导人在耶鲁大学的演讲中表示，他对他的代表与中国之间的谈判久拖不决感到失望，他已经做好准备尽快去中国。""这是达赖喇嘛今年第二次访美，是为时一年的西藏国际庆祝年的一个象征性活动。他说现在是回访他的家乡的最好时机。""他说，最近几年世界形势发生了重大变化。他提到了在苏联和东欧发生的革命。他还说，无论镇压多严酷、时间有多长，人类的自由愿望终将实现。""达赖喇嘛现居住在印度，他为回到西藏访问设置了几个先决条件，他要求有自由旅行的权利，可以自由对民众发表演讲，不会有对他们的报复。他还请世界媒体及中国政府官员随行。""达赖喇嘛今天在耶鲁说，双方的谈判没有任何结果。他指着他的耳朵说，中国人的一个器官——听觉器官好像丢失了。""9 月 23 日，华盛顿中国使馆发表了一份书面声明，指责达赖喇嘛应为谈判失败负责。声明说，（谈判失败的）根本原因在于达赖喇嘛没有放弃西藏独立的立场。""尤其是在 1989 年达赖喇嘛获得诺贝尔和平奖之后，其国际地位迅速提高。去年 4 月，在中国的反对声中，布什总统接见了达赖，成为第一位给予他如此认同的美国总统。""在这里的演讲中，达赖重述了人权组织的报告，称中国攻击佛教僧侣，毁坏寺庙，大规模向西藏移居汉人。结果，西藏的情况是，西藏人成为少数民族，有 600 万人，中国人则有 750 万人。"[1]

1988 年 6 月 16 日，《华盛顿邮报》发表文章称："据合众社来自法国斯特拉斯堡的报道，6 月 15 日，西藏流亡领袖达赖喇嘛呼吁中国在保持驻军、负责外交事务的情况下，允许他的国家有限度地独立（limited independence）"。"这位佛教精神领袖提议与中国进行谈判，以使西藏成为自治、民主的政体。中华人民共和国则负责

---

① Ari L. Goldman, "Dalai Lama Appeals for Help in Going Home," *The New York Times*, Oct 10, 1991, pg. A17.

西藏的外交事务。""这是达赖喇嘛为欧洲议会准备的发言，但由于担心达赖的出现会冒犯中国政府，达赖的讲话被取消。达赖的讲话稿散发后，他对记者发表了讲话。""他说中华人民共和国可以继续负责西藏的外交，也可以保留有限的军事存在。"但是，"他说，终极目标则是使西藏非军事化，使西藏成为真正的和平圣地"。"达赖喇嘛说西藏很难实现完全独立，现在应该寻找一条中间道路。"①

1989 年 7 月 22 日，《华盛顿邮报》发表文章《西藏变革的精神》报道："西藏精神领袖、被传统的西藏人看成活佛的十四世达赖喇嘛今天提出建议，称他的继任者将通过选举产生，而非由转世而来。""这位 55 岁的西藏世俗与宗教领袖是在纽约接受第一个华伦伯格（Raoul Wallenberg）国会人权奖时提出这个想法的。""十四世达赖和他的前任都是通过沿袭了几百年的古老转世方式挑选出来的。他在 2 岁时被一队僧人认定为十三世达赖的转世。十三世达赖去世的那年他出生。他通过了僧侣的一系列测试，被发现具有普通人不具备的转世条件。""但是今天达赖喇嘛在和记者交流的时候说，他要在西藏建立民主制度，他的身份和地位要从根本上转变。""这个穿着紫色棉衣、和蔼可亲、戴着眼镜、讲英语的人说，'要一个不合格的小男孩成为一个精神领袖是滑稽可笑的。这也不是说要废除转世制度，我是要改变这个制度，因为它已经成为真正民主的障碍。我现在已经 55 岁，在之后 25 年的时间里，在我还活着的时候，我必须考虑下任的转世。我希望能顺利交接，毕竟这是西藏人的问题，每一个西藏人都负有完全的责任。寄希望于某一个人的传统方式是有缺陷的，即便是精神领袖也应该由选举产生'。""达赖喇嘛 1959 年自共产党占领的西藏出逃，自此他一直居住在邻国印度，流亡的日子里他一直致力于谋求西藏的自治，从而最终实

<hr/>

① "Dalai Lama Asks Home Rule, With Chinese Role, in Tibet," *The Washington Post*, Jun 16, 1988, pg. A34.

现西藏独立。"① 不过达赖喇嘛通过民主方式选择转世灵童的思想并未能持续很长时间，之后不久他再一次回转至原有的传统的灵童转世的想法。因此有人评论说，达赖的"民主转世"抑或"传统转世"，都是因应其政治诉求。

六　达赖喇嘛获得诺贝尔和平奖

挪威诺贝尔和平奖委员会于 1989 年 9 月 5 日在奥斯陆宣布把 1989 年诺贝尔和平奖授予达赖喇嘛。这是西方国家继 1987、1988、1989 年拉萨发生政治骚乱之后对达赖"特别贡献"的"特别犒赏"，也是中国 1989 年政治风波以后西方国家助推中国政治局势朝着西方所希望的方向发展的一个特别动作。当时的挪威诺贝尔和平奖委员会主席毫不隐晦地说，"选中达赖喇嘛既是为了影响中国的局势，也是为了承认中国学生从事民主运动的努力。达赖获奖，人权问题不是新因素，政治起了作用"。那么，美国的传统主流媒体又是如何看待这个问题的呢？

1989 年 10 月 6 日，《纽约时报》发表文章《达赖喇嘛获得诺贝尔和平奖》报道："据 10 月 5 日来自奥斯陆的消息，西藏流亡宗教与精神领袖达赖喇嘛被授予诺贝尔和平奖，以表彰他在近 40 年的时间里为终结中国统治而进行的非暴力和平运动。""挪威诺贝尔委员会说，将和平奖授予 54 岁的佛教领袖是表彰他一直反对使用暴力。这位宗教领导人在 1959 年反抗中国统治的起义失败后逃亡印度，在这次起义中有成千上万的人被杀害。""据报道，这位西藏领导人已经连续 3 年获得提名，今年是在 101 个提名中胜出的，其中有 76 个个人、25 个组织。"②

10 月 6 日，《华盛顿邮报》发表文章《达赖喇嘛获得诺贝尔和

① Marianne Yen, "Tibet's Spirit of Change," *The Washington Post*, Jul 22, 1989, pg. C1.

② Sheila Rule, "Dalai Lama Wins the Nobel Peace Prize," *The New York Times*, Oct 6, 1989, pg. A1.

平奖》说："西藏流亡宗教、政治领袖达赖喇嘛今天获得诺贝尔和平奖。他使用非暴力方式进行抗争以使他的国家自中国的统治下获得自由。""诺贝尔委员会主席阿维克（Egil Aarvik）说，颁发这个奖是要传递一个信息：支持并呼吁在全球范围内，包括中国、苏联、东欧，使用非暴力手段争取人权与民族解放。""54 岁的达赖喇嘛是亚洲第一个独立获得诺贝尔和平奖的人。""这个奖是由挪威的政治家、学者等 6 人组成的委员会评选出来的年度奖，奖金是 300 万挪威克朗，约合 45.5 万美元。"①

12 月 11 日，《纽约时报》发表文章《达赖喇嘛接受诺贝尔奖，呼吁和平解决西藏问题》说："据合众社来自奥斯陆的消息称，今天达赖喇嘛接受了诺贝尔和平奖。他说，将继续通过非暴力方式寻求结束中国对他的喜马拉雅祖国西藏 40 年的占领。""达赖喇嘛在颁奖仪式上说，我接受这个奖，并代表全世界一切被压迫的、为自由而斗争的、为和平而工作的人表达深深的感谢。"挪威国王及政府官员参加了这个颁奖仪式。"为表示抗议，中国驻挪威大使李宝成在达赖到达后离开了会场。""达赖喇嘛在获奖感言中鼓励中国学生领导的民主运动。"②

中国对诺贝尔和平奖委员会授予达赖 1989 年度诺贝尔和平奖表示极大遗憾和愤慨。中国外交部发言人指出，挪威诺贝尔和平奖委员会决定将诺贝尔和平奖授予达赖，这是对达赖和西藏分裂主义分子破坏民族团结、分裂祖国活动的公然支持，是对中国内政的粗暴干涉，严重伤害了中国人民的感情。③

---

① Glenn Frankel, "Dalai Lama Wins Nobel Peace Prize," *The Washington Post*, Oct 6, 1989, pg. A1.

② "Dalai Lama, Accepting Prize, Urges Peaceful Tibet Solution," *The New York Times*, Dec 11, 1989, pg. A14.

③ 《诺贝尔和平奖竟授予达赖，我外交部发言人表示愤慨》，《人民日报》1989 年 10 月 8 日。

七 美国涉藏政策发生转折性变化

综观冷战结束前后美国《纽约时报》《华盛顿邮报》对中国西藏的报道可以发现，这一时期美国对中国西藏的政策前后发生转折性变化：1987 年 10 月中旬之前，美国政府对中国政府关于拉萨骚乱的定性以及中国政府的处理办法是持支持态度的。《纽约时报》10 月 7 日文章《北京在西藏骚乱事件中得到（美国）行政部门的支持》①、10 月 15 日文章《美国官员为政府在西藏骚乱中的立场辩护》② 都表明了美国政府不打算干涉中国西藏事务的立场。但 10 月 18 日《纽约时报》文章《美国重新评估对西藏问题的立场》一改之前美国政府所谓的"不够强硬"的态度，对"中国在西藏骚乱事件中的行为"表达了不满，之后不断升级，先后表达了对中国的"遗憾"，乃至发展到美国总统在白宫接见达赖。

美国国会成为达赖喇嘛推动"西藏问题"国际化的重要平台。《华盛顿邮报》1987 年 9 月 22 日文章《达赖喇嘛呼吁给西藏自由》报道了达赖喇嘛在美国国会山发表演讲提出"五点和平计划"；③ 1989 年 7 月 22 日《华盛顿邮报》发表文章《西藏变革的精神》报道美国国会授予达赖华伦伯格（Raoul Wallenberg）国会人权奖；④《纽约时报》1991 年 4 月 19 日文章《议员们在国会大厦圆形大厅为藏人欢呼》报道达赖喇嘛在美国国会的圆形大厅对国会议员发表讲话，呼吁美国援助西藏反抗中国统治的斗争。⑤ 从这些报道中可

① Elaine Sciolino, "Beijing is Backed by Administration on Unrest in Tibet," *The New York Times*, Oct 7, 1987, pg. A1.

② Elaine Sciolino, "U. S. Official Defends Stance on Turmoil in Tibet," *The New York Times*, Oct 15, 1987, pg. A18.

③ Rene Sanchez, "Dalai Lama Urges Tibetan Freedom," *The Washington Post*, Sep 22, 1987, pg. B4.

④ Marianne Yen, "Tibet's Spirit of Change," *The Washington Post*, Jul 22, 1989, pg. C1.

⑤ Gwen Ifill, "Lawmakers Cheer Tibetan in Capitol Rotunda," *The New York Times*, Apr 19, 1991, pg. A1.

以看到，美国国会俨然已成为达赖政策发布的讲台。

这一时期美国对中国西藏的报道基调是对中国政府的西藏政策持负面的批评态度。1987年11月1日《纽约时报》文章说："中国1950年入侵了西藏，并于1959年镇压了西藏的独立起义。就是在那一年达赖喇嘛与成千上万的西藏人逃往印度，定居于达兰萨拉。北京坚持说西藏是中国的一部分。"①《纽约时报》1989年3月8日的评论说："最近西藏爆发的示威游行很明显是由周五的1959年反抗中国人的西藏起义周年纪念引发的。根据最近公开的中国文件，在那次起义中有87000名西藏人被打死，起义很快被军队镇压下去，达赖喇嘛逃往印度，至今仍在流亡。"②10日《纽约时报》文章说："中国在西藏捣毁数千座寺庙，压制西藏的语言与文化，广泛安排中国的殖民者定居。由此可能导致百万西藏人死亡。"③这些观点是当时甚至现在美国学界乃至美国普通大众头脑中最基本的西藏观。

尽管这一时期美国媒体对中国西藏的报道负面新闻占据主要版面，但仍有部分文章从另一个视角揭示了美国西藏政策的本来历史发展脉络。1988年3月23日，《纽约时报》发表了美国藏学家谭·戈伦夫的文章《西藏在美中关系中的角色》说："在冷战的高潮时期，美国官员努力诱使达赖逃离西藏，并利用他作为反共的一个象征。"文章还称，"达赖曾经两次拒绝美国的引诱，自愿选择与北京政府合作，美国却继续鼓励他反叛，自50年代至1971年，美国秘密资助中情局实施游击战。"④这是80年代末西方媒体中少有的关于美国情报机构秘密策动达赖外逃、中情局利用藏人对中华人民共和国实施游击战的报道。1992年7月29日《华盛顿邮报》

---

① Edeard A. Gargan, "Tibet Communists Link Riots to Dalai Lama," *The New York Times*, Nov 1, 1987, pg. 8.

② Fox Butterfield, "Tibet Strife Seen as Major Challenge to China," *The New York Times*, Mar 8, 1989, pg. A11.

③ "China's Failure in Tibet," *The New York Times*, Mar 10, 1989, pg. A32.

④ A. Tom Grunfeld, "Tibet's Role in U.S. – China Relations," *The New York Times*, Mar 23, 1988, pg. A26.

文章《听证会上美国政府的西藏政策遭到指责》报道了美国副助理国务卿关于美国西藏政策的立场："西藏是中国的一部分，美国从来没有承认过西藏是一个独立国家。"文章同时报道了他对达赖集团声称中国在西藏实施同化政策的回应："没有证据表明中国政府利用移民汉化西藏。"① 由此也表明，虽然这一时期美国对社会主义国家的遏制力度加大，美国国会、媒体甚至国务院对中国西藏政策持强硬态度，但在西藏法律地位的问题上，美国政府并没有真正放弃传统的"西藏是中国领土一部分"的根本立场。

---

① Daniel Southerland, "U. S. Policy on Tibet Assailed at Hearing," *The Washington Post*, Jul 29, 1992, pg. A18.

第八章 结论

追溯历史的发展脉络我们可以看到，美国媒体对中国西藏的报道呈现出规则的聚焦时段，并表现出一些明显的特点。如图1—图4所示，每当中国，包括西藏地方，发生重大事件时，美国媒体对中国西藏报道的文章数量即呈明显上升趋势。以《纽约时报》为例，1851—2008年，文档标题有"Tibet"一词的文章有1395篇，如果以每10年为一时段计算，10年里报道西藏的文章超过100篇的有7个时段，第一个时段是1900—1909年，有101篇；第二个时段是1930—1939年，有106篇；第三个时段，也是有关西藏的报道最密集的时段，是1950—1959年，有481篇；第四个时段是1960—1969年，有140篇；第五个时段是1980—1989年，有113篇；第六个时段是1990—1999年，有129篇；第七个时段是2000—2009年，有104篇。其中文章最多时段的1950—1959年，西藏历史发生重大历史性转折：1951年西藏和平解放；1959年达赖叛逃国外、西藏实施民主改革。《华盛顿邮报》《洛杉矶时报》《芝加哥论坛报》对中国西藏的报道也基本呈现相同的时间规律。

深入分析不同时期美国传统主流媒体对中国西藏的报道内容，可以看到以下4个明显的特征。

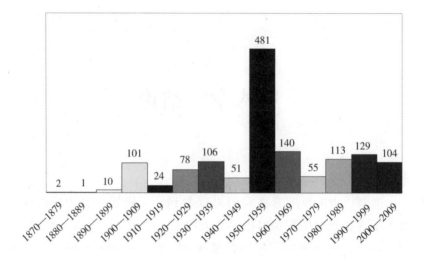

图 1　1870—2009 年《纽约时报》对中国西藏报道的文章数量（篇）
（标题含 Tibet，1395 篇）

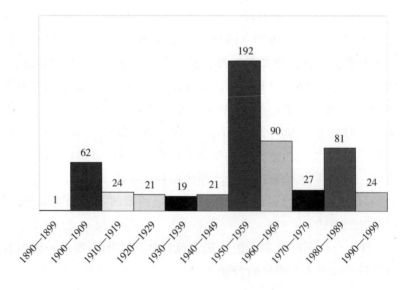

图 2　1890—1999 年《华盛顿邮报》对中国西藏报道的文章数量（篇）
（标题含 Tibet，562 篇）

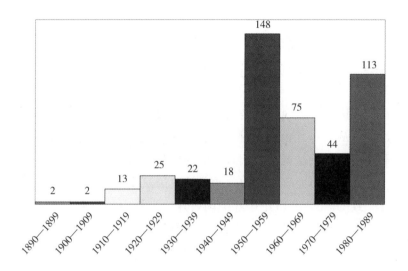

图 3   1890—1989 年《洛杉矶时报》对中国西藏报道的文章数量（篇）
（标题含 Tibet，462 篇）

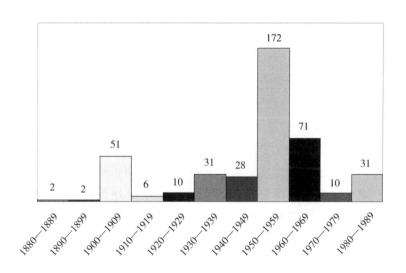

图 4   1880—1989 年《芝加哥论坛报》对中国西藏报道的文章数量（篇）
（标题含 Tibet，414 篇）

一 美国媒体关于中国西藏的报道是美国西藏政策的风向标

一般认为，美国媒体是独立于美国政府之外的民众声音的客观表达，但从其对"西藏问题"的报道上我们看到，美国媒体对中国西藏报道的政治基调与美国政府的西藏政策是一脉相承的。

历史上，美国政府对中国西藏的政策演变是与美国的对华政策转变一致的。自19世纪中叶美国人开始染指中国政治事务至20世纪中叶"二战"结束前夕，美国在亚洲慢慢渗入，并随着自身实力的增强逐渐消除老牌帝国主义强国英国的影响，并力求取而代之。与之相适应，美国坚决反对任何一个世界强国瓜分中国，以维护中国的国家统一与领土完整。因此我们看到，在1910年，当时的美国驻中国公使柔克义（W. W. Rockhill）建议正在流亡的十三世达赖说："西藏是，而且必须保留为大清帝国的一部分。"① "二战"期间，美国总统罗斯福给十四世达赖喇嘛写信，介绍伊利亚·托尔斯泰与多兰作为"战略情报局"的官员出使西藏，亦是称达赖喇嘛为西藏的精神领袖而非世俗领袖。1945年，美国国务院出台的对"中国的长期目标与政策"也明确说，"相信中国的领土完整应当受到尊重，包括它所宣称的对边远地区的西藏、外蒙的领土主权"。② 与之相对应，我们看到，在中华人民共和国成立前期，美国媒体对中国西藏的报道基本上都是站在维护中国主权与国家统一的立场上，反对英国等列强分裂中国。如《纽约时报》1912年8月30日文章《英国说，中国不能拥有西藏》③、1912年9月2日文

---

① Letter from Rockhill in St. Petersburg to the 13th Dalai in Darjeeling, India, 30 September, 1910, Rockhill Papers, file 49M－284（90）, in Houghton Library, Harvard University.

② Outline of Long－range Objectives And Policies of the United States With Respect to China, *FRUS*, Conferences at Malta and Yalta, 1945, p. 357. http：//digicoll. library. wisc. edu/cgi － bin/FRUS/FRUS － idx? type ＝ turn&entity ＝ FRUS. *FRUS*1945. p0443&id ＝ FRUS. FRUS1945&isize ＝ M&q1 ＝ outer％20mongolia, 2011 年 8 月 16 日下载。

③ "China Cannot Have Tibet, Says Britain," *The New York Times*, Aug 30, 1912, pg. 4.

章《中国将保持对西藏的主权》①，《华盛顿邮报》1910 年 8 月 22 日文章《中国担心被瓜分》②、1911 年 8 月 22 日文章《中国挽救边疆省》③ 等都反映了这一时期美国反对西方大国分裂中国、支持中国统一的政治立场。

但至"二战"后期，伴随着老牌世界强国英法国力及世界影响力的急剧衰落，美国已成为世界上最强大的国家，由此美国的世界战略及其对华政策都发生了相应的变化。美国媒体在对中国西藏的报道中，关于西藏政治地位的立场也随之发生微妙变化，《华尔街日报》1943 年 11 月 26 日文章《中国的战后计划》刊附了一份地图，将"二战"后中国领土分成七大区，西藏和蒙古被划在中国版图以外。④ 美国媒体自此不再重提反对大国瓜分中国领土的论调。

"二战"后不久中国陷入了内战，美国政府执行扶蒋反共的政策，而此时的美苏冷战已拉开帷幕，于是美国一方面考虑从中国大陆撤退，另一方面考虑如何遏制影响日巨的苏联共产主义以及不久后新生的中华人民共和国，美国的西藏政策由此发生重要转变。1951 年 5 月 23 日中华人民共和国中央政府与西藏地方政府和平解放西藏的协议签订以后，美国积极促动达赖否决协议，强调只要西藏方面公开谴责协议，美国就会全力帮助西藏。美国承诺，一旦达赖逃离西藏，美国就发表公开声明称达赖为自治西藏元首。1951 年 9 月，美国国务院告知去到美国的达赖的二哥嘉乐顿珠，美国既认同中国对西藏的宗主权，又承认西藏事实上的自治。⑤ 1959 年 4 月 29 日，在达赖叛逃大约 1 个月后，美国国务院远东事务部负责人明确表示："很有可能，美国要承认达赖宣布的独立。"不过，经国务院内部几个月的讨论，美国方面认识到，"承认西藏独立会

① "China Will Keep Tibet," *The New York Times*, Sep 2, 1912, pg. 4.
② "China Fears Partition," *The Washington Post*, Aug 22, 1910, pg. 3.
③ "China to Save Provinces," *The Washington Post*, Aug 22, 1911, pg. 2.
④ "China's Post-War Plan," *Wall Street Journal*, Nov 26, 1943, pg. 4
⑤ 程早霞：《十七条协议签订前后美国秘密策动达赖出逃历史探析》，《中共党史研究》2007 年第 2 期。

很明显地使达赖成为一个依附于美国政治支持的流亡政府的领导人。可以肯定，这会损坏达赖现在所享有的作为一个受人尊敬的亚洲领导人的声望和影响"①。所以，1959 年 11 月 4 日，美国国务卿在给达赖的信中，这样表述美国政府关于西藏地位的立场："西藏是中国宗主权下的自治国家。美国人民传统上支持自治原则。美国政府认为这一原则适用于西藏人民，他们应当对自己的政治命运拥有决定性的发言权。美国政府准备在一个适当的时机发表一个公开的声明支持西藏人民的自治原则。"② 与美国政府对西藏政治地位的态度变化相一致，这一时期美国媒体关于西藏的报道明显渗透着所谓的共产党政权充满阴谋与危险的论调。《纽约时报》1959 年 3 月 29 日文章《美国攻击中国在西藏的角色》称 "中国政府镇压西藏叛乱是野蛮入侵"。③《华盛顿邮报》1959 年 4 月 13 日文章《西藏给我们的教训》宣扬，"不能相信共产党政府会遵守诺言。共产党国家的邻国永远都不会有安全，除非他们有足够的实力来保卫自己"。④ 1959 年 9 月 12 日，《华盛顿邮报》发表来自美联社的文章，开篇宣称："美国不承认中共所宣称的对西藏拥有主权。""美国国务院发言人说，美国一直把这个山地国家看成是在中国宗主权下的自治国家。"⑤ 这与传统上美国承认西藏是中国一部分的观点大相径庭，却和美国对社会主义国家的冷战遏制战略不谋而合，实际上是美国对华冷战的一个组成部分而已。

---

① "Memorandum From the Assistant Secretary of State for Far Eastern Affairs (Parson) to Secretary of State Herter", *FRUS*, 1958 – 1960, Vol. 19, Washington D. C. : GPO, 1996, p. 792.

② "Telegram From the Department of State to the Embassy in India," *FRUS*, 1958 – 1960, Vol. 19, Washington D. C. : GPO, 1996, p. 806.

③ "U. S. Assails China on Role in Tibet," *The New York Times*, Mar 29, 1959, pg. 1.

④ Roscoe Drummond, "Lesson From Tibet," *The Washington Post*, Apr 13, 1959, pg. A15.

⑤ "U. S. Rejecting Red Sovereignty Claim in Tibet," *The Washington Post*, Sep 12, 1959, pg. A6.

二 美国媒体关于中国西藏的报道兼具新闻报道的客观性与政治导向性

美国传统主流媒体《纽约时报》《华盛顿邮报》《洛杉矶时报》《芝加哥论坛报》自19世纪创刊以来，之所以历经百余年的沧桑涤荡而延续至今，具有较强的生命力，立命之本即在于其新闻报道的客观性。我们以创刊于1851年的《纽约时报》为例，这份以严肃著称，堪称在西方最受欢迎的正统报纸在新闻报道方面，将自己看做是一份"报纸记录"，被人们戏称为"灰色女士"。除纽约当地的新闻外，《纽约时报》很少首先报道一个事件，除非它确认这个报道的可靠性非常之高，因此《纽约时报》往往被世界上其他报纸和新闻社直接作为新闻来源。《华盛顿邮报》是继《纽约时报》之后在美国最具声望的一份历史悠久的严肃报纸，它创办于1888年，报社地处首都华盛顿，尤以报道政治话题的敏锐性而备受关注，"水门事件"使其声名鹊起。在报道美国国务院西藏政策的变化时，《华盛顿邮报》反应迅速又能精确反映政府的意图。《洛杉矶时报》创刊于1881年，是美国西部发行量最大的报纸，其影响力与地位仅次于《纽约时报》和《华盛顿邮报》，被称为美国的第三大报。《芝加哥论坛报》创刊于1847年，是芝加哥地区和美国中西部地区影响力最大的报纸。这些报纸对中国西藏的报道是美国民众了解遥远中国西藏的重要信息来源，如关于美国早期探险家入藏探险的报道，关于西藏喇嘛转世制度的报道，关于达赖喇嘛坐床的报道，关于华盛顿西藏政策变化的报道等，都在某种程度上客观地反映了西藏历史发展的一个侧面。

但当遭遇国家利益驱动，尤其是大国在西藏的利益角逐时，美国媒体对西藏的报道在某种程度上就成了一个"任人打扮的小姑娘"。这在几个重大的历史事件中表现得尤为突出。如1950年西藏解放前夕，美国媒体称"西藏是一个独立国家"①、中国中央政府解放西藏为"入侵"；② 1959 年西藏发生叛乱，美国媒体称这是"西藏为摆脱外部世界而进行的抗争"，③ 称中国政府平定西藏叛乱是"对人类自由的野蛮践踏"，④ 这与冷战时期美国政府的对华政策高度一致。在冷战后，美国媒体对西藏的报道，特别是对涉及中国政府西藏政策的报道时，往往将社会稳定与保护人权、经济发展与文化传统和宗教信仰的保护传承对立，用既定的政治思维来报道涉藏新闻。例如美国媒体在 90 年代将中国西部扶贫计划报道成为中国加紧对西藏地区控制和威胁西藏传统文化的手段，将中国政府对西藏长期的经济援助和因此带来的社会发展说成是利用移民政策来侵犯西藏的独立等。

与此同时我们看到，政治框架下的美国媒体在以批判的视角审视中国的西藏政策时，对美国政府的西藏政策及其秘密行动缺乏明显的深入探究与思考，如"二战"期间美国情报机构战略情报局官员秘密入藏、1949 年中华人民共和国成立前后美国中情局官员秘密入藏，美国媒体鲜有报道。即使对马克南入藏事件有数量有限的报道，也是站在美国国家利益维护者的视角否认其在中国西藏的秘密行动。如《纽约时报》援引美联社报道说："共产党的指责（马克南是特务⑤）是一种惯常的胡编乱造。"⑥ 而 50、60 年代美国中情局秘密培训藏人特工、策动西藏独立的秘密活动，根本无法从美

①　"Trouble in Tibet," *Los Angeles Times*, Oct 28, 1950, pg. A4.

②　"Invasion of Tibet by Mao Held Near," *The New York Times*, Jul 23, 1950, pg. 14. "Red General Says 'We Will Invade Tibet'," *Los Angeles Times*, Aug 5, 1950, pg. 1. "Invasion of Tibet," *The New York Times*, Nov 5, 1950, pg. 143.

③　"Tibet Struggles to Remain Aloof from Outer World and Its Ways," *The New York Times*, Mar 26, 1959, pg. 3.

④　"Herter Denounces Reds," *The New York Times*, Mar 27, 1959, pg. 4.

⑤　今日美国中央情报局的官方网站已经公开承认马克南是中情局特务，并称之为英雄。

⑥　Tillman Durdin, "U. S. Aide Accused as Spy by Peiping: Vice Consul Said to Have Paid Three Sinkiang Tribal Chiefs to Resist Communists," *The New York Times*, Jan 30, 1950, pg. 1.

国媒体的报道中读到蛛丝马迹。1961 年 12 月，在美国科罗拉多的一条公路上，发生了一起车祸。人们惊奇地发现整个出事现场被军队包围得水泄不通，《纽约时报》的记者很快调查出，出事的公共汽车上坐的全是西藏人，其中还有一些人被蒙在鼓里，根本不知道他们是在美国。但当《纽约时报》即将刊出这个会吸引整个世界眼球的新闻时，来自国防部的电话使这家以爱国报纸著称的大报以国家利益的大局为重，放弃了这个本来可以震动媒体的新闻。多年后，西藏人在美国接受游击战训练的事实才被披露出来。这是美国中央情报局"解放西藏"计划的一部分。① 我们不难看出，美国媒体实际上就是美国政府在政治上引导美国公众、为政府制造国内外舆论环境的代言工具。

三 美国媒体偏重于对中国西藏的负面报道源于多重因素的制约

综观美国媒体对中国西藏的报道，我们看到，在冷战时期及冷战后，美国媒体对中国西藏报道的负面文章占据主位，如果将这些文章进行归类的话，大致可以分成这样几个不同的类别：一是称西藏历史上是一个独立国家，将中国中央政府解放西藏称为"入侵"；② 二是将中国中央政府平定西藏叛乱称为"野蛮镇压西藏人民争取自由独立的斗争"；③ 三是将中国与印度的关系导向为"对印度等南亚国家的威胁"；④ 四是将中国中央政府在西藏实施的改

---

① 张植荣：《20 世纪的西藏——国外藏学研究译文集》第十集，西藏人民出版社 1993 年版，第 306 页。

② "Tibetan Negotiate With Reds," *The Washington Post*, Jan 23, 1951, pg. 7.

③ "Red China Crackdown on Tibet Affairs Seen," *Los Angeles* Times, Mar 30, 1959, pg. 12.

④ Elie Abel, "China Threat Looms Large for New Delhi," *The New York Times*, May 3, 1959, pg. E4.

革开放政策定性为"破坏乃至毁灭西藏的传统与文化";① 五是为达赖喇嘛的"西藏问题"国际化运动鼓与呼。② 美国主流媒体与历史事实相背离的报道，严重误导了美国民众的西藏观。那么为什么会出现这样的情况？我们可以从以下几个方面分析问题所在。

一是中美历史文化传统与意识形态的差异导致中美媒体对"西藏问题"判断视角的迥异。美国自立国以来就有一种天然的制度优越感和"天定命运"史观。"天定命运"观的一个重要理论支点是种族优越论，这在美国国内表现为根深蒂固的"白人种族优越感"和"白人至上"的观念，所以直到20世纪下半叶美国的种族隔离制度依然是影响全民族社会团结的重要症结。这样的传统观念反映在美国的对外政策上就是殖民主义的思维。美国人认为，美国应该成为一个在世界上起支配作用的国家，"伟大的美国人"具有拯救落后民族并使之获得新生的能力和使命，据此，美国人不遗余力地在世界各地推行美国的意识形态与价值观，所以我们看到美国打伊拉克战争是打着建立民主制度的旗号，美国对社会主义国家的苏联、中国实施和平演变战略也是以人权、民主和自由的捍卫者自居。将自己装扮成弱小民族的拯救者，抨击中国政府在"西藏问题"上不讲人权，这和美国人的历史观、价值观是一致的。

二是对商业利益的追求驱动着美国媒体偏重于对中国西藏进行负面报道。美国是一个资本主义市场运作的国家，商业利益的链条带动着美国国家前进的车轮。马克思曾经说过，在资本主义社会，"人们奋斗所争取的一切，都同他们的利益有关"。③ 美国传统主流媒体面对市场竞争的无情法则，一方面要最大限度地以政治上的中立来获取持不同政治倾向受众的支持，另一方面则要追求商业利益

① John Avedon, "China and Tibet: Conquest by Cultural Destruction," *Wall Street Journal*, Aug 24, 1987, pg. 23.

② "Dalai Lama Asks Home Rule, With Chinese Role, in Tibet," *The Washington Post*, Jun 16, 1988, pg. A34. Glenn Frankel, "Dalai Lama Wins Nobel Peace Prize," *The Washington Post*, Oct 6, 1989, pg. A1.

③《马克思恩格斯全集》第1卷，人民出版社1956年版，第82页。

的最大化，由此不可避免地陷入以媒体"揭丑"为主的利益窠臼，这与普利策的"新闻揭丑"思想逐渐成为美国新闻思想的主流话语传统是一致的。就是在如此新闻价值观的驱动下，美国媒体热衷于对中国西藏进行负面报道，而对西藏和平解放后中国废除落后腐朽的封建农奴制、西藏民主改革后社会主义建设取得巨大成就视而不见，因此不可避免地出现了报道偏见。这与中国媒体对美国南北战争时期废除农奴制给予高度肯定形成了鲜明的对比。

三是新闻来源的片面性导致新闻报道的偏见。中华人民共和国成立以后至1979年中国实行改革开放，在前后大约30年的时间里，以美国为首的西方国家对中国实施冷战封锁，导致中国与美国等西方国家的正常文化与社会各层次的交流中断。这期间美国媒体对中国西藏报道的主要新闻来源：一是流亡藏人，其代表人物就是在美国中情局资助下移居美国的达赖的大哥；二是移民美国的来自台湾的中国人。国共内战导致两岸的长期敌视，在特殊历史时期移居至美国的中国台湾民众往往对中国共产党新生政权带有政治偏见，他们对"西藏问题"所持的政治观点直接影响了美国民众的西藏观。加之冷战的国际背景，被西方部分政客和媒体称为"无赖国家"的中国自然成了美国媒体妖魔化的对象。由此，不难理解美国媒体对中国西藏的报道，负面新闻占据主位的原因。

四是无知导致偏见。在20世纪以前，对遥远中国有较为深入了解的美国人屈指可数，至中华人民共和国成立前夕，在美国也只有如费正清等少数的中国问题研究专家到过中国，对中国社会有较为系统深入的了解。"麦卡锡主义"出现以后，美国的中国通与苏联通一道成了美国政治斗争的牺牲品。自此在很长的时间里少有美国专家到中国进行田野研究，更少有精通藏、汉语言的美国人研究中国的西藏。部分号称藏学专家的美国人通过二手资料从事藏学研究，他们不能阅读藏、汉两种语言的历史著述，也没能深入中国内陆及藏区进行田野调研，所接触的西藏人多数都是1959年达赖叛逃印度后追随达赖的流亡藏人，而对真正长期生活在中国西藏的藏人了解甚少，更谈不上深入交流与沟通。这些被奉为社会精英的专家、学者将一个片面，并带有偏见的西藏观，通过媒体、课堂、著述等各种方式传递给受众，进而演化为媒体对西藏报道的非客观结果。因此，我们看到美国媒体上的西藏形象，呈现出泾渭分明的两种不同元素。一种是美国人虚幻的香格里拉情结。距离产生美，由于地理、文化、语言的阻隔，西方人眼中的西藏文明有如珠穆朗玛峰顶的冰雪，圣洁而难以企及，其原始的生态环境和人文生存状态与现代西方文明中的物欲追求以及心灵的混沌形成了鲜明的对比，西方人倾向于把西藏看作 20 世纪最具影响力的乌托邦神话——一个神秘的世外桃源。在他们的脑子中，西藏不仅是一块土地，而且是西方人沉迷的幻想及渴望的信念，并"俨然成为控制西方人精神DNA 的一部分"。① 由此衍生了另外一种元素，那就是西方人对西藏现代化发展的误读。虽然西方媒体对中国西藏的报道大谈西藏的人权，但当中国政府全力开发西部、推动西藏社会走上现代化道路的时候，美国媒体却连篇鼓噪中国政府将消灭西藏文化的独特性。正是由于西方人对中国西藏的这种误读与达赖喇嘛打着文化牌的"藏独"鼓噪相互映衬，才塑造出今日西方媒体报道中国在"西藏问题"上的负面形象。

四　加强中美之间多层次文化交流有助于　美国媒体还原一个真实的西藏

加强中美文化交流，将一个真实的西藏、一个全新的中国形象与发展理念传递给美国，是一个从根本上避免中美误解最有效的办法。中美两国虽然有着较长时期的友好合作，包括在患难与共的抗日战争时期，两国人民并肩作战。但中华人民共和国成立后，由于意识形态及国际局势的多种因素的影响，中美曾长期处于隔绝、对立的状态，相互的误解与曲解相当深，不是双方高层领导人间的几

---

① Orville Schell, "Once a Shangri – La Where China Now Dominates," *The New York Times*, May 9, 1999, pg. 72.

个联合公报在短时间内所能解决的，尤其是对于"西藏问题"这种关乎中国国家核心利益的问题，本身就是大国对抗与冷战的产物。在美国民众及部分政客头脑中，有关中国西藏的认知大部分来源自海外"藏独"势力的长期濡染，要想他们对这些问题进行正确认识，必须进行长期、耐心的文化交流与沟通，而这项工作绝不是一时一事靠几个人在短时间内能够完成的。这是一个庞大的系统工程。不但在我们的国家领导人出访时要明确我们的原则与立场，还需要我们的学者及其著作走出国门与美国民众进行交流，更需要我们的藏族同胞走向世界展现新时代西藏的风采，以此逐步抵消外部世界对中国的偏见，从而在相互理解的基础上消除双方的分歧。

近年来由中国藏学研究中心组织的中国西藏文化交流代表团不断地深入美国等西方国家，与西方媒体进行主动的文化交流，让西方媒体人与中国的藏学家、中国西藏的人大代表、中国的藏人艺术家以及中国藏区的村民零距离接触与交流，这对西方社会全方位地了解中国西藏大有裨益。但这还不够，我们要给更多的藏族青年到国外留学的机会，这一方面可以为西藏未来的发展培养国际化人才，另一方面也可以让更多的美国普通民众与新时期的中国藏族青年亲密接触，将一个全新的西藏青年人形象传递给西方。与此同时，两国的教育行政部门可以联手出台一些深层次的文化交流项目，如互派藏学专家到对方的大学授课，整理更多的西藏历史文化成果到西方国家巡展，拍摄更多更好的西藏普通百姓生活的电影电视节目到西方国家交流等。

2008年，笔者曾经在美国华盛顿参加一个美国对外关系委员会组织的在美华人青年学生、学者中美关系论坛，论坛的组织规格相当之高，美国中美关系委员会的欧伦斯（Steve Orlins）主席和一位助理国务卿与会，与中国学生学者交流互动，会议安排中国学生学者到美国的政府机构如国务院、国防部、国家安全委员会、国会去参观，还到一些美国著名的企业如可口可乐公司参观。美方将会议报到的时间定在一个敏感的日期：6月4日，让人不禁想到这次会议美方的真正意图在于对中国未来的精英实施和平演变。但令主办方没有想到的是，在会议讨论期间，中国学生、学者在"西藏问题"上的立场与中国政府是惊人的一致。中国学生提出的问题"达赖叛逃是否有美国中情局的支持?"让在场的美国官员不敢正面回答。笔者以为，这种交流对中美双方来说都是有益的，它一方面给了中国青年表达中国学生、学者对中美关系认识的机会，另一方面也让美国高层了解，在"西藏问题"上向中国政府施压是违背中国民意的，至少中国的青年学生、学者是坚决反对的，由此也让美国高层在制定中国政策时有更多的考虑。

文化是人类的最后家园，中国作为一个正在崛起的世界大国，面对来自国际社会的舆论压力时，应该善于利用文化软实力从容应对，让世界了解正在崛起的中国理论自信与思想自觉，这才是一个真正的世界大国必经的崛起之路。

参考文献

一 中文文献（著作、论文）

（一）中文著作

爱德华·S. 赫尔曼、诺姆·乔姆斯基：《制造共识：大众传媒的政治经济学》，邵红松译，北京大学出版社 2011 年版。

戴维·L. 帕雷兹：《美国政治中的媒体：内容和影响》（第二版），宋韵雅、王璐菲译，南京大学出版社 2010 年版。

端木义万：《美国传媒文化》，北京大学出版社 2001 年版。

霍华德·F. L. 福尔克：《一纸瞒天——〈纽约时报〉如何谬报美国的对外政策》，袁贵菊、龙红莲译，生活、读书、新知三联书店 2009 年版。

辜晓进：《走进美国大报》，南方日报出版社 2004 年版。

何英：《美国媒体与中国形象》，南方日报出版社 2005 年版。

金炳镐：《马克思主义民族理论发展史》，中央民族大学出版社 2007 年版。

金勇：《客观与偏见：美国主流报纸台海问题报道研究》，中国传媒大学出版社 2008 版。

李良荣：《当代西方新闻媒体》（第二版），复旦大学出版社 2010 年版。

李良荣：《李良荣自选集》，复旦大学出版社 2004 年版。

李希光：《畸变的媒体》，复旦大学出版社 2004 年版。

李智：《国际政治传播：控制与效果》，北京大学出版社 2007 年版。

伦纳德·小唐尼、罗伯特·G. 凯：《美国人和他们的新闻》，党生翠等译，辽宁教育出版社 2003 年版。

明安香：《美国：超级传媒帝国》，社会科学文献出版社 2005 年版。

潘志高：《〈纽约时报〉上的中国形象：政治、历史及文化成因》，河南大学出版社 2003 年版。

乔木：《鹰眼看龙：美国媒体的中国报道与中美关系》，中央党校出版社 2006 年版。

沈国麟：《控制沟通：美国政府的媒体宣传》，上海人民出版社 2007 年版。

谭·戈伦夫：《现代西藏的诞生》，伍昆明、王宝玉译，中国藏学出版社 1990 年版。

王贵、喜饶尼玛：《西藏历史地位辨》，民族出版社 2003 年版。

王立新：《意识形态与美国外交政策》，北京大学出版社 2007 年版。

王泰玄：《外国著名报纸概略》，新华出版社 1985 年版。

西藏自治区党史资料丛书：《平息西藏叛乱》，西藏人民出版社 1995 年版。

西藏自治区党史资料征集委员会：《中国西藏党史大事记（1949—1994)》，西藏人民出版社 1995 年版。

谢岳：《大众传媒与民主政治》，上海交通大学出版社 2005 年版。

张植荣：《当代西藏问题研究》，（香港）新亚洲文化基金会有限公司 1994 年版。

张植荣：《国际关系与西藏问题》，旅游教育出版社 2003 年版。

郑曦原：《帝国的回忆：纽约时报晚清观察记》，当代中国出版社 1999 年版。

中共西藏自治区党委党史研究室：《中国共产党西藏历史大事记》第一卷、第二卷，中国党史出版社 2005 年版。

（二）中文论文

毕研韬：《西藏事件与国际舆论引导》，《青年记者》2008 年第 13 期。

陈勇、张昆：《对美国媒体关于西藏问题报道的思考——兼论如何改善中国对外传播策略》，《新闻记者》2008 年第 8 期。

范士明：《政治的新闻——美国媒体上的西藏和"西藏问题"》，《太平洋学报》2000 年第 4 期。

郭军伟：《媒体外交与国家形象塑造的重要性和紧迫性》，《青年记者》2012 年第 2 期。

韩源：《部分西方媒体歪曲报道西藏"3·14"事件剖析》，《思想理论教育刊》2008 年第 5 期。

任海，徐庆超：《媒体外交：一种软权力的传播与扩散》，《当代世界与社会主义》（双月刊）2011 年第 4 期。

盛沛林：《谎言掩盖不了血写的事实——一些西方媒体利用西藏事件"妖魔化"中国的手段及原因剖析》，《军事记者》2008 年第 5 期。

石讯：《针对"西藏问题"上的偏见中国可以坚决地说"不"》，《对外大传播》2005 年第 7 期。

唐闻佳：《3·14 西藏报道中的国际媒体分化现象分析》，《国际新闻界》2008 年第 5 期。

田新玲：《西藏事件折射西方媒体客观报道的虚伪性》，《新闻知识》2008 年第 5 期。

薛可、梁海：《基于刻板思维的国家形象符号认知——以〈纽约时报〉的"西藏事件"报道为例》，《新闻与传播研究》2009 年第 1 期。

叶皓：《西方新闻自由吗？——从西藏"3·14 事件"看西方媒体的真实属性》，《现代传播》（《中国传媒大学学报》）2008 年第 3 期。

翟峥：《中美两国在对方主要媒体中的写照——对〈人民日报〉和〈纽约时报〉1998 年报道的对比分析》，《美国研究》2002 年第 3 期。

张发岭：《西藏拉萨事件及西方的喧嚣》，《思想政治课教学》2008 年第 5 期。

赵鸿燕、林媛：《媒体外交在美国的表现和作用》，《现代传播》
（《中国传媒大学学报》）2008 年第 2 期。

庄曦、方晓红：《全球传播场域中的认同壁垒——从〈纽约时报〉
西藏"3·14"报道透视西方媒体"他者化"新闻框架》，《新闻
与传播研究》2008 年第 3 期。

二　英文文献（主要大报数据库、政府解密
　档案、专著、论文）

（一）一手英文文献（原文报纸、政府解密档案）

《纽约时报》历史回顾数据库 Historical *The New York Times*（1851 –
2005）有关西藏报道的文章。

《华盛顿邮报》历史回顾数据库 Historical *The Washington Post* 有关
西藏报道的文章。

《洛杉矶时报》历史回顾数据库 Historical *Los Angeles Times* 有关西藏
报道的文章。

《芝加哥论坛报》历史回顾数据库 Historical *Chicago Tribune* 有关西
藏报道的文章。

美国国家档案馆所藏关于西藏的档案。

美国总统图书馆所藏关于西藏的档案。

《美国对外关系文件》（*Foreign Relations of the United Sates*）中有关
西藏的文献。

（二）英文著作

Doris A. Graber, *Mass Media and American Politics*, Washington,
D. C. : Congressional Quarterly Press, 1993.

John Kenneth Knaus, *Orphans of the Cold War: America and the Tibetan
Struggle for Survival*, New York: Public Affairs, 1999.

Melvyn C. Goldstein, *A History of Modern Tibet*, Volume 2, *The Calm Be-
fore the Storm*, *1951 – 1955*, Berkeley: University of California

Press, 2007.

Melvyn C. Goldstein, *A History of Modern Tibet, 1913 - 1951 : the Demise of the Lamaist State*, Berkeley: University of California Press, 1989.

Melvyn C. Goldstein, *The Struggle for Modern Tibet, the Autobiography of Tashi Tsering*, Armonk, N. Y. : M. E. Sharpe, 1997.

A. Tom Grunfeld, *The Making of Modern Tibet*, London: Zed Books; Armonk, N. Y. : M. E. Sharpe, 1987.

George E. Marcus, *Connected: Engagements with Media*, Chicago: University of Chicago Press, 1996.

Tibetans in Exile, 1959 - 1969 : a Report on Ten Years of Rehabilitation in India, Compiled by the Office of H. H. Dalai Lama, Dharamsala, Bureau of H. H. the Dalai Lama, 1969.

Warren W. Smith, Jr, *Tibetan Nation: a History of Tibetan Nationalism and Sino - Tibetan Relations*, Boulder, Colo. : Westview Press, 1996.

（三）英文论文

Albert Siegfried Willner, *The Eisenhower Administration and Tibet, 1953 - 1961 : Influence and the Making of United States Foreign Policy*, Ph. D. , University of Virginia, 1995.

Aneesh N. Patel, *In Disputed Territory: New York Times Coverage of Tibet, Kashmir, and East Timor*, Senior Thesis, Harvard University, 1997.

Carole, McGranahan, *Arrested Histories: Between Empire and Exile in 20th Century Tibet*, Ph. D. , University of Michigan, 2001.

Catharine T. Barrow, *Government use of media and masses to overtake native lands : a comparison of the Han Chinese takeover of Tibet and the United States takeover of Native American lands*, Senior Thesis, Colorado College, 1999.

Chiang Lin, *The International Status of Tibet*, M. A. , The University of Chicago, 1930.

Dongdong Tian, *The Tibet Issue in Sino - American Relations: United States Policy - making Since Rapprochement*, Ph. D. , Brandeis University, 1995.

Elliot Harris Sperling, *Early Ming Policy Toward Tibet An Examination of the Proposition that the Early Ming Emperors Adopted a "Divide and Rule" Policy Toward Tibet (China)*, Ph. D. , Indiana University, 1983.

Ho - chin Yang, *China's Routes to Tibet During the Early Qing Dynasty: A Study of Travel Accounts*, Ph. D. , University of Washington, 1994.

Kalvane Mudiyanselage Mahinda Werake, *Foreign Policy of Yuan Shih - Kai with Special Emphasis on Tibet, 1912 - 1916*, Ph. D. , University of Washington, 1980.

Lishuang Zhu, *Between Truth and Imagination: Special Envoys on Mission to Tibet During the Period of Republican China, 1912 - 1949*, Ph. D. , The Chinese University of Hong Kong, 2007.

Margaret Jane McLagan, *Mobilizing for Tibet: Transnational Politics and Diaspora Culture in the Post - cold War Era*, Ph. D. , New York University, 1996.

Mark Jonathan Rogers, *The SS - Ahnenerbe and the 1938/1939 German - Tibet Expedition*, M. A. , Georgia State University, 2000.

Max James Riekse, *Tibet: a Case for De Facto Sovereign Indepence*, M. A. , Western Michigan University, 1986.

Min Zheng, *A Content Analysis of New York Times Coverage of China Before and After the September 11, 2001 Attacks*. Master Dissertation, Ohio University, 2005.

Pardaman Singh, *Tibet and her Foreign Relations*, Ph. D. , University of California, Berkeley, 1922.

Ryavec, Karl Ernest, *Land Use Change in Central Tibet, 1830 - 2000*, Ph. D. , University of Minnesota, 2002.

Sangay, Lobsang, *Democracy in Distress: Is Exile Polity a Remedy? A Case Study of Tibet's Government in Exile*, S. J. D. , Harvard Universi-

180

ty, 2004.

Tieh – Tseng, Li, *A Historical Study of the Status of Tibet*, Ph. D. , Columbia University, 1953.

Weiguo Lee, *Tibet in Modern World Politics* (*1774 – 1922*) , Ph. D. , Columbia University, 1931.

Weiping Yuan, *A Historical Study of China's Culture Revolution and Its Coverage by New York Times*, Master Thesis, Oklahoma State University, 1989.

Yixiao Sun, *The New York Times Coverage of Tibet in the late* 1950*s and the Late* 1980*s*, Ohio University, Master Thesis, 1998.

附录　重要历史时期美国传统主流媒体对中国西藏的报道目录

一　辛亥革命前后美国传统主流媒体对中国西藏的报道目录

（一）1910—1913 年《纽约时报》对中国西藏的报道目录——24 篇

序号	报道时间	文　章　题　目
1	19100227	英国询问中国在西藏的计划（England Asks China for Plans in Tibet）
2	19100227	无题（被废黜的达赖喇嘛）（No Title—Deposed Dalai Lama）
3	19100304	西藏不安宁（Tibet is not Tranquil）
4	19100306	亨利·S. 兰德尔在此（Henry Savage Landor Here）
5	19100327	达赖喇嘛寻求避难（Dalai Lama Finds Refuge）
6	19100327	西藏逃亡的喇嘛和宗教仪式上使用的面具（Tibet's Fugitive Lama and Masks Used in Religious Ceremonial）
7	19100625	呼图克图转世（Hootookatoo Reincarnated）
8	19110517	西藏活佛终于接受了采访（Tibet's Living Deity Interviewed at Last）
9	19110723	神秘而充满杀气的西藏（Mysterious and Murderous Tibet）
10	19110906	中国遭遇洪水、干旱和叛乱（Floods, famines, Revolts in China）
11	19110908	我们在中国的利益受到威胁（Our Threatened Chinese Interests）

续表

序号	报道时间	文　章　题　目
12	19110922	成都形势缓解（Cheng‑Tu Relieved）
13	19111123	叛乱已蔓延至西藏（Rebellion Reaches Tibet）
14	19120211	西藏起义结束（End of Tibet Revolt）
15	19120830	英国说，中国不能拥有西藏（China Cannot Have Tibet，Says Britain）
16	19120901	西藏争论不关我们的事（Tibet Dispute Not Our Affair）
17	19120902	中国将保持对西藏的主权（China Will Keep Tibet）
18	19120903	抢夺西藏（"Grabbing" Tibet）
19	19120922	说格瑞前后不一（Says Grey is Inconsistent）
20	19130209	西藏寻求独立（Tibet Seeks Independence）
21	19130702	S. 兰德尔在巴西（Savage‑Landor in Brazil）
22	19130706	探险西藏（Exploring Tibet）
23	19130730	上海处于战火中（Shanghai on Fire by Bombardment）
24	19140711	英国警告中国（Britain Warns China）

（二）1910—1913 年《华盛顿邮报》对中国西藏的报道目录——20 篇

序号	报道时间	文　章　题　目
1	19100218	汉人占领拉萨（Chinese Occupy Lassa）
2	19100224	汉人夺取拉萨（Chinese Seize Lassa）
3	19100225	英国保护喇嘛（England to Protect Lama）
4	19100303	揭开西藏的面纱（Lifting the Veil in Tibet）
5	19100309	拉萨，隐士城市（Lassa，The Hermit City）
6	19100311	西藏的轮回（A Cycle of Tibet）
7	19100410	最为奇特的西藏（In Strangest Tibet）
8	19100411	中国终结达赖在西藏的统治（China Puts End to Reign of Dalai Lama in Tibet）

序号	报道时间	文 章 题 目
9	19100822	中国担心被瓜分（China Fears Partition）
10	19110521	采访大喇嘛（Interviewing the Grand Lama）
11	19110702	西藏轶事（Nature Fake in Tibet）
12	19110822	中国挽救边疆省（China to Save Provinces）
13	19120405	西藏建立共和（Republic Set Up in Tibet）
14	19120421	中国人制造大屠杀（Massacred by Chinese）
15	19120721	划分中国（Parceling Out of China）
16	19120902	驳斥英国的要求（Rejects England's Demands）
17	19120921	决定波斯的命运（Seal Fate of Persia）
18	19121225	中国在西藏问题上态度坚决（China Firm as to Tibet）
19	19131019	（西藏）女权社会妇女随心所欲（Where Suffragettes Have Everything Their Hearts Desire）
20	19131120	资深外交官离职（Oldest Envoy Quits）

（三）1910—1913 年《洛杉矶时报》对中国西藏的报道目录——8 篇

序号	报道时间	文 章 题 目
1	19100324	海外拾贝（Men and Things Over the Sea）
2	19100606	西藏的排他性（Exclusiveness of Tibet）
3	19110819	关于狗的趣事（Intelligence of Dogs）
4	19120714	蜡制昆虫（Wax‑making Insects）
5	19120903	中国坚持在西藏问题上的立场（China Holds on to Tibet）
6	19130124	可能拿中国作交易（May Put China on the Market）
7	19130302	王子担心被暗杀（Prince Fears Assassination）
8	19130713	中国军队入侵西藏（Chinese Army Invades Tibet）

（四）1910—1913 年《芝加哥论坛报》对中国西藏的报道目录——4 篇

序号	报道时间	文 章 题 目
1	19100224	军队占领拉萨，僧侣逃亡（Army Takes Lhasa, Priest in Flight）
2	19100226	（皇帝）诏书废除西藏教皇（Edict Deposes Tibet's Pope）
3	19100325	西藏圣典（Sacred Books of Tibet）
4	19120226	大中华民国（China "The Great Republic"）

二 "二战"前后美国传统主流媒体对中国西藏的报道目录

（一）1939—1947 年《纽约时报》对中国西藏的报道目录——36 篇

序号	报道时间	文 章 题 目
1	19390402	拉萨寺庙里的美国人（An American in Lhasa's Shrines）
2	19390412	申请进入拉萨的许可（Asks Permit to See Tibet）
3	19390723	深入西藏山区的探险之旅（An Adventurous Journey Into the Mountains of Tibet）
4	19390807	美国人看到了新转世的小达赖喇嘛（New Boy Dalai Lama is Seen by American）
5	19390915	农民的儿子，5 岁，被认定为西藏的达赖喇嘛（Peasant Boy, 5, Named Dalai Lama of Tibet）
6	19400127	中国看到抓住西藏主权的新机遇（China Sees New Grip on Tibet Sovereignty）
7	19400131	蒋推行合并西藏的计划，6 岁的孩子被任命为达赖喇嘛（Chiang Pushes Plan to Incorporate Tibet, Child, 6, Is Appointed as Dalai Lama）
8	19400204	英国密切关注达赖喇嘛（British Keep Eye on the Dalai Lama）

序号	报道时间	文 章 题 目
9	19400222	达赖喇嘛今日坐床，选择他是汉人的胜利（Dalai Lama to be Enthroned Today, His Choice is a Victory for Chinese）
10	19400223	达赖喇嘛坐床（Dalai Lama Placed on Throne of Tibet）
11	19400224	达赖喇嘛（The Dalai Lama）
12	19400225	西藏统治者（Ruler of Tibet）
13	19400728	商队入藏（By Caravan into Tibet）
14	19410406	来自西藏的艺术品展览（Art from Tibet to be Seen）
15	19410718	书籍与作者（斯文·赫定的《征服西藏》）（Books – Authors—A Conquest of Tibet by Sven Hedin）
16	19420416	抢修中印公路（China – India Road Rushed）
17	19420531	在印度与西藏（In India and Tibet）
18	19420802	探险家荣赫鹏去世，享年79岁（Younghusband, 79, Explorer, is Dead）
19	19420809	多罗斯·谢尔顿著《素在西藏》（Sue in Tibet by Dorris Shelton Still）
20	19421025	在中国与西藏旅行（Travel in China and Tibet）
21	19430307	（柔克义夫人）将有关西藏的书籍捐献给国会图书馆（Gives Books on Tibet to Congress Library）
22	19430318	希尼 G. 巴拉德（Sidney G. Burrard）
23	19430513	西藏将帮助汉人（Tibet to Aid Chinese）
24	19431126	中国的战后计划（China's Post – War Plan）
25	19440218	7岁男孩成为西藏精神领袖（7 – Year – Old Boy Becomes Spiritual Head of Tibet）
26	19450311	外交家、作家查尔斯·贝尔先生去世，享年74岁（Sir Charles Bell Dies, Diplomat, Author, 74）
27	19450624	西藏之旅结束（Trek From Tibet Ends）
28	19450730	西藏艺术品在博物馆展出（Museum is Dedicated to the Arts of Tibet）
29	19460222	有报道说美国人在西藏被奴役（Americans Reported Enslaved in Tibet）
30	19460623	传教士的西藏观（Missionary's View of Tibet）

序号	报道时间	文　章　题　目
31	19470613	报道说西藏发生叛乱（Revolt in Tibet Reported）
32	19470614	报道说西藏秩序已恢复正常（Order is Reported Restored in Tibet）
33	19470713	西藏前摄政被处死（Tibetan Ex－Regent Reported Executed）
34	19470721	46岁的探险家露丝·哈姆去世（Ruth Harm，46，Explorer，is Dead）
35	19470928	世界屋脊：探险王国（The Roof of the World：Kingdom of Adventure）
36	19471004	耶鲁大学开设西藏课程（Yale Has Course on Tibet）

（二）1939—1947年《华盛顿邮报》对中国西藏的报道文章目录——13篇

序号	时间报道	文　章　题　目
1	19391009	自信满满的6岁达赖喇嘛为追随者祈福（Self Possessed Dalai Lama，6，Blesses Followers）
2	19400211	朝圣者前来参加达赖的坐床仪式（Pilgrims March to Enthronement of Dalai lama）
3	19400222	无题——男童喇嘛将坐床（No Title—Boy Lama will be Throned）
4	19400223	6岁大的神王登基禁地西藏的金宝座（6－Year－Old God－King Ascends Forbidden Tibet's Gold Throne）
5	19400224	农民的孩子坐床成为西藏统治者（Peasant Child Takes Throne to Rule Tibet）
6	19410921	袖珍的皮考特女士讲述她的西藏之旅（Tiny Mme. Picot Tells of Her Trip to Tibet）
7	19430308	柔克义的西藏收藏品捐给图书馆（Rockhill Tibetan Collection Given to Library）
8	19430513	西藏（政府）将允许经由西藏向中国运输供给（Tibet Will Allow Transport of Supplies to China）
9	19440218	10万人目睹了十世班禅喇嘛坐床典礼（100，000 Witness Enthronement of 10th Panchen Lama）

序号	时间报道	文　章　题　目
10	19460811	结束对"助理喇嘛"的寻访（Tibet Ending Search for "Assistant Lama"）
11	19470420	"X 山"挑战世界最高峰桂冠（"Mt. X" Seen Upsetting World's Highest Title）
12	19470713	报道说西藏前摄政被当做阴谋策划者弄瞎、处死（Tibet Ex - Regent Reported Blinded, Killed as Plotter）
13	19471218	无题——西藏边境关闭（No Title—Tibetans Frontiers Closed）

（三）1939—1947 年《洛杉矶时报》对中国西藏的报道目录——13 篇

序号	报道时间	文　章　题　目
1	19390409	亚利桑那学者揭开西藏神秘的面纱（Arizona Scholar Lifts Veil of Tibet Mystery）
2	19390813	西藏唯一的白人喇嘛在绍斯兰完成著述（Only White Lama of Tibet Finishing Book in Southland）
3	19391112	科学家描述西藏神秘土地（Mysterious Land of Tibet Described by Scientist）
4	19400223	达赖喇嘛坐床（Dalai Lama Takes Throne）
5	19400226	据说西藏面临战争危险（War Danger to Tibet Told）
6	19400301	白人喇嘛放映西藏彩色电影（White Lama to Show Color Films of Tibet）
7	19400721	山峰、喇嘛与佛教交织编成旅行故事（Peaks, Lamas and Buddhism Woven into Travel Story）
8	19450403	祈祷失败何之错？（What is Wrong When Prayer Fails?）
9	19460922	西藏神秘的山峰（Tibet's Mystery Mountain）
10	19470201	拜尔德认为南极高原可能比西藏高原要高（Polar Plateau May Top Tibet, Byrd Believes）

序号	报道时间	文　章　题　目
11	19470613	报道说西藏发生叛乱，喇嘛被逮捕（Tibet Revolt Reported Over Lama's Arrest）
12	19471031	寻访西藏的人在旁遮普袭击中失踪（Seeker of Tibet Lore Missing in Punjab Raid）
13	19471117	妻子写信说白人喇嘛身在西藏无恙（White Lama Safe in Tibet, Wife Writes）

（四）1939—1947年《芝加哥论坛报》对中国西藏的报道目录——19篇

序号	报道时间	文　章　题　目
1	19390910	牦牛油是西藏高原生活的必需品（Yak Butter is Staff of Life in Lofty Tibet）
2	19391008	西藏新的精神领袖（Tibet's New Spiritual Head）
3	19400201	中国建议6岁男孩作西藏统治者（China Proposes Boy, 6, Be Made Ruler of Tibet）
4	19400211	朝圣者涌入西藏首府参加达赖坐床典礼（Pilgrims Crowd Tibet's Capital for Coronation）
5	19400221	新达赖喇嘛有助于中国对西藏的统治（New Lama Seen as Aid to China's Rule of Tibet）
6	19400222	被神化的中国少年在西藏坐床（Deified Chinese Lad Ascends to Throne of Tibet）
7	19400223	西藏举行盛大仪式为神王坐床（Tibet Enthrones Boy God – King in Gorgeous Rites）
8	19400306	重要新书《又老又丑的面孔》（Important New Book：Old Ugly Face）
9	19410531	听说找到了西藏精神领袖的转世（Hear Successor Found to Tibet Spiritual Head）

续表

序号	报道时间	文 章 题 目
10	19420802	印度、西藏的探险者荣赫鹏去世（Young Husband, India and Tibet Explorer, Dead）
11	19450201	塔尔寺在诈骗审判中名誉扫地（Kum Bum Fame Shrinks to Nil in Fraud Trial）
12	19450203	法庭说，塔尔寺的15岁喇嘛只读4年书，15岁（Kum Bum Lama in 4th Grade at 15, Court Hears）
13	19450624	2个美国人带回了西藏正进行战争的消息（2 Yanks Bring Tibet News of a War Going on）
14	19461229	西藏高原的海拔（Tibet Tableland Altitude）
15	19470503	有报道说德国特务林肯生活在西藏（Report Lincoln, Germany Spy, is Alive in Tibet）
16	19470713	西藏前摄政在拉萨被谋害（Former Regent of Tibet Slain in Lhasa Plot）
17	19471103	西藏旅行者报告说白人喇嘛被杀害（Tibet Traveler Reports "White Lama" is Killed）
18	19471117	白人喇嘛的妻子报告说白人喇嘛在西藏还活着（Wife Reports "White Lama" is Alive in Tibet）
19	19471201	最近的西藏起义被称作是宗教战争（Tibet's Latest Revolt Termed Religious War）

三 中华人民共和国成立前后美国传统主流媒体对中国西藏的报道目录

（一）1948—1950年《纽约时报》对中国西藏的报道目录——90篇

序号	报道时间	文 章 题 目
1	19480304	今日西藏艺术品预展（Tibetan Art Show in Preview Today）

序号	报道时间	文　章　题　目
2	19480305	西藏展览中可以看到宗教仪式用的银器（Ritual Silver Seen in Tibet Exhibit）
3	19480706	西藏将终结英国特权（Tibet Would End British Rights）
4	19480812	5 位西藏来宾畅谈贸易（5 From Tibet Here to Drum up Trade）
5	19480821	作家、探险家，G. 兰博，54 岁（Gene Lamb, Author and Explorer, 54）
6	19480911	西藏将用羊毛换美元（Tibet Would Sell Wool for Dollars）
7	19481117	《时报》推介的著作（Books of the Times）
8	19490420	在新疆传播美国知识（Knowledge of U. S. Spread in Sinkiang）
9	19490723	有报道说西藏发生反汉骚乱（Revolt Against China is Reported in Tibet）
10	19490724	印度甄别西藏谣言（India to Sift Tibet Rumor）
11	19490725	解释西藏叛乱（Tibet "Revolt" Explained）
12	19490728	尼赫鲁计划访问西藏（Nehru Plans to Visit Tibet）
13	19490807	中国向西藏发出请求（China Addresses Plea to Tibet）
14	19490809	印度、不丹签订永久条约，喜马拉雅王国得到补贴（India, Bhutan Sign Perpetual Pact, Himalaya Kingdom Gets Subsidy）
15	19490811	西藏发动对中共的宗教战争（Tibet Religious War on Reds Proclaimed）
16	19490812	西藏统治者寻求回到西藏（Tibet Ruler Seeks to Return）
17	19490903	中共誓言解放西藏（Chinese Reds Promise the "Liberation" of Tibet）
18	19490905	中共宣称新疆是中国的（Sinkiang Claimed For China By Reds）
19	19490926	劳威尔·托马斯坐上了担架（Lowell Thomas on Litter）
20	19491011	劳威尔·托马斯说藏人恐惧（Tibet Fears Told by Lowell Thomas）
21	19491017	托马斯自西藏归来（Lowell Thomas Back from Tibet）
22	19491025	鉴于亚洲形势美国可能要承认西藏为独立国家（U. S. May Grant Tibet Recognition in View of Current Asia Situation）

续表

序号	报道时间	文　章　题　目
23	19491202	苏联将托马斯的西藏之旅看成一个阴谋（Soviet Sees a Plot in Thomas Tibet Trip）
24	19500108	共产党计划解放西藏（Communist Plan to "Liberate" Tibet）
25	19500122	西藏已接到向北京称臣的命令（Tibet Gets Order to Bow to Peiping）
26	19500124	看到苏联促动毛向西南进军（Soviet Seen Prodding Mao to Turn Army Southward）
27	19500128	无题——《真理报》报道西藏解放在即（No Title—Trud Report: Liberation of Tibet Soon）
28	19500209	著述与作者（Books – Authors）
29	19500216	如果中共向南推进入侵尼泊尔，印度将武力介入（India to Resist Invasion of Nepal if Chinese Push South）
30	19500329	中共为入藏扫清了道路（China's Reds Clear Approach to Tibet）
31	19500416	达赖喇嘛及其他（Dalai Lama & Co.）
32	19500523	中共提出要西藏自治（China's Reds Offer Autonomy to Tibet）
33	19500615	西藏代表誓言独立（Tibet Delegates Vow Independence）
34	19500723	毛即将入侵西藏（Invasion of Tibet by Mao Held Near）
35	19500813	80万中共军队待命解放西藏（800,000 Reds Seen Set for Tibet Blow）
36	19500815	西藏艺术品展览（Tibetan Art Works Placed on Display）
37	19500819	印度热议西藏政策（India Scores Talk on Policy in Tibet）
38	19500820	中共已做好准备（进行谈判），西藏心怀不满（Tibet Disaffected as Reds Lie in Wait）
39	19500831	北平愿意与西藏和平协商（Peiping Held Willing to Confer on Tibet）
40	19500912	小国尼泊尔担心北平向西藏推进（Tiny Kingdom of Nepal is Worried by Peiping's Move Toward Tibet）
41	19501025	北平已下令向西藏进军（Advance on Tibet Ordered by Peiping）
42	19501026	美国方面怀疑目前侵入西藏的可能性（U. S. Aides Doubt Invasion of Tibet）
43	19501027	在印度有报道说中共入侵西藏（Invasion of Tibet Reported in India）

序号	报道时间	文　章　题　目
44	19501028	尼赫鲁抗议北平西藏行动（Nehru Protests to Peiping on Tibet）
45	19501028	新中国关注失去的地平线（New China Casts an Eye on the Lost Horizon）
46	19501028	中共悄悄入侵（西藏）（Reds Underplay Invasion）
47	19501029	印度重新考虑其北平政策（India Reconsiders Her Peiping Policy）
48	19501030	据报道中共军队四管齐下向拉萨挺进（4 - Pronged Red Drive on Lhasa Reported）
49	19501031	印度说北平军队距拉萨200英里（India Says Peiping Force is 200 miles From Lhasa）
50	19501101	中共拒绝印度干涉西藏解放（Red China Rebuffs India Bid on Tibet）
51	19501102	印度发给毛的关于西藏问题的严词回复（Sharp India Reply Sent Mao on Tibet）
52	19501103	印度抨击北平入侵西藏（India Hits Peiping on Tibet Invasion）
53	19501103	入侵西藏（Invasion of Tibet）
54	19501103	中、印关于中共入侵西藏的照会文本（Text of Indian and Red China Notes on Tibet Invasion）
55	19501104	中共向西藏首都挺进（Chinese Reds Push on Tibetan Capital）
56	19501104	中共的新角色（Red China's New Role）
57	19501105	中共三面出击（Communist China Moves out on Three Fronts）
58	19501105	入侵西藏（Invasion of Tibet）
59	19501105	现在尼赫鲁以不同视角看中国（Nehru Now Sees China in a Different Light）
60	19501105	对"天上之国"的威胁（Threat to "the Land in the Sky"）
61	19501106	达赖喇嘛留在西藏首府，拉萨阻止代表团进京（Dalai Lama Stays in Tibet Capital, Lhasa Stops Delegation to Peiping）
62	19501107	北平请印度结束西藏驻军（Peiping Asks India to End Tibet Guard）
63	19501108	夕照西藏（Sunset over Tibet）
64	19501108	有报道说西藏即将陷落（Tibet Fall Near, Reports Indicate）

序号	报道时间	文 章 题 目
65	19501111	西藏吁请联合国调停纷争（Tibet Calls on U. N. to Mediate Strife）
66	19501112	中共提出给西藏自治权（Reds Offer Tibet Autonomy）
67	19501114	有报道说西藏请求中共停战（Armistice Appeal by Tibet to Red China is Reported）
68	19501114	西藏申诉中国入侵的案文（Text of Tibet's Complaint of Chinese Aggression）
69	19501114	无题——有报道说西藏吁请中国停战（No Title—Armistice Appeal by Tibet to Red China is Reported）
70	19501115	印度总统抨击对西藏的进攻（India's President Hits Tibet Attack）
71	19501116	萨尔瓦多请求联合国讨论西藏问题（El Salvador Asks U. N. Tibet Debate）
72	19501117	达赖喇嘛亲政（Dalai Lama Takes Full Power Today）
73	19501117	萨尔瓦多拒绝撤回要求联大讨论西藏遭到侵略的请求（El Salvador Refuses to Withdraw Demand for UN Assembly Debate on Tibet Invasion）
74	19501118	印度将支持西藏在联合国讨论遭到侵略问题（India to Back Tibet in U. N. on Invasion）
75	19501119	西藏问题提交联大（Tibet Issue Goes to U. N. Assembly）
76	19501121	尼赫鲁重新确认与西藏的边界（Nehru Reaffirms Border With Tibet）
77	19501122	苏联绘制对印度构成潜在威胁的西藏空军基地地图（Soviet Maps Tibet Air Bases in Potential Threat to India）
78	19501123	通往印度北部的红色之路已经铺就（Red Road to India on North Outlined）
79	19501124	中共在克什米尔、尼泊尔的战略目标（Red Strategy Aims at Kashmir, Nepal）
80	19501125	西藏的间谍（Cloak and Dagger in Tibet）
81	19501125	联合国搁置了西藏问题的讨论（U. N. Group Shelves Discussion of Tibet）
82	19501126	诺兰德在朝鲜问题上抨击印度（Knowland Hits India on Korea）

序号	报道时间	文　章　题　目
83	19501126	禁地（The Forbidden Land）
84	19501203	报道说共产党赢得了西藏（Communist Gains in Tibet Reported）
85	19501206	印度接手喜马拉雅战略要地锡金防务（India Assumes Defense of Sikkim, Strategic Principality in Himalayas）
86	19501210	印度迅速转向西方（India Now Swings Sharply to West）
87	19501224	西藏大赦使阴谋家获得自由（Plotters Go Free in Tibet Amnesty）
88	19501226	有报道说达赖喇嘛逃离西藏（Dalai Lama Flees Tibet, Report Says）
89	19501230	达赖计划在边境附近建立西藏新都（Dalai Lama Reported Planning to Set up New Tibetan Capital Close to the Border）
90	19501231	力促达赖喇嘛延缓外逃（DaLai Lama Urged to Defer his Flight）

（二）1948—1950 年《华盛顿邮报》对中国西藏的报道目录——56 篇

序号	报道时间	文　章　题　目
1	19480530	男宠，遥远西藏的风俗（Male Harems, A Custom in Lofty Tibet）
2	19480620	皮特王子将前往西藏，克劳德尔为他举行告别宴会（Prince Peter Here Enroute to Tibet, Claudels Feted at Farewell Parties）
3	19480801	中国人想知道西藏代表团是如何拿到护照的（Chinese Want to Know How Tibet Mission Got Passports）
4	19480802	西藏的达赖喇嘛号召赶走共产党（Drive on Reds Begun by Tibet's Dalai Lama）
5	19480809	南京说藏人起义反抗统治者（Tibetans Rise Against Ruler, Nanking Told）
6	19481114	无题——西藏给罗斯福（总统）的礼物在博物馆展出（No Title—Tibet's Gift to Roosevelt）

序号	报道时间	文 章 题 目
7	19481123	美国缓解中国对牦牛尾（买卖）阴谋的担忧（U. S. Allays China's Fears of Yak Tail Intrigue over Tibet）
8	19481209	达赖喇嘛要给西藏买一架铁桥（Dalai Lama Seeking Iron Bridge for Tibet）
9	19490724	西藏统治者驱逐中国官员（Tibet Rulers Kick Chinese Officials Out）
10	19491105	西藏恐惧中共军队，请求援助（Tibet Asks Aid from Threat of China Reds）
11	19491107	中共承诺护送西藏领导人回到西藏（Tibet Leader Gets Red Promise of Escort）
12	19491125	中共说西藏小喇嘛请求解放军解放西藏（Reds Say Boy Lama of Tibet Asks for Army of Liberation）
13	19491126	中共入侵西藏在即（Red Invasion of Tibet Held as Certain）
14	19491218	西藏没人使用有轮的车（Tibetans Have No Use for the Wheel）
15	19500107	托马斯关于西藏之旅的报告（Lowell Thomas to Give Lecture on Tibet Tour）
16	19500109	苏联主要报纸宣称中共要进军西藏（China Reds Will Sweep Tibet, Major Soviet Papers Declare）
17	19500112	中共报道说正在为夺取西藏进行训练（Reds Reported Training Men in China to Take Over Tibet）
18	19500122	中共警告西藏，暗示报复（Chinese Reds Warn Tibet, Hint Reprisal）
19	19500203	西藏广播誓言为自由而战（Tibet Broadcasts Vow to Fight for Freedom）
20	19500218	托马斯说西藏力求避开中国的纷争（Tibet Seeking to Stay Clear of China Strife, Thomas Says）
21	19500329	中共为入藏扫清了道路（Reds Clear Approach to Tibet）
22	19500416	西藏概览（In a Nutshell）
23	19500420	西藏寻求中共理解（Tibet Seeking Understanding with Red China）
24	19500523	达赖喇嘛的哥哥说西藏将为自由而战（Tibet to Fight to Stay Free, Brother of Dalai Lama Says）

续表

序号	报道时间	文　章　题　目
25	19500705	出逃的传教士说共产党在西藏东部组织青年（Escaped Missionary Says Communists Organize Youths in Eastern Tibet）
26	19500708	有报道说中共军队已进入西藏寺庙（Reds Reported in Tibetan Lama-series）
27	19500730	西藏边境卫兵杀害美国特使（Tibet Border Guards Killed U. S. Envoy）
28	19500818	当中共军队威胁到西藏时印度介入（India Intercedes as China Reds Menace Tibet）
29	19500825	尼赫鲁说西藏与中共可能会谈判（Tibet and Communist China May Begin Parley, Nehru Says）
30	19500826	在西藏遇害的外交官同伴安全抵达印度（Pal of Envoy Slain in Tibet Safe in India）
31	19500828	对西藏进攻的可能性不大（Attack on Tibet Held Unlikely）
32	19500830	捷克报纸说中共军队将开进西藏（Czech Paper Says Reds Will March Into Tibet）
33	19500831	中共已做好准备就西藏问题进行谈判（Red Chinese Ready for Talk on Tibet Issue）
34	19500901	被害外交官的学者朋友说西藏将与中共作战（Scholar Friend of Slain Envoy Says Tibet Would Fight Reds）
35	19501009	北平说中共在建设通往西藏的公路（Reds Building Road to Tibet, Peiping Says）
36	19501012	印度人听到新的入侵西藏的报道（Indians Hear New Report of Tibet Invasion）
37	19501025	中共新闻社说入侵西藏在即（Invasion of Tibet Under Way, Red Agencies Indicate）
38	19501026	有报道说藏人已准备投降（Tibetans Reported Ready to Surrender）
39	19501026	美国官员怀疑中共入侵西藏是虚张声势（U. S. Officials Suspect Red Bluff on Invasion）

续表

序号	报道时间	文　章　题　目
40	19501027	印度听说中共军队已进入西藏100英里（Reds Some 100 Miles Inside Tibet, India Hears）
41	19501028	有报道说印度就西藏问题向北平发出警告（India Warning to Peiping on Tibet Reported）
42	19501029	印度对入侵西藏的命令不安（India Irked By Order to Invade Tibet）
43	19501030	中共部队将通过三路进入拉萨（Red Force Expected to Launch, 3 - Pronged Drive to Take Lhasa）
44	19501031	入侵部队接近拉萨时，（西藏）已通过外交途径寻求帮助（Appeal is made for Diplomatic Step as Invading Force Nears Lhasa）
45	19501031	世界屋脊（Roof of The World）
46	19501101	无题——西藏形势与印度（No Title—Tibet Situation and India）
47	19501102	西藏内阁就抵抗问题发生分歧（Tibet Cabinet Splits Over Resistance）
48	19501103	印度寻求西藏问题的解决办法（India Seeks Solution of Tibet Issue）
49	19501104	在中共军队到来之前西藏统治者出逃（Tibet Ruler Flees Before Red Advance）
50	19501106	在藏的印度代表（India's Representative in Tibet）
51	19501107	有报道说中共军队距离西藏还有60英里（Reds Reported 60 Miles From Tibet Capital）
52	19501110	白智仁说藏人杀害了举起双手的马克南（Bessac Says Tibetans Slew Mackiernan as He Raised Hands）
53	19501111	进入印度的通道（Passage to India）
54	19501111	有报道说西藏请求联合国干预西藏问题（Plea for U. N. Intervention in Tibet Reported）
55	19501113	有报道说西藏请求中共撤军（Tibet Reported Asking Reds to Withdraw）
56	19501114	电报强调抵制武装入侵希望渺茫（Cable Stresses Little Hope of Withstanding Armed Invasion）

（三）1948—1950 年《洛杉矶时报》对中国西藏的报道目录——59 篇

序号	报道时间	文　章　题　目
1	19480104	香格里拉（Shangri - La）
2	19480426	世界政治的走卒，年轻喇嘛魂牵失去的西藏王国（Pawn in World Politics, Boy Lama Dreams of His Lost Tibet Kingdom）
3	19481227	斯坦福教授要访问西藏（Standford Man to Visit Tibet）
4	19490401	探险者的著述（Bookman's Notebook）
5	19490619	开满鲜花的山谷与高山蔚为壮观（Flower Valley and Peaks of Tibet Glorified）
6	19490626	可以放到桌子上观赏的树（A Tree for Your Table Top）
7	19490906	12 岁的流亡喇嘛想要领导西藏军队（Exiled Lama, 12, Wants to Lead Army on Tibet）
8	19491011	古老的西藏害怕中共威胁（Red Menace Feared in Ancient Tibet）
9	19491125	中共利用（班禅）喇嘛呼吁西藏起义（Reds Use Lama in Calling for Revolt in Tibet）
10	19491128	斯坦福大学图书馆获赠佛教圣典（Stanford Library Given Sacred Buddhist Canon）
11	19500109	喇嘛统治的西藏面临中共威胁（Lama - Ruled Tibet Faces Red Peril）
12	19500112	当中共组建傀儡政权时，西藏年轻喇嘛的地位遭遇威胁（Throne of Tibet's Boy Lama Periled as Reds Form Puppet Rule in China）
13	19500201	西藏害怕中共入侵，呼吁援助（Tibet Fears Red Invasion, Calls for Help）
14	19500326	将放映西藏电影（Films of Tibet Will be Shown）
15	19500730	美国外交官在西藏边界遭到枪杀（U. S. Diplomat Killed in Tibet Border Shooting）
16	19500805	中共军事将领说将将入侵西藏（Red General Says "We Will Invade Tibet"）

续表

序号	报道时间	文章题目
17	19500809	中国报道说中共军队正在向西藏挺进（Reds Marching on Tibet Says China Report）
18	19500814	报道说中共军队已经距离西藏很近了（Drive on Tibet by China Reds Reported Near）
19	1950818	印度请中共尊重西藏独立（India Asks Red Respect for Tibet Independence）
20	19500831	报道说中共同意就西藏问题进行谈判（Red Talk on Tibet Reported Agreed）
21	19500929	《星期日时报》刊发了彩色的西藏地图（Sunday Times to Have Map of Tibet in Color）
22	19501001	今天的《时报》整幅刊印了西藏地图（Full Page Tibet Map Printed in Times Today）
23	19501001	中共对西藏的威胁对中亚造成压力（Red Threat in Tibet Increases Pressure on Central Asia）
24	19501001	中共给予西藏部分自由（Red China Offers Tibet Partial Liberty）
25	19501008	中共使馆否认了对西藏的入侵（Tibet Invasion denied by Red China Embassy）
26	19501009	中共对西藏的入侵还不明朗（Red China Tibet Invasion Claim Still Obscure）
27	19501011	印度缺少关于侵略西藏的新闻（India Lacks News of Tibet Invasion）
28	19501012	印度报道中共军队入侵西藏（Tibet Invasion by China Reds Reported in India）
29	19501025	中共报道说西藏入侵继续（Chinese Reds Report Tibet Invasion on）
30	19501026	中共入侵西藏展现新的威胁（Red Entry in Tibet Poses New Perils）
31	19501026	有消息称西藏已落入中共手中（Tibet to Yield to Chinese Reds, Dispatches Say）
32	19501027	俄罗斯报道中共军队解放西藏（Russ Report Army Liberating Tibet）

序号	报道时间	文　章　题　目
33	19501028	印度召集内阁会议讨论西藏遭到侵略的问题（India Summons Cabinet Over Tibet Invasion）
34	19501028	西藏有了麻烦（Trouble in Tibet）
35	19501029	中共在西藏的行为动摇了印度总理的政策（Red Tibet Action Jolts India Chiefs）
36	19501030	俄国人预言西藏（陷落）（Russ Predict Tibet's Fall）
37	19501030	战争新闻在印度的藏人中激起强烈反响（War News Stirs Tibetans in India）
38	19501101	中共告诉印度不要干涉西藏事务（Stay Out of Tibet Affair, Chinese Reds Tell India）
39	19501102	中共报道说占领了西藏城市（Tibet Town Seized, Communists Report）
40	19501104	报道说西藏的年轻统治者已逃亡（Tibet's Boy Ruler Reported in Flight）
41	19501105	如何打击中共（How to Beat the Reds in China）
42	19501105	喇嘛逃亡后亲共势力控制了西藏（Pro-reds Seize Tibet Control as Lama Flees）
43	19501105	从中共的进攻行动可见中共的部分战略计划（Red Attacks Seen Part of Tactical Plan）
44	19501106	中共控制西藏要塞（Chinese Reds Seize Tibet Stronghold）
45	19501106	尼赫鲁对西藏问题后悔（Pandit Nehru's Regret on Tibet）
46	19501107	中共告诉印度撤除边界部队（Remove Border Troops Chinese Reds Tell India）
47	19501110	杀害美国领事的藏人遭到鞭笞（Tibetans Lashed in Consul Slaying）
48	19501110	西藏杀害美国领事的藏人遭到鞭笞处罚（Whips Lash Out Punishment After Slaying of American Consul in Tibet）
49	19501115	西藏首府未被占领（Tibet Capital Said Unconquered）
50	19501119	发现西藏比香格里拉还奇特（Tibet Found Stranger than Shangri-la）

序号	报道时间	文 章 题 目
51	19501127	西藏的入侵者仍没到达其目的地拉萨（Tibet Invaders Remains Short of Lhasa Goal）
52	19501128	作者笔记（Bookman's Notebook）
53	19501129	中共军队再次向西藏挺进（Reds Resume Drive on Tibet）
54	19501129	在迪士尼和雷电公司环球影院的新计划中，（影片）"西藏风暴"已开始启动（Storm over Tibet Set for Early Start, Disney and RKO in New Program）
55	19501215	中共军队占领邻近西藏的城镇（Chinese Occupy Town Near Tibet）
56	19501217	中共在新疆建立西藏区（Reds Form Tibet Region in Sinkang）
57	19501218	缅甸害怕北部边界遭到入侵（Burma Fears Invasion on North Border）
58	19501218	中共让印度和巴基斯坦不安（China Reds Stir India and Pakistan）
59	19501220	中共在西藏东部建立了自己的政权（Reds Establish Their Own Regime in Eastern Tibet）

（四）1948—1950 年《芝加哥论坛报》对中国西藏的报道目录——28 篇

序号	报道时间	文 章 题 目
1	19480719	西藏商务代表团说需要机械设备（Need For Machinery Told by Tibet Trade Mission）
2	19480801	在美的牦牛尾商人激怒了中国人（Yak Tail Salesmen from Tibet in U. S. Stir Chinese Anger）
3	19480802	西藏的达赖喇嘛发起了对共产主义的宗教战争（Dalai Lama of Tibet Launches Religious War on Communism）
4	19480809	西藏起义（Uprising in Tibet）
5	19490612	神秘的香格里拉（Mysteries of Land of Shangri – La）

序号	报道时间	文　章　题　目
6	19490724	西藏喇嘛驱走自称其统治者的汉人（Tibetan Lamas Oust Chinese Who Claim Rule）
7	19490725	报道说西藏驱走汉人是因为害怕里面有共产党（Reports Tibet Ousted Chinese Because Fears Some Were Red）
8	19490924	劳威尔·托马斯在西藏受伤严重（Lowell Thomas Seriously Hurt in Tibet Mishap）
9	19490926	空军计划到西藏边界接托马斯（Air Force Plans Thomas Pickup at Tibet Border）
10	19491001	美国飞机将在西藏边界接回托马斯（U. S. Plane Will Pickup Thomas at Tibet Border）
11	19491011	托马斯说西藏是最反共的国家（Tibet Most Anti - Red Country, Says Thomas）
12	19491017	托马斯说如果遭到进攻西藏可能会寻求援助（Tibet May Seek Aid if Attacked, Says Thomas）
13	19491125	他们说西藏的年轻喇嘛支持中共（Boy Lama of Tibet Supports Reds, They Say）
14	19500109	莫斯科的报纸说中共将占领西藏（Chinese Communists Will Seize Tibet, Say Moscow Papers）
15	19500203	西藏——香格里拉圣地蔑视中共（Tibet, The Land of Shangrila Defies Red China）
16	19500430	西藏能阻止亚洲的共产主义么？（Will Tibet Stop Asia's Red Hordes?）
17	19500515	中共开始利用无线广播争取西藏（Chinese Reds Start Campaign on Radio to Win Over Tibet）
18	19500715	在香港听说中共部队已进入西藏（Hongkong Hears Chinese Red Troops Enter Tibet）
19	19500720	印度报纸说中共军队占领西藏城市（Indian Paper Says Reds Occupy Town in Tibet）

续表

序号	报道时间	文 章 题 目
20	19500803	埃文帕克妇女俱乐部安排托马斯西藏旅行讲座（Irving Park Woman's Club Arranges Tibet Travelog）
21	19500805	中共军队即将开入西藏（Reds to March on Tibet Soon, General Quoted）
22	19500809	中共部队向西藏挺进（Chinese Reds Advance on Tibet）
23	19500818	关于西藏的演讲（Lecture on Tibet）
24	19500819	加尔各答的消息说西藏纷争蔓延（Dissension in Tibet Spreads, Calcutta Told）
25	19500901	自西藏（回来）的美国人说西藏不是中共可以轻易征服的（Yank Comes out Says Tibet's no Red Pushover）
26	19500902	印度商人说中共要控制西藏（Red China Demands Controls on Tibet Say Indian Traders）
27	19501031	中共军队逼近西藏首府（Reds Pour over Peaks to Peril Tibetan Capital）
28	19501114	西藏向联合国发出呼吁反对中共入侵（Tibet Appeals to U. N. Against Red Invasion）

四 美国传统主流媒体对马克南入藏事件的报道目录

（一）《纽约时报》对马克南入藏事件的报道目录——8篇

序号	报道时间	文 章 题 目
1	19500130	北平指责美国助理是特务——称副领事出钱给新疆部落首领对抗共产主义（U. S. Aide Accused as Spy by Peiping: Vice Consul Said to Have Paid Three Sinkiang Tribal Chiefs to Resist Communists）
2	19500131	华盛顿不担心缺少中共指责美国外交官的新闻（Washington Not Worried at Lack of News of U. S. Diplomat Accused by China Reds）

序号	报道时间	文　章　题　目
3	19500201	美国领事通过无线电告之他在亚洲是安全的（U. S. Consul Tells by Radio That He is Safe in Asia）
4	19500605	中共说已粉碎了哈萨克武装（Kazakhs Crushed, Chinese Reds Say）
5	19500730	美国领事在逃离中国时被防卫土匪的藏人杀害（U. S. Consul, Fleeing China, Slain by Tibetan on Watch for Bandits）
6	19500806	美国学生在西藏康复（U. S. Student Recovering in Tibet）
7	19500827	美国学生逃出新疆（Student Out of Sinkiang）
8	19500901	美国学生经过 11 个月逃亡，安全抵达印度（U. S. Student Safe in 11 - Month Flight）

（二）《华盛顿邮报》对马克南入藏事件的报道目录——6 篇

序号	报道时间	文　章　题　目
1	19500131	相信美国副领事正在穿越喜马拉雅山脉逃离中国（Vice Consul Believed Crossing Himalayas in China Flight）
2	19500730	西藏边境卫兵杀害了美国外交官（Tibetan Border Guards Killed U. S. Envoy）
3	19500806	马克南旅行队的同伴正在康复（Caravan Companion of Mackiernan Improves）
4	19500826	在西藏遇害外交官的同伴安全抵达印度（Pal of Envoy Slain in Tibet Safe in India）
5	19500901	被害外交官的学者朋友说西藏将与中共抗争（Scholar Friend of Slain Envoy Says Tibet Would Fight Reds）
6	19501110	白智仁说在马克南举起双手的时候西藏人杀害了他（Bessac Says Tibetans Slew Mackiernan as He Raised Hands）

（三）《芝加哥论坛报》对马克南入藏事件的报道目录——9 篇

序号	报道时间	文 章 题 目
1	19500130	北平指责美国帮助建立特务网（U. S. Aid Formed China Spy Ring, Peiping Charges）
2	19500201	（马克南夫人）听说丈夫在中国是安全的（Hears Husband is Safe in China）
3	19500714	《真理报》坚持说美国外交官是土匪头目（Pravada Insists U. S. Diplomat is Bandit Leader）
4	19500730	美国副领事在逃离中国时被杀害（U. S. Vice Consul Slain in Flight From Red China）
5	19500812	美国使馆官员迎接自新疆归来的美国助理（Agent Goes to Meet U. S. Aid from Sinkiang）
6	19500824	拖延的代价是付出了美国外交官的生命，犯罪藏人被逮捕（Delay Costs Life of American Envoy; Tibetan is Arrested）
7	19500901	从西藏归来的美国人说征服西藏并不容易（Yank Comes Out, Says Tibet's No Red Pushover）
8	19501110	美国人观看 6 个杀人的西藏人遭到鞭笞（American Sees Lashing of Six Tibet Slayers）
9	19510531	在 80000 人面前审判后"美国特务"被中国人处死（Chinese Execute "U. S. Agent" After Trial Before 80，000）

（四）《洛杉矶时报》对马克南入藏事件的报道目录——2 篇

序号	报道时间	文 章 题 目
1	19500901	看到西藏人抵抗中共（Tibetan Resistance China Reds Seen）
2	19501110	杀害领事的西藏人遭到鞭笞（Tibetans Lashed in Consul Slaying）

（五）《基督教科学箴言报》① 对马克南入藏事件的报道目录②——3 篇

序号	报道时间	文　章　题　目
1	19500828	学生们抵达亚洲文明区（Students Reached Civilization in Asia）
2	19500902	美国旅行者希望西藏抵抗共产主义（U. S. Traveler Expects Tibet to Resist Communist Attack）
3	19500830	学生们抵达亚洲文明区（Students Reached Civilization in Asia）

（六）《生活》杂志对马克南入藏事件的报道目录——2 篇

序号	报道时间	文　章　题　目
1	19501113	这是通向悲剧的危险之旅（This Was the Perilous Trek to Tragedy）
2	19501110	这些西藏人因为杀害了美国人而遭到鞭笞（These Tibetans Killed an American, And Get the Lash for it）（照片）

五　西藏和平解放前后美国传统主流媒体对中国西藏的报道目录

（一）1951 年《纽约时报》对中国西藏的报道目录——21 篇

序号	报道时间	文　章　题　目
1	19510102	有报道说印度（驻西藏）特使被驱逐（India's Agent Reported Ousted）
2	19510105	报道说拉萨有共产党使团（Communist Mission is Reported in Lhasa）

---

① ProQuest Historical Newspapers：*Christian Science Monitor*（1908 – 1994）.

② 8 月 30 日重复刊登了 8 月 28 日的文章 Students Reached Civilization in Asia。

序号	报道时间	文 章 题 目
3	19510114	达赖寻求与中共签约（DaLai Lama Seeks Red China's Terms）
4	19510120	西藏要塞失守，汉人没放一枪进入西藏（Tibet Fort Yielded to Fireworks; Chinese Drove in Without a Shot）
5	19510225	达赖的哥哥在亚东（DaLai Lama's Brother at Yatung）
6	19510306	和平条约给予西藏自治权（Peace Terms Give Tibet "Autonomy"）
7	19510309	中共保证4个月结束西藏战争（4 - Month Tibet War Ended by Chinese Red Assurance）
8	19510420	拉萨的领导人说西藏还没有汉人（No Chinese in Tibet, Lhasa Leader Says）
9	19510528	拉萨接受了十七条协议规定的北平宗主权（Lhasa Accepts the Suzerainty of Peiping in a 17 - Point Pact）
10	19510528	铁幕在西藏落下（The Curtain Falls in Tibet）
11	19510529	西藏解放在印度引起恐惧（Tibet "Liberation" Stirs Fear in India）
12	19510608	威利告诉艾奇逊中共在西藏建飞机场（Wiley Tells Acheson Reds Build Airplanes in Tibet）
13	19510802	达赖的哥哥说他不喜欢中共（DaLai Lama's Brother Expresses his Dislike of Chinese Communists）
14	19510804	印度加强边境安全反对中共入藏（India Tightens Border Security Against Chinese Reds in Tibet）
15	19510828	中共已到通往印度的山口（Chinese Reds Drive on Passes to India）
16	19511007	中共控制西藏通往印度的道路（Chinese Reds Seize Tibet Road to India）
17	19511017	在西藏的中共军队已出发前往日喀则（Red Troops in Tibet Leave for Shigatse）
18	19511108	西藏接受中国空投食物（China Food Airlift Accepted by Tibet）
19	19511213	廓尔喀卫兵守卫尼泊尔山口防止中共秘密潜入（Gurkhas Guard Passes of Nepal to Check Chinese Red Infiltration）

序号	报道时间	文 章 题 目
20	19511218	中共说要在西藏建立国有银行（Reds Said to Set up Tibetan State Bank）
21	19511225	由于卢比稀缺西藏贸易中断（Tibetan Trade Cut by Rupee Scarcity）

（二）1951 年《华盛顿邮报》对中国西藏的报道目录——15 篇

序号	报道时间	文 章 题 目
1	19510104	中共的胜利促使对手更加团结（Red Successes Seen Solidifying Opposition）
2	19510110	有报道说中共在西藏迅速推进（Tibet Advance Reported）
3	19510120	逃亡者说中共利用烟花佯攻拿下了西藏（Fireworks "Attack" Won Tibet for Red China, Fugitive Says）
4	19510123	西藏与中共进行谈判（Tibetan Negotiate With Reds）
5	19510228	新的部队派往西藏（New Troops to Tibet）
6	19510528	中国方面报道，一项全面协议将西藏统治权转交中共（China Reports Sweeping Pact Giving Reds Control of Tibet）
7	19510531	西藏成为傀儡（Tibet as a Puppet）
8	19510620	担心美国将失去西藏的羊毛生意（Tibetan Wool Lost to U. S. , Trade Fears）
9	19510719	中共在向西藏推进（Reds on Way to Tibet）
10	19510803	西藏卫兵杀害了中国官员（Tibet Guard Kills Red China Official）
11	19510803	流亡喇嘛在一隐蔽处微服接受采访（Exiled Lama, Slack - Garbed, Interviewed in Va. Hideout）
12	19510820	西藏欢迎达赖喇嘛回到拉萨（Tibet Greets Lama）
13	19510925	印度对中共在西藏的行动变得警觉了（India Becomes Wary of Moves in Tibet）

续表

序号	报道时间	文 章 题 目
14	19511028	北平说西藏已接受中共统治（Red Control of Tibet Accepted, Peiping Says）
15	19511216	中国人说班禅喇嘛要回到西藏（Panchen Lama to Tibet, Chinese Say）

（三）1951年《芝加哥论坛报》对中国西藏的报道目录——23篇

序号	报道时间	文 章 题 目
1	19510105	西藏统治者逃出中共控制区，到达避难地（Tibet Ruler, Fleeing Reds, Reaches Haven）
2	19510114	商贸路上的小村成了新都（Tibet Village on Mule Track is New Capital）
3	19510120	一夜的时间，没发一枪即占领西藏（Turn Night into Day, Take Tibet Without a Shot）
4	19510121	达赖喇嘛悲伤逃亡（Tibetan Lama's Sad Flight to Exile Revealed）
5	19510201	商人坚持说中共部队离开了西藏（Traders Insist Chinese Forces Have Left Tibet）
6	19510228	报道说中共向西藏边境增派了新的部队（Reports Red China Sends New Troops to Tibet Front）
7	19510306	有报道说西藏财务主管被捕（Report Tibet's Finance Chief Under Arrest）
8	19510311	有关西藏的书籍畅销（Tibet Book Selling Fast）
9	19510401	道格拉斯法官要沿西藏边界进行400英里的旅行（Justice Douglas to Hike 400 Miles at Tibet line）
10	19510427	西藏的班禅喇嘛寻求与毛对话（Panchen Lama of Tibet Seeks Talk With Mao）
11	19510528	中共解放西藏，赢得了进入印度的要隘（Reds "Liberate" Tibet and Gain India Gateway）

续表

序号	报道时间	文 章 题 目
12	19510531	莫斯科说英国人占领了西藏领土（Moscow Told Britain Seized Land of Tibet）
13	19510602	中共派班禅喇嘛前往西藏（Red Nominated Panchan Lama Going to Tibet）
14	19510628	香港的北平使团正在前往西藏的路上（Peiping Mission in HongKong, on Way to Tibet）
15	19510702	中共去西藏的代表到达印度（Red Chinese Delegates to Tibet Arrive in Inida）
16	19510809	西藏人口减少（Tibet Population Drops）
17	19510812	西藏的冷风（Cold Gales in Tibet）
18	19510915	中共部队进入西藏首府（Chinese Reds' Forces Enter Tibet Capital）
19	19510927	从西藏逃出来的白俄罗斯人在印度寻求避难（White Russians From Tibet to Find Asylum in India）
20	19510930	中共部队进入拉萨解放西藏（Chinese Reds "Liberate" Tibet by Entering Lhasa）
21	19511019	报道说西藏将没收贵族和官员的财产（Report Tibet Will Seize Property of Nobles, Officials）
22	19511031	中国的广播说中共的军队已进入西藏拉萨（Red Army in Lhasa, Tibet, Says China Radio）
23	19511108	报道说中共将向西藏首府空投食物（Report Reds to Drop Food on Tibet Capital）

（四）1951 年《洛杉矶时报》对中国西藏的报道目录——5 篇

序号	报道时间	文 章 题 目
1	19510330	报道说中共控制了藏西（Reds Reported in Control of Western Tibet）

续表

序号	报道时间	文 章 题 目
2	19510401	伊贝尔将放映西藏电影（Ebell to Show Film on Tibet）
3	19510429	西藏喇嘛的对手在北平受到盛大欢迎（Tibet Lama's Rival Feted in Peiping）
4	19510803	一位中共官员被西藏卫兵杀害（Red Official Killed by Tibet Guard）
5	19511213	尼泊尔守卫西藏通道防范中共（Nepal Guards Tibet Passes Against Reds）

六 达赖叛逃前后美国传统主流媒体对中国西藏的报道目录

（一）1959 年《纽约时报》对中国西藏的报道目录——213 篇

序号	报道时间	文 章 题 目
1	19590104	台湾报道中国发生叛乱（Taiwan Reports Revolts in China）
2	19590218	据说西藏驱逐了尼泊尔人（Tibet Said to Oust Nepalis）
3	19590224	印度遭渐进入侵（India Mildly Invaded）
4	19590321	藏人在拉萨与汉人开战（Tibetans Battle Chinese in Lhasa）
5	19590322	西藏管制隐蔽暴乱（Tibet Blackout Veils Rebellion）
6	19590322	西藏陷入麻烦（Trouble in Tibet）
7	19590323	西藏起义，担心统治者安危（Fear for Ruler in Tibet Uprising）
8	19590324	尼赫鲁为西藏领导人发出请求（Nehru Makes Plea for Tibet Leader）
9	19590324	有报道说叛乱在蔓延（Revolt Reported Spreading）
10	19590325	印度态度谨慎（India's Attitude Cautious）
11	19590325	中共军队在西藏杀害很多人（Mass Deaths Laid to Reds in Tibet）
12	19590326	中共在西藏的行为（Chinese Red Acts in Tibet）
13	19590326	藏人宣布〈北京条约〉无效（Tibetans Declare Peiping Pact Void）

续表

序号	报道时间	文　章　题　目
14	19590326	西藏为超然于外部世界而抗争（Tibet Struggles to Remain Aloof from Outer World and Its Ways）
15	19590327	蒋承诺给西藏自由（Chiang Promises Freedom to Tibet）
16	19590327	赫脱谴责中共（Herter Denounces Reds）
17	19590327	卡尔梅克抗议（Kalmucks Protest）
18	19590327	共产党作茧自缚（Communists Against Themselves）
19	19590327	中共在西藏（Reds in Tibet）
20	19590328	卡尔梅克在联合国抗议中共在西藏的恐怖行动（Kalmucks Protest at U. N. on Red "Terror" in Tibet）
21	19590328	尼赫鲁面临两难境地（Nehru Faces Dilemma）
22	19590328	西藏叛乱（Revolt in Tibet）
23	19590329	中共终结达赖的统治，对手取代其位置（Chinese Reds End Dalai Lama Rule, Rival Gets Post）
24	19590329	北平请班禅喇嘛出山（Peiping Has Held Lama in Reserve）
25	19590329	中共关于西藏声明的全文（Text of the Red Chinese Announcement on Tibet）
26	19590329	世界形势——镇压西藏叛乱（The World—Crackdown on Tibet）
27	19590329	西藏，一个遥远的地方概况（Tibet—ABC of a Remote Land）
28	19590329	西藏流亡者等待着尼赫鲁的帮助（Tibet Exiles Wait to Ask Nehru Aid）
29	19590329	美国攻击中国在西藏的角色（U. S. Assails China on Role in Tibet）
30	19590330	苏联讨论西藏问题（Soviet Discusses Tibet）
31	19590330	征服西藏（The Conquest of Tibet）
32	19590331	孟买集会抨击中共（Bombay Crowd Assails Reds）
33	19590331	印度与西藏（India and Tibet）
34	19590331	尼赫鲁暗指中共破坏了西藏自治的承诺（Nehru Implies Reds Broke Autonomy Pledge on Tibet）
35	19590331	班禅喇嘛接受了新的职位（Panchen Lama Accepts Post）

序号	报道时间	文 章 题 目
36	19590331	北平准军事部队横扫藏南寻找达赖（Peiping Paratroops Comb South Tibet for Dalai Lama）
37	19590401	亚洲人为中共在西藏的行动而愤慨（Asians Indignant at Reds in Tibet）
38	19590401	英国人看到了有益影响（British See "Salutary Effect"）
39	19590401	洛奇抨击中共在西藏的行动（Lodge Assails Reds for Action in Tibet）
40	19590401	尼赫鲁寻找帮助西藏的途径（Nehru Explores Way to Aid Tibet）
41	19590401	北平为西藏行动辩护（Peiping Defends Action）
42	19590401	呼吁美国援助西藏（U. S. Aid for Tibet Urged）
43	19590402	请求为西藏祈祷（Prayer for Tibet Asked）
44	19590402	西藏人被抓来强迫做劳工（Tibetans Seized for Forced Labor）
45	19590403	佛教徒们在新德里为西藏兄弟祈祷（Buddhists Pray in New Delhi for Tibetan Brethren）
46	19590403	中国拒绝了希拉里的（登山）请求（China Bars Hillary From Tibet）
47	19590403	中国在西藏目标（China's Aims in Tibet）
48	19590403	在西藏的米尼提出请求（Meany in Tibet Plea）
49	19590403	达赖喇嘛出逃（The Dalai Lama's Escape）
50	19590403	哈墨菲呼吁美国给西藏人提供粮食援助（U. S. Grain for Tibet Urged by Humphrey）
51	19590404	进入西藏的门户，阴谋的中心（Gateway to Tibet, A Hub on Intrigue）
52	19590404	西藏神王（God – King of Tibet）
53	19590404	西藏，新的匈牙利（Tibet "a New Hungary"）
54	19590405	对佛教的侮辱（An Affront to Buddhism）
55	19590405	报道说西藏有战斗（Battle Reported in Tibet）
56	19590405	中国入侵西藏（China's Aggression in Tibet）
57	19590405	东南亚组织在观察西藏局势（SEATO Watching Tibet）
58	19590405	中国必须镇压西藏（Suppression of Tibet Essential for China）
59	19590405	西藏与中国（Tibet and China）

序号	报道时间	文 章 题 目
60	19590405	西藏事件在缅甸引起轰动（Tibet Stirs Burmese）
61	19590406	外交事务（Foreign Affairs）
62	19590406	尼赫鲁谴责中共高层领导在西藏的角色（Nehru Condemns Top Reds in India for Role on Tibet）
63	19590406	在佛教的庇护伞下（Under "Buddha's Umbrella"）
64	19590406	特务策动西藏叛乱（Tibet Revolt Laid to "Agents"）
65	19590406	西藏影响（Tibet Impact）
66	19590407	让共产党走它自己的路（Letting Communism Take its Course）
67	19590408	西藏战争平息（Lull in Tibet Fighting）
68	19590408	尼赫鲁可能会敦促达赖回到西藏（Nehru May Urge Lama to Return）
69	19590408	进攻西藏遭到谴责（Tibet Attack Condemned）
70	19590409	有报道说西藏建立了反共政权（Anti-red Regime in Tibet Reported）
71	19590410	宗教上的对手（A Priestly Rival）
72	19590411	北平说西藏叛乱分子得到了中国叛军的援助（Peiping Says Rebels of China Aid Tibet）
73	19590412	英国人提出西藏计划（Briton Gives Tibet Plan）
74	19590412	迪伦因西藏看到在亚洲应吸取的教训（Dillon Sees Lesson for Asia in Tibet）
75	19590412	中情局局长向总统作简要汇报（Director of C. I. A Briefs President）
76	19590412	新德里现在以怀疑眼光看北平（New Delhi Now Views Peiping With Suspicion）
77	19590412	新西藏政权请求人民支持（New Tibet Regime Asks People's Aid）
78	19590412	西藏（自治区筹委会）建立新机构（Tibet Body Recognized）
79	19590413	达赖喇嘛到达（与尼赫鲁）会谈地点（Dalai Lama Gets to Site of Talks）
80	19590413	西藏的地位（Status of Tibet）
81	19590414	达赖喇嘛将定居于印度圣地（Lama to Reside at Indian Resort）
82	19590415	班禅喇嘛对叛乱深表遗憾（Revolt Deplored by Panchen Lama）

续表

序号	报道时间	文章题目
83	19590415	西藏的镇压（Tibet's Suppression）
84	19590416	北平责骂印度对西藏的反应（Peiping Chides India on Tibet Reaction）
85	19590417	哈里曼呼吁在西藏问题上慎重（Harriman Urges Caution on Tibet）
86	19590418	将有盛大欢迎（Big Welcome Is Waiting）
87	19590419	亚洲国家为（中共）镇压西藏起义而深感不安（Asia Deeply Stirred by Tibet Repression）
88	19590419	周坚持认为叛乱者挟持了达赖，希望他回来（Chou Insists Rebels Seized Dalai Lama, Hopes He'll Return）
89	19590419	尼泊尔未被惊扰（Nepal Not Disturbed）
90	19590419	关于西藏叛乱（On the Tibet Revolt）
91	19590419	被绑架的喇嘛（The "Kidnapped" Lama）
92	19590419	世界形势（The World）
93	19590420	新坛旧酒（Old Drama in a New Setting）
94	19590420	珍稀西藏绘画送给耶鲁（Rare Tibet Painting Presented to Yale）
95	19590423	达赖喇嘛坚持他对中共的控诉（Dalai Lama Stands on His Accusations Against Red China）
96	19590423	韩战老兵支持西藏（Korean Veterans Back Tibet）
97	19590424	北平报道说西藏被封锁（Peiping Reports Tibet Sealed Off）
98	19590424	一个民族的死亡（The Death of a People）
99	19590425	外交事务（Foreign Affairs）
100	19590426	西藏叛乱在亚洲的反响（Tibet's Rebellion Echoes in Asia）
101	19590427	日本吸取西藏教训（Japan Heeds Tibet's Lesson）
102	19590428	缅甸佛教徒气愤（Burma Buddhists Irked）
103	19590428	尼赫鲁关于西藏形势的讲话节选（Excerpts From Nehru's Statement on Situation in Tibet）
104	19590428	西藏恐怖报道（"Horror" on Tibet Reported）
105	19590429	尼赫鲁先生的西藏观（Mr. Nehru on Tibet）

序号	报道时间	文　章　题　目
106	19590501	中国印发尼赫鲁关于西藏的讲话（China Prints Talk by Nehru on Tibet）
107	19590502	斯坦顿岛邀请喇嘛（Lama is Invited to Staten Island）
108	19590502	北平坚决回击尼赫鲁的批评（Peiping Sharpens Criticism of Nehru）
109	19590502	据说有7000人逃离西藏（7,000 Said to Flee Tibet）
110	19590503	对于新德里来说中国威胁赫然耸现（China's Threat Looms Large for New Delhi）
111	19590504	对印度的攻击继续（Attacks on India Go On）
112	19590505	中共孤立（Red China's Isolation）
113	19590507	北平对尼赫鲁的新争论（Nehru Disputed Anew by Peiping）
114	19590508	毛接见班禅喇嘛（Panchen Lama Sees Mao at Reception）
115	19590509	尼赫鲁警示中共威胁（Nehru Cautions China on Threats）
116	19590510	尼赫鲁党派发出关切西藏的声音（Nehru Party Voices Concern on Tibet）
117	19590510	来自西藏的难民（Refugees From Tibet）
118	19590513	西藏难民增至11500人（Tibet Refugees Total 11,500）
119	19590516	藏人向台湾表示感谢（Tibetan Thanks Taiwan）
120	19590518	印度说与中国和平共处是其目标（Indian Says Peace with China is Aim）
121	19590519	在印度为西藏呐喊的声音在减弱（Outcry on Tibet Subsides in India）
122	19590524	西藏的新轮回（New Turn of the Wheel in Tibet）
123	19590530	对西藏空军基地的报道（Air Bases in Tibet Reported）
124	19590606	中共在西藏搞种族清洗（Genocide is Laid to Reds in Tibet）
125	19590607	西藏的种族屠杀（Genocide in Tibet）
126	19590607	达赖喇嘛谴责西藏酷刑（Dalai Lama "Decries" Torture of Tibet）
127	19590615	尼赫鲁总理批评中共的西藏政策（Nehru Criticizes Reds' Tibet Rule）
128	19590622	为西藏呼吁（An Appeal for Tibet）
129	19590622	西藏政治家死亡（Tibet Statesman Dead）

序号	报道时间	文 章 题 目
130	19590701	印度否决了达赖喇嘛的主张（Dalai Lama's Claim Disavowed by India）
131	19590704	中共下令在西藏进行改革（Red China Orders Changes in Tibet）
132	19590706	喇嘛请求停火（Lama Asks Cease – Fire）
133	19590706	征服的模式（Pattern of Conquest）
134	19590708	法学家们请求西藏质询（Jurists Ask Tibet Inquiry）
135	19590708	尼赫鲁对联合国插手西藏问题持怀疑态度（Nehru Doubtful Tibet is U. N. Case）
136	19590711	印度人建议联合国讨论西藏问题（Indian Suggests U. N. Debate Tibet）
137	19590712	中国出书为西藏辩护（Book by Red Chinese Defends Tibet Move）
138	19590712	现在南亚对北平有了新的看法（Now South Asia Takes New Look at Peiping）
139	19590725	督促联合国重视西藏的种族屠杀（U. N. Urged to Sift "Genocide" in Tibet）
140	19590727	对西藏新的请求（A New Plea for Tibet）
141	19590727	维也纳节日上演红色秀（Red Show Opens Vienna Festival）
142	19590727	肖克罗斯参与西藏调查（Shawcross in Tibet's Inquiry）
143	19590802	帮助西藏难民（Aiding Tibet's Refugees）
144	19590802	印度把高速公路修至西藏地区附近（India Pushes Highway To an Area Near Tibet）
145	19590807	尼赫鲁说中国无视西藏条约（Nehru Says China Flouts Tibet Pact）
146	19590808	尼赫鲁与西藏（Nehru and Tibet）
147	19590812	中国扣押印度商人（India's Traders Held by Chinese）
148	19590812	尼泊尔领导人由西藏问题看到了危险（Nepal Leader Sees Danger From Tibet）
149	19590814	尼赫鲁抗议北平的侮辱（Nehru Protests Peiping Insults）
150	19590817	幻想破灭（The Great Disillusion）
151	19590817	有报道说西藏发生冲突（Tibet Clash Reported）

续表

序号	报道时间	文　章　题　目
152	19590823	印度促动西藏质询（Indian Presses Tibet Inquiry）
153	19590823	现在中国的邻国都采取了谨慎的态度（Now China's Neighbors Take More Wary View）
154	19590824	不丹批评中国（Bhutanese Criticizes China）
155	19590824	不丹领导人寻求印度帮助（Bhutan's Leader Seeks India's Aid）
156	19590825	有报道说西藏有8万人死亡（80,000 Death Toll in Tibet Reported）
157	19590825	印度与北平接触（India Approaches Peiping）
158	19590825	（达赖）说越来越多的人加入到康巴队伍（Says More Join Khambas）
159	19590829	尼赫鲁谴责北平空袭，称这是入侵（Nehru Accuses Peiping of Raids; Sees Aggression）
160	19590830	印度将军队调往西藏边界拦阻中国军队（India Sends Army to Tibet Border to Block Chinese）
161	19590831	达赖喇嘛请求联合国对西藏采取行动（Dalai Lama Bids U. N. Act on Tibet）
162	19590831	可能会寻求安理会采取行动（May Seek Council Action）
163	19590831	西藏将实现社会主义（Tibet Socialism Seen）
164	19590901	美国欢迎达赖的请求（U. S. Warm to Plea by the Dalai Lama）
165	19590902	感谢共产主义（Thanks To Communism）
166	19590903	对亚洲的重新评估（Asia's Reappraisal）
167	19590906	锡金领导人不相信中国会发动进攻（Sikkim Leader Doubts Red China will Attack）
168	19590906	联合国可能会接受达赖的请求（U. N. Chief May Get Dalai Lama Plea）
169	19590907	（XX）在西藏去世的消息得到证实（Death in Tibet Confirmed）
170	19590909	印度人与达赖喇嘛的辩争（Indians Dispute the Dalai Lama）
171	19590910	达赖喇嘛请求联合国帮助西藏（Dalai Lama Asks U. N. to Aid Tibet）
172	19590910	北平回复印度（Peiping Replies to India）
173	19590911	联合国的可能行动（Possible Course in U. N.）

序号	报道时间	文 章 题 目
174	19590911	美国支持藏人对联合国的诉求（Tibetan U. N. Plea Supported by U. S.）
175	19590912	西藏问题在联合国（Tibet in the U. N）
176	19590915	野蛮人的面孔（The Face of the Barbarian）
177	19590922	美国在联合国说中国人杀死了数千藏人（U. S., in U. N., Says Chinese in Tibet Killed Thousands）
178	19590924	流亡藏人报告说新的起义风起云涌（Tibet Exiles Report New Rebel Upsurge）
179	19590926	西藏改革得到拥护（Tibet "Reforms" Hailed）
180	19590928	促动联合国讨论西藏问题（Push Due in U. N. for Tibet Debate）
181	19590928	中共骚扰印度边界（Red Chinese Harass Indians on Frontier）
182	19590929	西藏问题在联合国（Tibet in the U. N）
183	19590929	两个国家要求联合国讨论西藏问题（Two Nations Request U. N. Debate on Tibet）
184	19590930	台湾请求联合国讨论西藏问题（Taiwan Asks U. N. to Discuss Tibet）
185	19590930	印度出版边界地图（Tibet Border Map Published by India）
186	19591004	国民党在西藏问题上的态度（Nationalists' Stand on Tibet）
187	19591006	马来亚攻击北平（Malaya Assails Peiping）
188	19591010	联大同意讨论西藏问题（Debate on Tibet Approved By U. N. Assembly Group）
189	19591012	有些东西不会消失（Some Things Don't Die）
190	19591012	西藏人在联合国向亚洲国家发出呼吁（Tibetan Appeals to Asians in U. N.）
191	19591014	中国依然抑制在西藏的印度人（China Still Curbs Indians in Tibet）
192	19591014	促请联合国在人权问题上支持西藏人民（U. N. Urged to Back Tibetans on Rights）
193	19591015	班禅喇嘛说西藏赢得了胜利（Tibet Gains Cited by Panchen Lama）
194	19591016	报道说苏联提供了援助（Soviet Aid Reported）

序号	报道时间	文　章　题　目
195	19591018	冷战和缓在联合国并不明显（Thaw in the Cold War not Apparent at U. N.）
196	19591021	冷战与冷和平（Cold War and Cold Peace）
197	19591021	洛奇呼吁对西藏问题广开言路（Full Tibet Airing is Urged by Lodge）
198	19591022	联合国投票抨击对西藏的压迫（U. N. Vote Assails Tibet Repression）
199	19591022	联大投票表决西藏问题（Vote in U. N. Assembly On Resolution on Tibet）
200	19591023	就西藏问题投票（A Vote on Tibet）
201	19591024	一个值得纪念的日子（A Day to Celebrate）
202	19591024	印度与红色中国（India and Red China）
203	19591024	中共说联合国关于西藏问题的立场是非法的，是在诽谤（Red China Terms U. N.'s Stand on Tibet Illegal and Slanderous）
204	19591024	中共正式向印度提出抗议（Red China Files Protest）
205	19591024	藏人呼吁援助（Tibetans Hail Aid）
206	19591101	阵痛中的土地（A Land in Travail）
207	19591111	印度筹划西藏人集会抗议（Indians Plan Tibet Protest）
208	19591114	北平要分配藏人土地（Peiping to Divide Tibetan Estates）
209	19591115	达赖喇嘛指正沃顿屠杀（Dalai Lama Cites "Wanton" Killing）
210	19591207	举证对尼泊尔的威胁（Threat to Nepal Cited）
211	19591211	扎德博士寻求对西藏难民的援助（Dr. Judd Seeks Help for Tibet Refugees）
212	19591215	西藏反对派举证（Tibet Opposition Cited）
213	19591225	印度对中国军队在西藏大批集结而不安（India Disturbed by Reports of Chinese Massing in Tibet）

（二）1959 年《华盛顿邮报》对中国西藏的报道目录——136 篇

序号	报道时间	文 章 题 目
1	19590303	报道说（康巴战士）攻下中共控制的几处西藏要塞（Capture of Tibet Red Forts Reported）
2	19590320	旅行者报告说西藏发生叛乱（Travelers Report Tibet "Rebellion"）
3	19590321	西藏反叛者在首府拉萨与中共军队战斗（Tibet Rebels Battle Reds in Capital）
4	19590322	报道说战事在西藏蔓延（Spread of Tibet Fighting Reported）
5	19590323	喇嘛参加西藏反共叛乱（Lamas Join Tibet Revolt on Reds）
6	19590324	尼赫鲁说印度不会插手西藏叛乱（Nehru Says India Won't Act in Tibet Revolt）
7	19590325	西藏叛乱在蔓延（Tibet Revolt Seen Spreading）
8	19590325	西藏动荡（Turmoil in Tibet）
9	19590326	西藏叛乱可追溯至条约分歧（Tibet Riots Traced to Treaty Rift）
10	19590327	台北采取行动促动叛乱（Taipei Moves to Spur Revolt）
11	19590328	据说中共军队控制了拉萨（Red Army Said to Rule Lhasa）
12	19590329	拉萨近乎空巷（Lhasa Streets "Nearly Empty"）
13	19590329	中共在西藏的新动作（Red Action in Tibet）
14	19590329	中共废除达赖喇嘛政权（Reds Abolish Regime of Dalai Lama）
15	19590329	西藏叛乱由汉人引发（Revolt in Tibet Seen Stirred by Chinese）
16	19590329	美国谴责中国在西藏的野蛮行为（U. S. Condemns China For "Barbarism" in Tibet）
17	19590330	报道说 13000 名僧人被抓起来（13, 000 Tibet Monks Reported Captured）
18	19590330	马来亚把西藏看成另一个匈牙利（Malaya Sees Tibet As Another Hungary）

序号	报道时间	文　章　题　目
19	19590330	北京说印度援助西藏（叛乱者）（Peking Says India Aids Tibet）
20	19590330	中共在世界屋脊（Reds on the Roof）
21	19590330	苏联媒体首发西藏新闻（Soviet Press Carries First News of Tibet）
22	19590330	中国西藏叛乱有外力介入（Tibet Seen Step in China Revolt）
23	19590330	白宫示威者为西藏寻求援助（White House Pickets Seek Aid for Tibet）
24	19590331	尼赫鲁说印度同情西藏（Nehru Says Tibet Has "Sympathy" of India）
25	19590401	事实真相（Matter of Fact）
26	19590401	藏人说尼赫鲁寻求停止战争（Nehru to Seek Halt to War, Tibetans Say）
27	19590402	尼赫鲁先生与西藏（Mr. Nehru and Tibet）
28	19590402	中共在西藏逮捕叛乱者（Reds Round up Rebels in Tibet）
29	19590403	报道说达赖喇嘛在印度是安全的，可能会向联合国求助（Dalai Lama Reported Safe in India, May Plead Tibet's Cause Before U. N. ）
30	19590403	给编辑的信（Letters to the Editor）
31	19590403	这些日子——佛教与西藏（These Days—Buddhism and Tibet）
32	19590404	中国报道达赖出逃（Chinese Told of Escape by Dalai Lama）
33	19590404	达赖喇嘛历时 15 日的跋涉内情披露（Dalai Lama's 15 – Day Trek Is Revealed）
34	19590404	给编辑的信——印度与西藏（Letters to the Editor—India and Tibet）
35	19590404	这些日子（These Days）
36	19590405	华盛顿中学女生描述与达赖喇嘛（在印度）的会面（D. C. School Girl Describes Meeting With Dalai Lama）
37	19590405	印度保护逃亡的达赖喇嘛，担心密码遭中共破坏（India Shields Fugitive Dalai Lama, Secret Code Feared Cracked by Reds）
38	19590405	西藏妇女游击队领导组织队伍进行反中共战争（Leader of All – Woman Guerilla Unit Rallies Tibet in War Against Reds）
39	19590405	来自西藏的难民（Refugees from Tibet）
40	19590405	对西藏特务"巢穴"的指控缺乏技巧（Tibet "Spy Nest" Lacks Hitchcock）

序号	报道时间	文　章　题　目
41	19590406	达赖喇嘛隐居于寺庙（Dalai Lama Sheltered in Monastery）
42	19590406	尼赫鲁承认在西藏问题上面临艰难选择（Nehru Admits "Difficult" Choice on Tibet）
43	19590407	报道说西藏与中国的边界又有新的战斗（New Fighting Reported At Tibet's China Border）
44	19590408	达赖喇嘛准备离开印度边境小镇去更安全的内陆城市（Dalai Lama Prepares to Leave India Border Town for Safer Interior City）
45	19590409	叛乱武装建立"自由西藏"组织（Rebels Organize "Free Tibet"）
46	19590410	报道说西藏边境省份战斗激烈（Tibet Fighting Now Reported Raging in Border Provinces）
47	19590411	北京承认叛乱武装仍在作战（Peking Admits Rebels Still Fight in China）
48	19590412	中情局局长向艾森豪威尔总统报告西藏形势，总统周一回到这里（C. I. A Head Stops Off to Brief Ike, President Returning Here Monday）
49	19590413	达赖喇嘛到达邦迪拉，逃亡旅行结束（Dalai Lama Reaches Bomdila, Ends Trek）
50	19590413	西藏给我们的教训（Lesson From Tibet）
51	19590413	呼吁美国接受流亡藏人建立的政府（U. S. Urged to Accept Any Tibet Exile Setup）
52	19590414	印度特使呼吁承认中国（Indian Envoy Urges China's Recognition）
53	19590415	傀儡喇嘛拥护周的西藏计划（Puppet Lama Endorses Chou's Plans for Tibet）
54	19590415	西藏的影响（Repercussions of Tibet）
55	19590416	中共谴责印度在西藏问题上的做法（China Reds Chide India on Tibet）
56	19590417	万隆会议呼吁解决西藏问题（Bandung Conference Call on Tibet Urged）
57	19590417	印度报道说，达赖喇嘛发表讲话（对印度）表示感谢（Dalai Lama Has Voiced His Thanks, India Says）
58	19590418	新闻记者在边境向达赖表示问候（Newsmen Greet Dalai at Border）

序号	报道时间	文　章　题　目
59	19590419	周强调中国的胜利（Chou Stresses Gains in China）
60	19590419	达赖喇嘛指责北平食言，否认遭绑架（Dalai Lama Charges Peking Broke Word, Denies Abduction）
61	19590419	藏人将分享匈牙利人的难民基金（Tibetans to Share Proceeds of Benefit for Hungarians）
62	19590420	报道说达赖喇嘛收到了艾森豪威尔总统的信（Dalai Lama Reported to Have Note From Ike）
63	19590420	西藏悲剧（Tragedy of Tibet）
64	19590421	中共声称达赖喇嘛的讲话是一派胡言（Reds Call Statement By Lama "Pack of Lies"）
65	19590421	白宫否认总统给达赖写信（White House Denies Sending Messages）
66	19590422	夏尔巴人说中国军队袭击了尼泊尔，杀死很多人（Chinese Reds Raid Nepal, Kill Many, Sherpas Say）
67	19590423	中国对印度的诽谤发怒（China Bristles Over Indian "Slanders"）
68	19590423	达赖喇嘛回击北平的指责（Dalai Lama Hits Back at Peking Charge）
69	19590424	不能完全相信难民报告（Refugee Reports Being Discounted）
70	19590425	北平风格的历史（History, Peking Style）
71	19590425	尼赫鲁邀请两位喇嘛会晤（Nehru Invites 2 Lamas to Meet）
72	19590426	血腥的西藏故事日渐清晰（Bloody Tibet's Story Comes a Bit Clearer）
73	19590426	印、中加强边防部队力量（India, China Bolstering Tibet – Border Forces）
74	19590427	叛乱者告之达赖助手：采取行动，否则将失去统治权（Act or Lose Authority, Rebels Tell Dalai Aides）
75	19590428	西藏原来如此！（And So Tibet!）
76	19590428	尼赫鲁斥责北京对他的无理指控（Nehru Berates Peking For "Fantastic" Charges）
77	19590430	尼赫鲁先生与北京（Mr. Nehru and Peking）

序号	报道时间	文 章 题 目
78	19590501	中国说要研究一下尼赫鲁的西藏讲话（Study Nehru's Tibet Remarks, China Told）
79	19590502	印度任命前外交官负责帮助难民事宜（India Names Ex‑Envoy to Aid Refugees）
80	19590505	中国与万隆（China and Bandung）
81	19590507	中共反对西藏扮演缓冲角色（Red Chinese Reject Buffer Role for Tibet）
82	19590510	国会多数党支持尼赫鲁在西藏问题上的立场（Congress Party Backs Nehru's Tibet Stand）
83	19590511	有报道说苏联武装部队参与了西藏行动（Soviet Forces Reported in Tibet Action）
84	19590513	自3月份西藏叛乱发生后11500名西藏难民在印度找到了栖居地（11, 500 Tibet Refugees Have Found Haven in India Since March Revolt）
85	19590604	西藏农场公司（Tibetan Farm Corps）
86	19590606	法学家将北平的行为说成是种族屠杀（Jurists Cite Peking For Tibet "Genocide"）
87	19590621	达赖敦促对西藏进行调查（Probe of Tibet Urged by Dalai）
88	19590627	西藏问题在印度引起强烈反响（India Stirred on Tibet）
89	19590704	喇嘛将失去财产，权利受到限制（Lamas to Lose Estates, Rights to Be Curbed）
90	19590708	北平说将解放西藏（Peking Says It Will Free Tibet "Slaves"）
91	19590725	中共在西藏的行为遭到指责（Reds Condemned For Acts in Tibet）
92	19590726	失去自由（Lost Liberty）
93	19590803	西藏种族屠杀（Genocide in Tibet）
94	19590807	尼赫鲁指责中共（Nehru Accuses Red Chinese）
95	19590807	西藏战士仍在坚持（Tibet Fighters Still Hold Out）
96	19590819	报道说西藏的班禅喇嘛由于阴谋叛乱被中共监禁（Tibet's Panchen Lama Reported Held By Red Chinese in Uprising Plot）
97	19590820	印度边界安全遭到破坏（India Border Held Violated）

序号	报道时间	文　章　题　目
98	19590824	当中共实施强压政策时不丹结束了孤立的历史（Bhutan Ends Isolation As Reds Apply Squeeze）
99	19590825	中国警告印度，不要插手西藏（Stay Out of Tibet, China Warns Indians）
100	19590826	印度要保护周边国家（India to Protect Border States）
101	19590827	印度报纸说中国公路横穿印度领土（Paper Says China Road Cuts off Indian Area）
102	19590828	达赖喇嘛计划告知真相之旅（Dalai Lama Plans Fact – Telling Trip）
103	19590831	达赖喇嘛请求联合国提供帮助（Dalai Lama Asks U. N. Help）
104	19590902	撤回对赫鲁晓夫的邀请（Withdraw K. Invitation）
105	19590904	达赖喇嘛请求（菲律宾、日本、英国）外交官在联合国提供帮助（Dalai Lama Asks Envoys About U. N.）
106	19590905	给编辑的信——在西藏问题上所犯的错误（Letters to the Editor—Blunder on Tibet）
107	19590906	中共威胁锡金的说法不准确（Red Chinese Threat To Sikkim Discounted）
108	19590908	达赖喇嘛再次呼吁给予援助（Dalai Lama Renews Aid Appeal）
109	19590910	达赖喇嘛请求联合国采取行动（Dalai Lama Asks U. N. Action）
110	19590911	美国欢迎达赖喇嘛请求联合国对中共在西藏的行为采取行动（U. S. Welcomes Dalai Lama's Plea For U. N. Action on Reds in Tibet）
111	19590912	美国反对中国在西藏的主权（U. S. Rejecting Red Sovereignty Claim in Tibet）
112	19590914	达赖喇嘛结束其在新德里的"富有成效"的会谈（Dalai Lama Ends "Useful" Talks in New Delhi）
113	19590919	萨尔瓦多关注西藏的请求（Salvador Heeds Tibetan Appeal）
114	19590920	报道说班禅喇嘛遭到打压（Panchen Lama Reported Curbed）
115	19590923	报道说西藏有新的起义（New Revolt is Reported in Tibet）

续表

序号	报道时间	文 章 题 目
116	19590924	有报道说在西藏有 50000 人在牵制中共军队（50，000 Harass Reds In Tibet, Reports Say）
117	19590925	寻找谴责北平西藏行动的国家（Condemnation of Peking Over Tibet Sought）
118	19590925	达赖喇嘛的亲属讲述西藏战争（Dalai Lama's Kin Tells of War in Tibet）
119	19590926	中国领导人庆祝西藏的胜利和新时代的开始（Chinese Leaders Toast "Victory" In Tibet, and "New Era" There）
120	19590926	爱尔兰、马来亚已经做好准备提出西藏问题（Ireland, Malaya Ready to Raise Tibet Issue）
121	19590928	1044 人逃往尼泊尔（1044 Flee to Nepal）
122	19590928	爱尔兰、马来亚修正在联合国对西藏问题的抗议（Ireland, Malaya Modify Tibetan Protest in U. N. ）
123	19590929	有两个国家提出在联合国讨论西藏问题（Tibet Debate In U. N. Asked by 2 Nations）
124	19590930	联合国讨论西藏问题时共产主义集团国家步出会场（U. N. Reds Walk Out Over Tibet Debate Plea）
125	19591003	联合国的支持者淡化西藏决议案的提法（U. N. Backers Dilute Resolution on Tibet）
126	19591010	尽管有共产主义集团国家的反对，联合国关于西藏问题的辩论付诸表决（Debate on Tibet Voted in U. N. Despite Reds）
127	19591011	技术人员涌入西藏（Technicians Flood Tibet）
128	19591013	联合国就中共在西藏行为的辩论进行表决（U. N. Votes to Debate Red Actions in Tibet）
129	19591022	联合国大会投票，45:9 支持西藏（U. N. Assembly Backs Tibet, 45 – 9）
130	19591024	西藏——道德问题（Tibet—The Moral Issue）

序号	报道时间	文　章　题　目
131	19591031	达赖喇嘛的哥哥说汉人占领西藏作为基地（Chinese Seized Tibet for Base, Dalai Lama's Brother Says）
132	19591101	在西藏问题上的主张（Viewpoint on Tibet）
133	19591114	中共重新分配西藏土地（Chinese Reds Reallotting Tibetan Land）
134	19591215	西藏的反革命分子很活跃（Reactionaries Active in Tibet）
135	19591217	喇嘛们面临新的工作训令（Lamas Facing Work Orders）
136	19591226	在印度的西藏人（Tibetans in India）

（三）1959 年《洛杉矶时报》对中国西藏的报道目录——71 篇

序号	报道时间	文　章　题　目
1	19590104	西藏革命蔓延至红色中国（Revolution in Tibet Spills to Red China）
2	19590108	喇嘛起义（Revolt of the Lamas）
3	19590222	旅行者日记（A Traveler's Diary）
4	19590322	西藏反共起义在蔓延（Tibet Revolt Against Reds Spreading）
5	19590323	据报道中共逮捕了西藏（达赖）喇嘛（Lama of Tibet Reported Held by China Reds）
6	19590324	尼赫鲁说西藏的战争正在平息（War in Tibet Easing Off, Says Nehru）
7	19590325	印度听说西藏到处都在反抗（Revolt Grips All Tibet, India Hears）
8	19590327	据说起义武装切断了中共的后勤补给线（Cutting of Red Tibet Lines Told）
9	19590327	赫脱揭露中国对西藏的压迫（Herter Scores China for Tibet Suppression）
10	19590327	奇怪——美国可以无视西藏发生的事情（Strangely—U. S. Can Stay Out of Tibet）

序号	报道时间	文 章 题 目
11	19590328	报道说在中共军队的进攻中达赖喇嘛未受到伤害（Lama Reported Safe in Chinese Red Attack）
12	19590329	中共在西藏建立傀儡统治（China Reds Set Up Tibet Puppet Rule）
13	19590330	中共指责印度援助西藏（Red Chinese Accuse India of Aiding Tibet）
14	19590330	中共镇压了西藏叛乱（Red China Crackdown on Tibet Affairs Seen）
15	19590331	共产党确实犯错误（Communists Do Make Mistakes）
16	19590331	尼赫鲁就中国在西藏的行为抨击周（Nehru Assails Chou on China's Action in Tibet）
17	19590401	中国对印度插手西藏事务发出警告（China Warns India on Interference in Tibet）
18	19590402	印度回击中共的指责（Red China Charge Rapped by India）
19	19590405	西藏数据（Data on Tibet）
20	19590405	共产党派 10 万军队入藏（100，000 Red Troops Sent to Tibet）
21	19590406	1 万共产党人援助西藏（10，000 Reds Aiding Tibet, Report Says）
22	19590407	西藏起义让中共大丢颜面（Red Chinese "Face" Hit by Tibet Revolt）
23	19590407	西藏叛乱蔓延到共产党治下的中国（Spread of Tibet Revolt to Red China Reported）
24	19590409	西藏反共力量誓言要战争（Anti – Red Government in Tibet Pledges War）
25	19590411	中共承认反叛力量活跃于西藏周边（Chinese Rebels Active Near Tibet Reds Admit）
26	19590412	惟命是从的人大代表将聚首北京（Congress "Yes Men" to Meet in Red China）
27	19590413	达赖喇嘛受到佛教徒的热烈欢迎（Dalai Lama Hailed Wildly by Buddhists）
28	19590413	（台北）为纪念西藏起义战士，将四川路改名为西藏街（Street Honors Tibet）
29	19590415	西藏危机是亚洲形势的不祥预兆（Tibet Crisis Ominous in Asia Affairs）

序号	报道时间	文　章　题　目
30	19590416	东南亚条约组织支援西藏起义（SEATO Aid Seen in Tibet Uprising）
31	19590419	达赖喇嘛指责中共在西藏的行为（Dalai Lama Denounces Reds in Tibet）
32	19590420	达赖喇嘛乘坐火车去会见尼赫鲁（Dalai Lama Rides Train to Meet With Nehru）
33	19590421	达赖喇嘛说中共撒谎（Dalai Lama's Account Called Lie by Red China）
34	19590421	两次叛乱的明显相似之处（Similarity Apparent in Two Revolts）
35	19590424	中国警告印度、美国不要插手西藏事务（India, U. S. Warned on Intervention in Tibet）
36	19590425	西藏领导人承认给共产党写过信（Tibetan Leader Admits Writing to Communists）
37	19590426	不应该小视共产党中国（Red China Should Not Be Ignored）
38	19590428	尼赫鲁驳斥中国对达赖的说法（Nehru Refutes Chinese Reds Over Dalai Lama）
39	19590504	探险家对中国征服西藏持怀疑态度（Explorer Doubts Reds Can Subjugate Tibet）
40	19590504	中共仍然在与西藏叛乱者作战（Red Chinese Still Fighting Tibet Rebels）
41	19590505	尼赫鲁藐视放弃中立政策的提议（Nehru Spurns Proposals to Abandon Neutrality）
42	19590506	中国就达赖回国的事宜与印度进行交涉（Red China Negotiating For Dalai Lama Return）
43	19590508	柬埔寨僧侣讲述中共威望下降（Cambodian Monk Tells of Red Prestige Loss）
44	19590512	中共威胁更甚（Threat of Red Chinese Held Worse Than Ever）
45	19590513	西藏悲剧为印度和巴基斯坦擦亮了眼睛（Tibet Tragedy Opens Eyes of India, Pakistan）

序号	报道时间	文 章 题 目
46	19590514	西藏电影在北平吸引成千上万人（Tibet Movies Draw Crowds in Peiping）
47	19590524	西藏的续篇是圣战（Holy War Seen as Tibet Sequel）
48	19590526	中共在西藏很忙（Chinese Reds Busy in Tibet）
49	19590601	中共傀儡离开北京前往西藏（Red Puppet Leaves China for Tibet）
50	19590607	达赖喇嘛讲述中共在西藏的残酷（Dalai Lama Tells of Tibet Red Tortures）
51	19590621	西藏人害怕汉人涌入（Tibet Fears Swamping by Chinese）
52	19590705	艺术家几十年前就预测西藏将覆灭（Artist Prophesied Fall of Tibet Generation Ago）
53	19590705	中国人在西藏面临诸多困难（Difficult Future Seen for Chinese in Tibet）
54	19590707	中共将目标转向福摩萨（Reds Appear Near Drive on Formosa）
55	19590709	中共宣布重新分配西藏财产的计划（Red Chinese Tell Plan to Split Tibet Estates）
56	19590814	尼赫鲁关注中共在西藏的举动（Nehru Eyes Red Chinese Tibet Moves）
57	19590819	新的西藏反共起义（New Tibet Anti – Red Revolt）
58	19590823	对西藏种族屠杀的调查（Genocide Inquiry Sought in Tibet）
59	19590830	印度将是入侵西藏的战略续篇（India Invasion Strategic Sequel to Tibet Seizure）
60	19590831	印度边境卫兵在中共新的进攻下阵亡（India Border Guard Die in New Red Attack）
61	19590907	印度与西藏的贸易终结（End of India's Tibet Trade Seen）
62	19590921	联合国将投票反对共产党中国（Bigger U. N. Vote Seen Opposing Red China）
63	19590924	西藏的反共姿态（Tibet's Anti – Chinese Gesture）
64	19591010	（美国）促动联合国讨论西藏问题（Speedy U. N. Debate on Tibet Sought）

续表

序号	报道时间	文　章　题　目
65	19591021	洛奇称中共在西藏的行动是犯罪（Lodge Calls Red Acts in Tibet a Crime）
66	19591026	印度不愿支持西藏的态度使人怀疑其道德立场（India's Reluctance to Back Tibet Leaves Her Moral Status in Doubt）
67	19591029	报道说西藏起义被中共镇压（Tibet Revolt Reported Crushed by Red China）
68	19591115	中共要消灭藏人（Sterilization of Tibetans Laid to Reds）
69	19591115	达赖喇嘛从中国带出金子（Tibet Gold Saved From Chinese by Dalai Lama）
70	19591125	中共制定西藏改革路线图（Red Chinese Map Tibetan Land Reform）
71	19591213	藏獒表演（Pet Show）

（四）1959年《芝加哥论坛报》对中国西藏的报道目录——32篇

序号	报道时间	文　章　题　目
1	19590321	中共与藏人在布达拉宫开战（Red Chinese Bosses and Tibetans Fight at Palace in Lhasa）
2	19590322	西藏与中共在世界屋脊作战（Tibet Fights Red Chinese Above Clouds）
3	19590324	尼赫鲁在西藏问题上对中国发出警告（Nehru Warns China on Tibet）
4	19590328	（锡金）王子说：反叛者控制了西藏大部（Rebels Hold Much of Tibet, A Prince Says）
5	19590329	班禅喇嘛做了10年的中共傀儡（Panchen Lama a Red Puppet for 10 Years）
6	19590329	中共傀儡统治西藏（Puppet Reds Rule Tibet）
7	19590329	在印度的藏人向尼赫鲁请愿保护达赖喇嘛（Tibetans in India Petition Nehru to Save Dalai Lama）

续表

序号	报道时间	文　章　题　目
8	19590401	中共的军队、飞机都在搜寻神王（Chinese Reds' Army, Planes Hunt God King）
9	19590404	神王如何徒步自中共控制区出逃（How God King Escaped Reds in Foot Flight）
10	19590405	中共与藏人展开新的战斗（Chinese Reds, Tibetans Fight in New Battle）
11	19590406	尼赫鲁表示印度将遵守与中共签订的条约（Nehru Says India Sticks to Treaty Terms With Red China）
12	19590407	达赖喇嘛离开山区居住地去拜访尼赫鲁（Dalai Lama to Quit Hills And Call on Nehru）
13	19590410	傀儡喇嘛离开西藏前往共产党中国（Puppet Lama of Tibet Off to Red China）
14	19590412	中共封锁了西藏的逃亡之路（Chinese Reds Seals Tibet's Escape Route）
15	19590413	达赖喇嘛结束了 12 天的骡马行程（12 Day Pony Ride is Ended by Dalai Lama）
16	19590414	为达赖喇嘛选择印度避难地（Pick Indian Haven for Dalai Lama）
17	19590418	达赖喇嘛抨击中共背信弃义（Dalai Lama Raps Chinese Double Cross）
18	19590419	解密达赖喇嘛如何逃脱中共控制（Discloses How Dalai Lama Escaped Reds）
19	19590419	中国总理说西藏统治者被劫持（Tibet's Ruler Abducted Red, Premier Says）
20	19590420	西藏喇嘛在前往会见尼赫鲁的路上祷告（Tibetan Lama Prays On Way to Nehru Talk）
21	19590421	藏人呼吁通过佛教达成和平（Achieve Peace Thru Buddha, Tibetan Urges）
22	19590423	针对中共的说法达赖喇嘛表明其态度（Lama Stands by Blast At Chinese Reds）

续表

序号	报道时间	文　章　题　目
23	19590425	尼赫鲁对中共说：可以自由来印拜访、会见达赖喇嘛（Nehru to Reds：Visit Him, See Lama is Free）
24	19590612	达赖喇嘛在流亡中庆祝生日（Dalai Lama Observes Birthday in Exile）
25	19590621	达赖喇嘛指控中国杀了 65000 人（Chinese Slay 65，000, Dalai Lama Charges）
26	19590706	达赖喇嘛请求停止西藏战争（End Fighting in Tibet, Dalai Lama Pleads）
27	19590816	达赖喇嘛被授予麦格塞塞奖（Dalai Lama Selected for Magsaysay Award）
28	19590825	达赖喇嘛说：在西藏汉人比本土藏人多（More Chinese Than Natives in Tibet：Lama）
29	19590901	美国研究达赖喇嘛的联合国援助请求（U. S. Studies Dalai Lama's U. N. Aid Plea）
30	19590903	尼赫鲁会见达赖喇嘛（Nehru Host to Dalai Lama）
31	19590910	达赖喇嘛请求联合国对中共采取行动（Dalai Lama Asks U. N. Action Against Reds）
32	19590928	爱尔兰致力于联合国讨论西藏问题（Ireland Seeks U. N. Tibet Debate）

七　冷战结束前后美国传统主流媒体对中国西藏的报道目录

（一）1987—1992 年《纽约时报》对中国西藏的报道目录——208 篇

序号	报道时间	文　章　题　目
1	19870118	乘坐公共汽车、轿车加步行到达世界屋脊（The Roof of the World By Bus, Car and Foot）

序号	报道时间	文 章 题 目
2	19870215	通往西藏的道路（Road to Tibet）
3	19870315	来自西藏的地道民族歌剧（From Tibet：An Authentic Folk Opera）
4	19870527	2000人在佛蒙特参加佛教徒的火葬仪式（2，000 Attend Buddhist Cremation Rite in Vermont）
5	19870602	中印西藏边界的领土争端（At Tibet Frontier，China and India Square Off）
6	19870614	西藏佛教僧侣克服困难重建寺庙（Tibet's Buddhist Monks Endure to Rebuild a Part of the Past）
7	19870623	无题——汉人在西藏名声不好（No Title—No Prizes in Popularity For the Chinese in Tibet）
8	19870715	西藏新气象（Renewal in Tibet）
9	19870824	中国与西藏：通过毁灭文化进行征服（China and Tibet：Conquest by Cultural Destruction）
10	19870913	西藏的第一座寺庙（Tibet's First Monastery）
11	19870920	音乐：西藏颂钵（Music：Tibetan Bowls）
12	19870927	地震袭击西藏中部（Quakes Strike Central Tibet）
13	19870928	达赖喇嘛推动（西藏文化）展览（Dalai Lama Promotes an Exhibition）
14	19870930	达赖喇嘛获得人文奖（Dalai Lama Receives Humanities Award）
15	19871001	中国报道了喇嘛要求给予西藏自由的抗议活动（Chinese Report Protest By Lamas to Free Tibet）
16	19871001	据称（西藏有2人）被处决（Executions Are Claimed）
17	19871003	西藏和中国，一部动荡历史（For Tibet and China，a Turbulent History）
18	19871003	西藏争取独立的抗议活动演变成骚乱（Tibetan Protest for Independence Becomes Violent）
19	19871004	两名美国游客仍在关押中（2 American Tourists Are Still in Chinese Custody）

序号	报道时间	文　章　题　目
20	19871004	中方指责西藏领导人（达赖喇嘛鼓动）西藏暴力抗议活动（China Blames Tibetan Leader for Violent Protest）
21	19871004	当日要闻（Quotations of the Day）
22	19871005	中国释放在西藏骚乱中被羁押的两名美国人（Chinese Release Two Americans Detained During Rioting in Tibet）
23	19871005	中国在西藏首府实施宵禁（Chinese Curfew in the Tibet Capital）
24	19871005	罕见的中国报道（Rare Coverage in China）
25	19871006	中国空运警察到拉萨阻止示威（China Airlifts Police to Thwart Lhasa Demonstration）
26	19871006	中国警方接管西藏最神圣的佛教圣地（Chinese Police Take Over Section Of Holiest Buddhist Site in Tibet）
27	19871006	在寂静的寺庙中——神灵、眼泪和恐惧（In a Silent Monastery, Gods, Tears and Fears）
28	19871006	西藏骚乱有利于北京的强硬派（Tibet Unrest Said to Aid Hard‐Liners in Beijing）
29	19871007	西藏抗议活动中呼喊达赖喇嘛名字的60人被拘捕（60 Shout Out Dalai Lama's Name and are Seized in Protest in Tibet）
30	19871007	北京在西藏骚乱事件中得到（美国）行政部门的支持（Beijing is Backed by Administration on Unrest in Tibet）
31	19871008	与西藏的联系被切断，外国人禁止进入（Communications to Tibet Cut and Foreigners are Banned）
32	19871008	达赖喇嘛呼吁通过和平方式抗议中国（Dalai Lama Urges Peaceful Protest Against China）
33	19871008	西藏为尊严挺身而出（Stand up for Decency in Tibet）
34	19871009	中国西藏驱逐西方记者（China Expels Western Reporters in Tibet）
35	19871010	记者在动荡中撤离西藏（Amid Turmoil, Journalists Leave Tibet）
36	19871010	美国必须为西藏说话（The U. S. Must Speak up for Tibet）
37	19871011	西藏旧恨（Tibet is Torn By Ancient Animosities）

序号	报道时间	文 章 题 目
38	19871012	记者笔记：外国人亲历西藏纷争（Reporter's Notebook：Foreigners in Tibetan Fray）
39	19871015	美国官员为政府在西藏骚乱中的立场辩护（U. S. Official Defends Stance on Turmoil in Tibet）
40	19871017	中国领导人指责美国议员对西藏的立场（Chinese Leader Faults U. S. Lawmakers on Tibet）
41	19871018	中国（China）
42	19871018	美国重新评估对西藏问题的立场（U. S. is Reassessing Response on Tibet）
43	19871019	锡金不是样板（Sikkim No Model）
44	19871019	情况正在改善（Improving Conditions）
45	19871019	西藏人是自己国家中的囚犯（Tibetans Are Prisoners in Their Own Country）
46	19871020	13 名来自西藏的官员进行为期两周的美国之旅（13 Officials From Tibet on Two‐Week U. S. Tour）
47	19871101	西藏共产党将骚乱与达赖喇嘛联系在一起（Tibet Communists Link Riots to Dalai Lama）
48	19871113	2 名美国登山运动员讲述亲历西藏抗议活动（2 American Mountaineers Tell of Witnessing Tibet Protests）
49	19871122	西藏枪战（Fire in Tibet）
50	19871124	美国在西藏问题上的立场不利于人权之战（U. S. Stand on Tibet Helps Pervert Rights Battle）
51	19871226	电影：关于西藏宗教仪式的纪录片（Film：Documentary on Tibetan Ritual）
52	19880108	出卖西藏（Selling Out Tibet）
53	19880109	在西藏的黑暗时刻，达赖喇嘛是他们的庇护者（In Tibet's Dark Hour, Dalai Lama Is Their Refuge）

序号	报道时间	文　章　题　目
54	19880110	灵体与性爱哲学（Astral Bodies and Tantric Sex）
55	19880203	西藏人的生活质量在缓慢提高（For Tibetans, Quality of Life Slowly Improves）
56	19880204	中国方面说西藏已恢复平静（Chinese Are Said to Restore Shaky Calm in Tibet）
57	19880207	西藏的宗教（Tibetan Religion）
58	19880215	达赖喇嘛也希望西藏现代化（Dalai Lama also Wants Tibet Modernized）
59	19880216	中国对西藏暴乱的描述是有争议的（China's Account of Riot in Tibet Is Disputed）
60	19880229	被淹没的文化（A Submerged Culture）
61	19880229	中国没有为普通西藏人做多少事（China Hasn't Done Much for Ordinary Tibetans）
62	19880306	派出所在西藏骚乱中遭到袭击（Police Station is Hit in Rioting in Tibet）
63	19880307	据报道在最近的这次西藏骚乱中有 3 人死亡（3 Reported Dead in Latest Tibet Riots）
64	19880309	担忧西藏骚乱重现（Tibet Unrest: Fears Return）
65	19880309	谁能为西藏呐喊（Who May Cry for Tibet?）
66	19880313	你为什么不歌唱（Why Are You Not Singing?）
67	19880313	西藏人要求获得自由（Tibetans Press Demands for Freedom From China）
68	19880323	西藏在美中关系中的角色（Tibet's Role in U.S.–China Relations）
69	19880405	中国转变态度，说达赖喇嘛可以回到他在西藏的家（China, in Shift, Says Dalai Lama Can Return to his Home in Tibet）
70	19880406	达赖喇嘛拒绝中国提出的返藏提议（Dalai Lama Dismisses China's Offer to Return）
71	19880407	对西藏问题转向"中间道路"（Inching Toward a "Middle Way" on Tibet）

序号	报道时间	文 章 题 目
72	19880410	头版新闻——西藏与中国（Headliners—Tibet vs. China）
73	19880414	禁地西藏向外看（Forbidden Tibet Looks Outway）
74	19880418	高海拔适应训练：渐进进行（Higher – Level Trainning：Build Up to it Slowly）
75	19880419	据说北京限制外国人到西藏旅游（Beijing is Said to Restrict Foreign Travel to Tibet）
76	19880426	西藏侵犯人权（Human Rights Violations in Tibet）
77	19880427	新的和平倡议（New Peace Initiative）
78	19880508	最新报道称18名喇嘛在西藏抗议中死亡（New Report Says 18 Monks Died in Tibet Protest）
79	19880615	教皇会见达赖喇嘛（Pope Meets the Dalai Lama）
80	19880616	达赖喇嘛赞成中国在西藏扮演的角色（Dalai Lama Approves Chinese Role in Tibet）
81	19880630	据报道达赖喇嘛请求与中国正式谈判（Dalai Lama Reportedly Asks for Formal Talks with China）
82	19880708	达赖喇嘛的助理开始创作沙画曼陀罗（Attendant of Dalai Lama to Start a Sand Mandala）
83	19880731	北京西藏政策遭到指责（Beijing is Faulted on Policy in Tibet）
84	19880827	在精神上，西藏的喇嘛类似伊朗的毛拉（In Spirit, Tibet's Lamas Resemble Iran's Mullahs）
85	19880827	新的和平倡议（New Peace Initiative）
86	19880917	西藏人并不反对技术变革（Tibetans Don't Oppose Technological Change）
87	19881026	美国妇女起了一个再生佛教圣徒名字（U. S. Woman Is Named Reborn Buddhist Saint）
88	19881106	注重精神的西藏人生活在物质的美国（"Spiritual" Tibetan Finds a Life in "Material" U. S.）
89	19881112	来自西藏的神圣艺术作品（Sacred Works from Tibet）

续表

序号	报道时间	文　章　题　目
90	19881207	中国更换西藏领导人（Chinese Replace Leader of Tibet）
91	19881211	据说有 2 人在西藏抗议中死亡（2 are Said to Die in Tibet Protests）
92	19881212	中国称，在西藏一个僧人在与警察的冲突中被杀害（China Says One Monk was Killed During Clash With Police in Tibet）
93	19881217	在西藏长刀遭禁（Long Knives Banned in Tibet）
94	19881219	藏人在北京举行抗议（Tibetans Hold Protest in Beijing）
95	19890102	西藏学生在拉萨进行反中国的示威活动（Tibet Students Said to Hold anti - Chinese Rally in Lhasa）
96	19890103	中印声明令流亡藏人愤怒（India - China Statement Angers Tibetan Exiles）
97	19890130	中国西藏政策的关键人物班禅喇嘛去世，享年 50 岁（The Panchen Lama Is Dead at 50, Key Figure in China's Tibet Policy）
98	19890215	黄油雕刻，僧侣弘扬传统。（In Butter Sculptures, Monks Honor Tradition）
99	19890216	西藏班禅喇嘛的追悼会在北京举行（Memorial Service in Beijing for Panchen Lama of Tibet）
100	19890222	西藏的新年（Of Tibet's New Year）
101	19890303	对班禅喇嘛的正确概述（The Right Way to Count Panchen Lamas）
102	19890306	在西藏，暴乱者与警察发生冲突，11 人死亡（11 Killed in Tibet as Rioters Clash with the Police）
103	19890307	美国对西藏暴力行动深表遗憾（U. S. Deplores Violence in Tibet）
104	19890308	中国在拉萨实行军管（China Puts Lhasa Under Army Rule）
105	19890308	拉萨戒严：我们驻西藏首府特约记者报道，动乱 3 天后中国派军队入藏（Martial law in Force in Lhasa: Our Special Correspondent in the Tibetan Capital Reports as China Sends in Troops After Three Days of Rioting）
106	19890308	西藏抗争被认为是对中国的重大挑战（Tibet Strife Seen as Major Challenge to China）

序号	报道时间	文 章 题 目
107	19890309	藏人房屋遭到中国军队袭击（Tibetans' Houses Raided by Chinese Troops）
108	19890310	西藏恢复平静，死亡人数上升到 16 人（Calm Restored in Tibet as Death Toll Rises to 16）
109	19890310	中国在西藏的失败（China's Failure in Tibet）
110	19890311	（流亡）藏人请邓解除戒严，达赖喇嘛采取低调做法（Tibetan Asks Deng to Lift Martial Law, The Dalai Lama Takes a low-key Approach）
111	19890312	西藏绝望的日子和中国严厉的反应（Tibet's Days of Despair and China's Harsh Response）
112	19890317	美国对西藏暴乱深表遗憾（U. S. Deplores Violence in Tibet）
113	19890320	北京对美国关于西藏的评论发出愤怒的声音（Beijing Voices "Indignation" over U. S. Remarks on Tibet）
114	19890322	达赖喇嘛看到（西藏）文化濒危（Dalai Lama Sees a Culture Endangered）
115	19890328	北京呼吁建立与华盛顿关系的新模式：中国因最近美国的批评而恼火（Beijing Calls for a "New Pattern" in its Relations with Washington: China is Annoyed by Recent U. S. Criticism）
116	19890401	报道说西藏有 300 人被拘留（Tibet Says 300 are in Detention）
117	19890413	西藏故事：动乱、爆炸、镇压（Tibetan's Tale: Unrest, Explosion, Crackdown）
118	19890507	（流亡）藏人害怕失去在尼泊尔的避风港（Tibetans Fear Loss of a Safe Haven in Nepal）
119	19890509	六个字母的单词（The Six-Letter Word）
120	19890528	无题——致编辑的信：3 月 9 日我在拉萨被驱逐（No Title—Letter to the Editor—I was Expelled from Lhasa on March 9）
121	19890628	达赖喇嘛说北京无法粉碎希望（Dalai Lama Says Beijing Can't Crush Hopes）

续表

序号	报道时间	文 章 题 目
122	19890725	（达赖喇嘛）在国务院不受欢迎（Not Welcome At State）
123	19890914	10 个藏人被判刑（10 Tibetans Sentenced in Rioting）
124	19891001	环境似寺庙，西藏文物展览（In a Temple Setting, Tibetan Artifacts）
125	19891006	达赖喇嘛获得诺贝尔和平奖（Dalai Lama Wins the Nobel Peace Prize）
126	19891006	达赖喇嘛：中间道路的先知（Prophet of the Middle Way: The Dalai Lama）
127	19891008	中国痛惜诺贝尔和平奖颁给达赖喇嘛（China Deplores Award of Prize to Dalai Lama）
128	19891008	达赖喇嘛对神经科学的观点（The Dalai Lama Has Ideas for Neuroscience）
129	19891013	达赖喇嘛如何、为什么获得和平奖：一位助理承认政治起了作用。（How, and Why, the Dalai Lama Won the Peace Prize: An Aide Concedes That Politics Play a Part.）
130	19891029	佛教艺术在华盛顿（Buddhist Art in Washington）
131	19891211	达赖喇嘛接受诺贝尔奖，呼吁和平解决西藏问题（Dalai Lama, Accepting Prize, Urges Peaceful Tibet Solution）
132	19900126	西藏也必须解除戒严（Tibet's Martial Law must also be Lifted）
133	19900204	西藏新划野生动物巨大保护区（Huge New Reserve for Tibet Wildlife）
134	19900204	美国报告指责中国严重侵犯人权（U. S. Report Accuses China of Grave Rights Abuses）
135	19900304	僧侣和总统（The Monk and the President）
136	19900429	西藏珍品概览（Tibetan Treasures on View）
137	19900429	达赖喇嘛居住的地方（Where the Dalai Lama Dwells）
138	19900501	西藏首府结束军管（Martial Law Ends in Tibet's Capital）
139	19900521	（达赖喇嘛）给经理人的文化震撼（"Culture Shock" for Executives）
140	19900529	美国（人权）组织指责中国侵犯西藏人权（U. S. Group Accuses China of Violating Rights of Tibetans）
141	19900708	国会与僧侣（Congress and the Monk）

序号	报道时间	文 章 题 目
142	19900814	据说1989年中国杀了450名西藏人（Chinese Said to Kill 450 Tibetans in 1989）
143	19900827	奥森丹泽，47岁，藏传佛教组织的第一位西方领导人（Osel Tendzin, 47, First Westerner to Lead Tibetan Buddhist Sect）
144	19900828	藏传佛教首领奥森丹泽去世，享年47岁。（Osel Tendzin, 47, Head of Tibetan Buddhists, Dies）
145	19900913	记事：达赖喇嘛与西藏年（Chronicle: The Dalai Lama and the Year of Tibet）
146	19900922	戒严后的西藏：低语抗议（Tibet After Martial Law: Whispers of Protest）
147	19900925	不那么宏伟的酒店：一则西藏恐怖故事（The Not - So - Grand Hotel: A Tibet Horror Story）
148	19900930	给我的爱太多（There is too Much Devotion Toward me）
149	19900930	我们必须改变命运：《流亡中的自在》（We Must Change our Lives: *Freedom in Exile*）
150	19901001	喇嘛们寻找灵童，但是政治介入（Lamas Seek the Holy Child, but Politics Intrude）
151	19901002	警察在西藏首府巡逻，动荡的日子渐趋平复（Volatile Date Passes Quietly as Police Patrol Tibet Capital）
152	19901003	生病的西藏人再一次求助于草药（Sick Tibetans Turn to Herbs once Again）
153	19901007	令北京意外，藏人仍然倔强（To Beijing's Surprise, the Tibetans are Still Restive）
154	19901013	在西藏农村，小富即安（In Rural Tibet, a Little Wealth Brings Contentment）
155	19901022	"西藏之梦"，斯蒂夫·迪克曼的新歌剧（"Tibetan Dreams", New Stephen Dickman Opera）

序号	报道时间	文　章　题　目
156	19901027	违背他们的意愿（Against Their Will）
157	19901027	西藏的边界超越北京的地图（Tibet's Borders Reach Beyond Beijing's Map）
158	19901203	美国驻华大使与西雅图的人权抗议者争论（U. S. Envoy to China has Quarrel with Rights Protesters in Seattle）
159	19910303	藏传佛教正在适应美国生活（Tibetan Buddhism is Adapting to American Life）
160	19910410	在"西藏问题"上对中国的指责经不起推敲（Accusations Against China on Tibet Can't Withstand Scrutiny）
161	19910413	西藏基金募捐音乐会（Concert to Aid Tibet Fund）
162	19910419	北京心跳（Beijing Heart Attack）
163	19910419	议员们在国会大厦圆形大厅为藏人欢呼（Lawmakers Cheer Tibetan in Capitol Rotunda）
164	19910421	拉萨古老的文化遗产成了中国胜利游行的牺牲品（Lhasa's Ancient Heritage Laid Waste for China's Victory Parade）
165	19910502	中国对西藏的占领剥夺了西藏权利（Chinese Occupation Denies Tibet's Rights）
166	19910522	北京纪念西藏解放40周年（Beijing Marks 40 Years of Tibet's "Liberation"）
167	19910616	一个流亡者的生活（My Life as a Runaway）
168	19910707	民歌和舞蹈成为节日的亮点（Folk Songs and Dances Highlight Festival）
169	19910721	西藏旅行激发出对西藏人民的热爱（A Trip to Tibet Generates a Love for its People）
170	19910728	访问拉萨的注意要点（Signposts for a Visit to Lhasa）
171	19910728	神秘西藏（The Mystique of Tibet）
172	19910818	天安门事件有助于形成合力支持西藏（How Tiananmen Square Helped Rally Support for Tibet）

序号	报道时间	文 章 题 目
173	19910821	美国采取新举措移民 1000 西藏人（U. S. , in New Step, Will Let in 1, 000 Tibetans）
174	19910904	英国首相梅杰访问中国时呼吁实现关系正常化（Briton, in China, Calls Ties Normal）
175	19910905	令北京颤栗：民族组织看苏联，担忧其领导人、希望独立（Beijing's Shivering Spine：Ethnic Groups, Watching Soviets, Worry Their Leaders by Hoping for Independence）
176	19910909	中国在西藏占主导地位（In Corner of Tibet, Chinese Now Predominate）
177	19910923	中国文化征服：藏人温和屈从（China's Cultural Conquest：Tibetans Yield Meekly）
178	19910929	达赖喇嘛希望西藏独立（Dalai Lama Hopeful on Self – Rule for Tibet）
179	19911006	西藏宾馆（Tibet Hotels）
180	19911010	西藏点滴，新旧地毯（A Bit of Tibet, in Rugs Old and New）
181	19911010	来自西藏的佛教徒品行端正（Buddhist Rectitude from Tibet）
182	19911010	达赖喇嘛呼吁帮助其返回家乡（Dalai Lama Appeals for Help in Going Home）
183	19911011	西藏电影节电影（At the Movies：Tibet Film Festival）
184	19911013	与喇嘛、国王、王后、前市长会晤（Meeting a Lama, A King, A Queen, an Ex – Mayor）
185	19911014	西藏舞蹈（Regional Dances of Tibet）
186	19911024	教士、佛教徒与玉米片碗（Of Friars and Buddhists and Bowls of Cornflakes）
187	19911108	IBM 艺术馆的双头展览（At I. B. M. Gallery, a Double – headed Exhibition）
188	19911109	没有说教（Without Proselytizing）
189	19911124	中国培训年轻藏人，是黄金机遇，还是洗脑？ （Young Tibetans Trained in China：A Golden Opportunity, or Brainwashing?）
190	19911201	派基·凯顿，时尚创造者（Pelgye Kelden, Style Maker）

序号	报道时间	文　章　题　目
191	19911214	西藏人抗议中国领导人访问印度（Tibetans Protest Chinese Leader's Visit to India）
192	19911215	中印会谈似乎有利于北京（Chinese – Indian Talks Seem to Favor Beijing）
193	19920126	喜马拉雅的十字路口：远见与艺术（The Himalayas as a Crossroads of Vision and Craft）
194	19920223	来自喜马拉雅山的卓越艺术品（Extraordinary Works from Himalayas）
195	19920407	中国拒绝给2位参议员发签证，说不方便佩尔和博伦去中国旅行，2人都曾批评中国人权问题（China Denies Visas to Two Senators：Says a Trip by Pell and Boren, Critics of Rights Record, is "Inconvenient" Now）
196	19920408	中国惹恼参议院（China Spites the Senate）
197	19920418	记事：达赖喇嘛祝福移民美国的西藏人（Chronicle：With Blessings from the Dalai Lama, Displaced Tibetans Set out for U. S.）
198	19920514	西藏人悄悄涌入美国（Quiet Tibetan Influx）
199	19920520	研究认为中国在西藏侵犯人权（Study Sees Rights Abuses by China in Tibet）
200	19920621	报告称西藏掀起抗议活动（Protests in Tibet Reported on Rise）
201	19920621	不用去西藏：在中国青海省，祷告者络绎不绝（Tibet Without Going There：In China's Qinghai Province, Prayer Wheels and Smiling People）
202	19920705	重新安置的藏民急于远离政治而非文化（Resettled Tibetans Are Anxious to Leave Politics, Not Culture, Behind）
203	19920715	2位西藏教育工作者外出宿营向犹太人学习（2 Tibetan Educators Go Off to Camp to Learn About Jewishness）
204	19920719	不满日增（Resentments Grow）
205	19920823	西藏之家组织文化之旅（Culture Tour by Tibet House）
206	19921103	高原与气候关系研究成果：气候变冷与40亿年前的原因（Theory on a Plateau And the Climate Gains：Cooler times linked to a 40 – million – year – old cause）

序号	报道时间	文 章 题 目
207	19921227	寻找芥菜子（In Search of a Mustard Seed）
208	19921227	人权组织说中国监禁 10 个抗议的西藏人（Rights Group Says Chinese Jailed 10 Tibetans in Protest）

（二）1987—1992 年《华盛顿邮报》对中国西藏的报道目录——101 篇

序号	报道时间	文 章 题 目
1	19870329	强暴西藏（The Rape of Tibet）
2	19870408	西藏是大家庭的一部分（Tibet is Part of the Family）
3	19870414	关于西藏的"无力反驳"（A "Feeble Rejoinder" on Tibet）
4	19870922	达赖喇嘛呼吁给西藏自由（Dalai Lama Urges Tibetan Freedom）
5	19870930	西藏僧侣抗议中国统治（Tibet Monks Protest Rule by Chinese）
6	19871003	6 个西藏人在要求西藏独立的骚乱中被杀害，北京指责达赖喇嘛是分裂主义者（Six Tibetans Killed In Independence Riot：Beijing Blames Dalai Lama，Separatists）
7	19871004	据说西藏警察向示威者开枪（Police Said to Fire in Tibet Riot）
8	19871004	西藏一瞥（Tibet at a Glance）
9	19871005	中国加强了对西藏的控制（China Tightens Grip on Tibet）
10	19871006	中国向西藏空运了更多的安全部队（China Flies More Security Forces to Tibet）
11	19871007	中国在西藏逮捕了 60 名僧侣（Chinese Arrest 60 Monks in Tibet）
12	19871007	中国新政策导致西藏僧侣叛乱（New Chinese Policies Abet Monk's Rebellion in Tibet）
13	19871008	美国游客讲述拉萨暴乱（American Tourist Describes Violence in Lhasa）

序号	报道时间	文　章　题　目
14	19871008	中国封锁因暴乱而动荡的西藏（China Moves to Seal Riot – Shaken Tibet）
15	19871008	电话线被切断；外国人禁入（Phone Lines Cut；Foreigners Barred）
16	19871009	命令外国记者离开西藏（Foreign Reporters Ordered to Leave Tibet）
17	19871009	僧侣抗议集会（Monks' Protest Rally）
18	19871010	中国人移走路障；外国记者离开西藏（Chinese Lift One Roadblock；Foreign Reporters Leave Tibet）
19	19871011	人们看到外国人在西藏骚乱中扮演了角色（Tourists Seen Playing Role Inside Tibet）
20	19871011	怀念西藏（Remembering Tibet）
21	19871012	中国人向西藏僧侣施压强迫其承认动乱是错误的（Chinese Press Tibetan Monks to Admit Riots were Wrong）
22	19871016	警察在西藏巡逻（Police Patrols in Tibet）
23	19871028	据报道中国在西藏拘押持不同政见者（Chinese Reportedly Detaining Dissidents in Tibet）
24	19871101	中国称有证据显示佛教领袖（达赖喇嘛）在西藏暴乱中发挥作用（China Said to Have Proof of Buddhist Leader's Role in Tibetan Rioting）
25	19880106	报道说尼姑在西藏举行抗议（Nuns Said to Stage Protest in Tibet）
26	19880116	西藏是中国大家庭中骄傲的一员（Tibet："A Proud Member of the Chinese Family"）
27	19880122	西藏警方释放59人（Police in Tibet Free 59）
28	19880129	中国在西藏的镇压行动日益残暴（Chinese Oppression in Tibet Turns Brutal）
29	19880212	据报道中国侵犯西藏人权（China Said to Violate Rights of Tibetans）
30	19880222	据说西藏僧侣遭到监禁（Tibet Said to Confine Monks）
31	19880306	西藏首府发生骚乱（Riot Reported in Tibetan Capital）
32	19880307	西藏冲突可能已致9人死亡（Clashes in Tibet May Have Killed Nine）

序号	报道时间	文 章 题 目
33	19880308	据说中国警方已恢复西藏平静（Chinese Police Said to Restore Calm to Tibet）
34	19880309	里根在与吴的会谈中没有提及西藏（Reagan Silent on Tibet in Talk With Wu）
35	19880310	西藏僧侣号召砸碎中共的一切（Tibetan Monks Urged Smashing of Chinese Party）
36	19880311	反中国骚乱蔓延到西藏北部地区（Anti – Chinese Unrest Spreads To Province North of Tibet）
37	19880312	中国坚称僧侣是西藏骚乱的领导者（China Holds Monk as Tibet Protest Leader）
38	19880330	关于西藏暴乱的报道（Report on Tibet Violence）
39	19880405	西藏领导人讲述反中国示威（Tibetan Leader Describes Anti – Chinese Demonstrations）
40	19880414	西藏旅行（Trekking Through Tibet）
41	19880416	西藏游客（Visitor to Tibet）
42	19880419	国务院高级官员说，西藏可能面临更多的骚乱（Tibet Could Face More Riots, Top State Dept. Official Says）
43	19880511	英国官员批评中国在西藏的"暴力行动"（British Official Blasts Chinese "Terror" in Tibet）
44	19880616	达赖喇嘛要求西藏能在中国统治下实现地方自治（Dalai Lama Asks Home Rule, With Chinese Role, in Tibet）
45	19880731	报道指责（中国）在西藏拘押数百人（Report Charges Hundreds Detained in Tibet）
46	19880811	中国拒绝给西藏批评者（国会议员）罗斯发放签证（China Denies Visa to Rose, Critic on Tibet）
47	19880817	美国驻北京大使在访问西藏时表达了"深度关切"（U. S. Ambassador to Beijing Expresses "Deep Concern" in Visit to Tibet）
48	19880827	3 名参议员质询中国的西藏人权问题（3 Senators Query Chinese On Tibetan Human Rights）

序号	报道时间	文　章　题　目
49	19880906	藏人讲述遭遇酷刑（Tibetan Tells of Torture）
50	19880924	中国提议就西藏问题进行谈判（China Offers Negotiations on Tibet）
51	19880926	西藏表面的平静掩盖了深度的紧张（Calm in Tibet Masks Deep Tensions）
52	19880929	西藏僧侣聚集进行小规模抗议，中国警察迅速赶到驱散拉萨示威人群（Tibetan Monks Mount Small Protest：Chinese Police Quickly Disperse Demonstration in Lhasa）
53	19881002	中国在西藏部署防暴警察（Chinese Riot Police Deployed in Tibet）
54	19881009	前往西藏圣城拉萨（To the Tibetan Holy City of Lhasa）
55	19881015	舞蹈，来自西藏迷人的宗教仪式（Dance，Entrancing Rituals from Tibet）
56	19881101	西藏僧侣与警察发生冲突（Tibetan Monks Clash with Police）
57	19881207	中国更换西藏骚乱地区党的领导人（China Replaces Party Leader In Troubled Tibetan Region）
58	19881211	警方向西藏抗议者开枪（Police Shoot at Protesters in Tibet）
59	19881221	目击者对（中方）有关西藏骚乱的描述提出异议（Account of Tibet Protest Disputed by Witnesses）
60	19890101	在西藏城市，学生无视抗议禁令，警察允许西藏佛教徒游行（Students Defy Protest Ban in Tibetan City：Police Allow March TB Proceed in Lhasa）
61	19890103	美国人在西藏（American in Tibet）
62	19890130	讣告——西藏宗教领袖班禅喇嘛去世，享年50岁（Obituaries—The Panchen Lama, Religious Leader in Tibet, Dies at 50）
63	19890226	见证中国的耻辱（Witness to China's Shame）
64	19890306	中国人在西藏开枪（Chinese Open Fire In Tibet）
65	19890307	在西藏，警察与暴乱者的冲突已持续2天（Police, Rioters Clash in Tibet for 2nd Day）

续表

序号	报道时间	文　章　题　目
66	19890308	西藏首府实施军事管制，中国士兵镇压暴乱（Martial Law Imposed in Tibetan Capital, Chinese Soldiers Move to Quell Violence）
67	19890310	西藏（骚乱）可能会削弱北京对它的支持（Tibet May Weaken Backers in Beijing）
68	19890311	西藏人平静纪念1959年起义纪念日（Tibetans Quietly Mark Anniversary of 1959 Uprising）
69	19890312	西藏的镇压（Repression in Tibet）
70	19890322	西藏的镇压（Crackdown in Tibet）
71	19890322	致编辑的信：没有理由讲西藏耻辱（Letters to the Editor: No Cause for Shame in Tibet）
72	19890401	据说骚乱后有300个西藏人被逮捕，称军管是临时措施（300 Tibetans Said Arrested After Rioting: Martial Law Called "Temporary" Measure）
73	19890406	中共军队正在西藏做什么（What the Red Army's Doing in Tibet）
74	19890722	西藏变革的精神（Tibet's Spirit of Change）
75	19890913	舞蹈，来自西藏的简单运动（Dance, Simple Movements from Tibet）
76	19891006	达赖喇嘛获得诺贝尔和平奖（Dalai Lama Wins Nobel Peace Prize）
77	19891026	艺术和政治——在萨克勒博物馆（Art and Politics—at the Sackler）
78	19891221	在拉萨，庆祝之后是新一轮镇压（New Crackdown Follows Celebrations in Lhasa）
79	19900501	中国解除在西藏的戒严令（China Lifts Martial Law in Tibet）
80	19900502	达赖喇嘛为戒严令的终结而欢呼（Dalai Lama Hails End of Martial Law）
81	19900511	纠正对北京的偏见（Correcting the Tilt to Beijing）
82	19900529	据报道（中国）在西藏侵犯人权更加严重（Human - Rights Abuses Said to Mount in Tibet）
83	19900921	据说中国打压西藏佛教（China Said to Suppress Tibet's Buddhism）
84	19901008	西藏提示（Reminder on Tibet）

序号	报道时间	文　章　题　目
85	19910405	中国对达赖喇嘛访问美国感到不满（China Frowns on Dalai Lama's U. S. Visit）
86	19910417	布什会见西藏达赖喇嘛（Bush Meets with Tibet's Dalai Lama）
87	19910419	问候达赖喇嘛（Hello to the Dalai Lama）
88	19910505	给编辑的信1——无题（Letter to the Editorl—No Title）
89	19910505	给编辑的信——达赖喇嘛的访问（Letters to the Editor—The Dalai Lama's Visit）
90	19910524	（西藏解放）纪念日中国加强西藏安保（Chinese Bolster Security in Tibet During Anniversary）
91	19910524	谎言与无耻（Lying and Losing Face）
92	19910528	西藏爆发新一轮抗议活动（New Protests Erupt in Tibetan City）
93	19910611	充满谎言的欢庆（Celebration of Lies）
94	19910703	中国军队及警察让西藏僧侣抑郁（Chinese Army, Police Overshadow Tibetan Monks）
95	19910721	据说中国没让美国特使见政治犯（Chinese are Said to Hide Inmates from U. S. Envoy）
96	19911107	西藏舞蹈表演（Pageantry of Tibetan Dance）
97	19911124	跟着跳跃的汽车：海拔使然（Follow the Bouncing Bus：In Tibet, It's All in Your Altitude）
98	19920131	等待仁波切（Waiting for Rinpoche）
99	19920303	西藏问题（The Tibet Issue）
100	19920729	听证会上美国政府的西藏政策遭到指责（U. S. Policy on Tibet Assailed at Hearing）
101	19921122	在西藏假日酒店的幸福时光（High Times in Tibet Holiday Inn）

致　谢

关于"美国传统主流媒体与中国西藏"的研究是我关于"美国情报机构与中国西藏"研究之后对中美关系中"西藏问题"研究的继续。对这个专题的研究开始于 2008 年，当时我正在美国凯斯西储大学西藏研究中心进行"美国情报机构与中国西藏"的研究。在查阅相关"西藏问题"的资料时发现，历史上美国媒体对中国西藏的报道内容丰富，且兼具浪漫主义色彩及浓厚的政治色彩，在长达一个半世纪里，这种报道对美国民众西藏观的形成产生了非常重要的影响。当时的凯斯西储大学主图书馆购买了 Proquest 公司的《纽约时报》历史报纸数据库，我查阅，自 1851 年《纽约时报》创刊以来至 2004 年，《纽约时报》有关于中国西藏的报道文章达 1000 余篇，涵盖了有关西藏地理、宗教、文化的报道，也有美国政府西藏政策，美国政府官员、探险家西藏旅行，大国在西藏政治角逐的报道，这些报道反映了美国民众了解、认识西藏的轨迹，也反映了美国政府西藏政策变化的历史脉络。之后我利用到美国国家档案馆查阅资料的机会，到美国国会图书馆及马里兰大学图书馆、哈佛大学图书馆查阅《华盛顿邮报》《洛杉矶时报》《芝加哥论坛报》《基督教科学箴言报》等美国报纸数据库，下载了有关中国西藏的报道文章数千篇。我希望通过对这些报道的梳理，明晰不同时期美国民众所接受的有关中国西藏的公共信息，也从中了解美国政府对中国西藏政策演变的轨迹在媒体中的反应。最为重要的是，通过与美国政府历史档案的对比分析，明晰美国传统主流媒体对中国西藏报道的政治倾向性及历史真实性。2008 年回国后，我开始了"美国传统主流媒体与中国西藏"的研究。通过对这些文件的整理与逐一解读，并对比分析美国西藏政策的历史发展脉络，一幅全景的美国传统主流媒体对中国西藏报道的图景展现开来，这是一幅充满历史感、色彩斑斓的有关中国西藏的历史影像，从中我们可以看到美国第一位白人喇嘛神秘的西藏之旅，上个世纪之交美国著名的学者外交家柔克义的西藏探险，中情局官员马克南的穿越羌塘秘密旅行，冷战时期美国中情局对西藏分裂势力秘密支持的蛛丝马迹，以及国会山为达赖鼓与呼、美国电影明星的西藏观；等等，不一而足。对于我个人来说，4年的关于美国传统主流媒体对中国西藏报道的研究之旅是一段令人兴奋不已的对未知领域不断探索之旅，它让我发现了很多珍贵的从前不曾想到的历史资料，让我对中美关系中的"西藏问题"又有了一种全新的认识与理解，这种学术研究给我带来了无尽的乐趣与幸福感。为此，我对许多在我的研究工作中给予我鼓励和帮助的机构与个人心存感激。

　　首先我要感谢国家留学基金委，正是因为有了国家留学基金的支持，我才可以到美国的相关学术机构：哥伦比亚大学、凯斯西储大学进行有关中美关系与"西藏问题"的研究，我才可以去美国国家档案馆、总统图书馆、美国国会图书馆、哈佛大学图书馆等地访问学习、搜集资料。

　　我还要感谢美国凯斯西储大学，这是一所中国人不太了解的学校，但却是一所特别棒的大学。毫不夸张地说，凯斯西储大学主图书馆的咨询部是世界一流的大学图书馆咨询部，那里的员工敬业而专业，只要是我研究所需的资料，他们一定会想尽办法帮助我找到。我曾在哥伦比亚大学学习一年，那里的图书资料丰富，咨询老师专业，凯斯西储大学与之相比绝不逊色，如果说有一点点区别的话，那就是凯斯西储大学的老师会从你专业的视角为你提供更专业的个性化的咨询和帮助。

　　本书研究资料整理工作量浩繁，绝不是一个人的能力在3—4年的时间里能完成的，课题组的诸位同仁及我的诸位博士、硕士研究生在整理文件、编排目录、翻译文章等方面帮助我做了大量烦琐而细致的工作，他们是：罗猛、王林平、戴道昆、闫金红、李四光、范帆、何磊、李芳园、杨恩泽、曲晓丽、董佳欣、张素姗等。他们的工作为我节省了很多时间，让我有足够的精力能一一阅读诸重要文件，并与我在美国国家档案馆拍照带回的部分一手历史档案进行对比分析，进而作进一步的深入研究。因此，本书几乎每一个部分的研究成果都是集体合作的结晶。

最后，我要感谢我的家人。感谢家人理解并支持我把时间和精力投注于本书的研究中。

真诚希望专家、同仁和诸位读者朋友对本书的不完善甚至谬误之处提出宝贵意见。

程早霞